Français

1res STT-STI-STL-SMS

sujets corrigés

BAC
Annales
2005

A B C

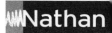
D1665977

Anne CASSOU-N.

Agrégée de Lettres modernes
Professeur au lycée Charles-le-Chauve
Roissy-en-Brie

Marie-Aude DE LANGENHAGEN

Ancienne élève de l'École Normale
Supérieure de Fontenay-St-Cloud
Agrégée de Lettres modernes
Professeur au lycée François-Couperin
Fontainebleau

Nathan

PRÉSENTATION

Les **Annales ABC BAC** ont été conçues pour vous aider à préparer efficacement les épreuves de français des séries technologiques. Elles vous permettent de vous exercer sur les tout derniers sujets posés au bac et contiennent, par ailleurs, beaucoup d'informations utiles pour bien aborder l'épreuve.

▓ 20 SUJETS COMPLETS

• Cet ouvrage contient 10 sujets complets corrigés, proposés en France métropolitaine, dans les DOM-TOM et les Centres étrangers entre septembre 2003 et juin 2004 ainsi que 10 sujets non corrigés qui vous permettront un entraînement plus intensif selon vos difficultés.

▓ UNE ANALYSE DÉTAILLÉE SYSTÉMATIQUE

Les « Coups de pouce » vous présentent, sujet après sujet :
• une analyse du corpus ;
• des pistes pour répondre aux questions ;
• une proposition de plan pour le développement du travail d'écriture ;
• des rappels de cours sous forme de « mémos ».

▓ UN CLASSEMENT THÉMATIQUE

• Cet ouvrage présente un découpage par objets d'étude, conformément au programme en vigueur.
• Chaque objet d'étude comprend à la fois des sujets corrigés et des sujets non corrigés.

▓ DES COMPLÉMENTS UTILES

• En début d'ouvrage le dossier « Infos-bac ». Un dossier complet, rédigé en collaboration avec la rédaction du journal *L'Étudiant*. Ce dossier rassemble :
– des informations sur le baccalauréat, l'organisation de l'épreuve, la correction et la notation des copies ;
– des conseils pratiques pour bien se préparer aux examens écrits et oraux.
• En fin d'ouvrage : des fiches d'histoire littéraire, un index des notions de cours (« Mémos »), un index des auteurs et un lexique.

Couverture : Team Créatif • **Maquette intérieure :** Didier Thirion/Graphic design • **Coordination artistique :** Kati Fleury • **Coordination éditoriale :** Anne-Julie Esparceil • **Édition :** Michel Pencreac'h • **Fabrication :** Jean-Marie Jous et Audrey Walter

SOMMAIRE

■ Ce symbole indique que le sujet n° X est corrigé.
■ Ce symbole indique que le sujet n° X est non corrigé.

LA POÉSIE

Sujets corrigés

Sujets non corrigés

LE THÉÂTRE : TEXTE ET REPRÉSENTATION

Sujets corrigés

SUJETS NON CORRIGÉS

CONVAINCRE, PERSUADER, DÉLIBÉRER

SUJETS CORRIGÉS

SUJETS NON CORRIGÉS

LE BIOGRAPHIQUE

SUJETS CORRIGÉS

SUJETS NON CORRIGÉS

MÉMENTO

TABLEAU THÉMATIQUE

OBJETS D'ÉTUDE	STT-STI-STL-SMS
La poésie	1 2 3 4
Le théâtre : texte et représentation	5 6 7 8 9 10
Convaincre, persuader, délibérer	11 12 13 14 15 16
Le biographique	3 17 18 19 20

Infos-bac

**Un dossier réalisé
en partenariat avec**

LE BAC

Joyeux anniversaire ! Le bac a 196 ans. Mais entre l'examen très élitiste créé par Napoléon, uniquement littéraire et à l'oral, et la grosse machine d'aujourd'hui, ouverte à tous ou presque, plus grand chose à voir… Reste l'esprit de l'examen : sanctionner la fin de vos études secondaires et vous ouvrir les portes de l'enseignement supérieur.

Entre 1930 et aujourd'hui, le nombre de candidats a été multiplié par 20 ! Un phénomène de démocratisation accéléré vers la fin des années 1960, le taux de réussite au bac augmentant régulièrement depuis cette date : 67,2 % en 1970, 73,1 % en 1990 et 80,1 % en 2003. Aujourd'hui, 62,9 % d'une génération obtient le bac.

Sur les 627 520 candidats qui ont passé le bac en 2003, plus de la moitié ont choisi les séries générales. La seule série S représente plus du quart du total des bacheliers, loin devant les ES (moins de 100 000 candidats), et les littéraires (moins de 60 000). Les séries technologiques ont attiré 177 891 aspirants, et les bacs pro 120 640 élèves.

Enfin, toutes les régions ne sont pas égales devant le bac : traditionnellement, le Grand Ouest (Bretagne, Pays de la Loire), les régions Midi-Pyrénées, la Bourgogne et Rhône-Alpes obtiennent les meilleurs résultats. L'Île-de-France, la Champagne, la Picardie ou la Haute-Normandie se situent en queue de peloton. L'écart le plus important ? Créteil avec 71 % de réussite contre 86,8 % à Rennes !

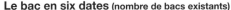

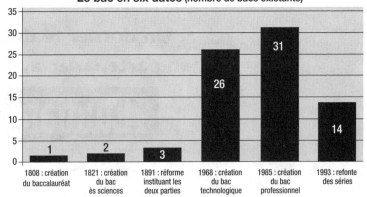

Le bac en six dates (nombre de bacs existants)

1808 : création du baccalauréat	1821 : création du bac ès sciences	1891 : réforme instituant les deux parties	1968 : création du bac technologique	1985 : création du bac professionnel	1993 : refonte des séries
1	2	3	26	31	14

L'ÉCRIT

L'ORGANISATION DE L'ÉPREUVE

Imaginez un peu : plus de 620 000 élèves qui passent leurs épreuves à peu près au même moment dans 3 842 centres d'examen.

Ajoutez à cela les 125 836 correcteurs et examinateurs présents pour assurer la bonne marche de l'épreuve, la préparation des sujets avant le bac, la correction et la notation des quatre millions de copies des bacheliers… Cette épreuve est un investissement important pour l'Éducation Nationale : 230 millions d'euros au total. Un investissement qui s'élève à 41,20 € pour un candidat en série générale, 68,15 € en série professionnelle et 74,50 € en série technologique. C'est peu de dire que l'organisation du bac relève des travaux d'Hercule, le côté mécanique de précision en plus…

Le Ministère, l'inspection générale et les inspecteurs d'académie, les services académiques au niveau local, et pour finir le chef du centre d'examen, c'est-à-dire le proviseur du lycée, sont les quatre intervenants d'un processus qui commence en mai, soit plus d'un an avant le bac. Le Ministère assigne à chaque académie un certain nombre de sujets à préparer. Rien que pour une matière comme la philosophie, plus de cent sujets sont élaborés en « premier jet ». En juin, chaque académie fait siéger des commissions de choix des sujets, composées de professeurs et présidée par un inspecteur général et un universitaire. Ce sont ces commissions qui élaborent les sujets, dans la plus stricte confidentialité, jusqu'en décembre.

Durant les deux premiers mois de l'année deux professeurs n'ayant pas participé à son élaboration doivent plancher sur une épreuve, en moins de temps que les futurs candidats. À eux de repérer les erreurs et de donner leur avis sur son niveau de difficulté, son intérêt… À l'issue de cette vérification, le recteur d'académie effectue le choix définitif des sujets : 4 000 sont retenus au total, dont 60 % seront effectivement utilisés, le restant constituant les sujets de secours.

En avril, les académies se transmettent entre elles les sujets qu'elles ont préparés, les impriment et les stockent dans des locaux sécurisés, avant de les acheminer dans chaque centre d'examen quelques jours avant l'épreuve. En attendant le jour J, les sujets sont mis en sécurité dans le coffre du proviseur…

CORRECTION ET NOTATION

■ **Première étape :** les concepteurs du sujet remettent à tous leurs collègues, en plus de l'énoncé de l'épreuve, des indications de correction et des propositions de barèmes si c'est nécessaire. Armée de ces indications, la centaine de milliers de correcteurs va s'attaquer aux 4 millions de copies à noter…

■ **Problème :** même avec des indications précises, les notes peuvent varier d'un correcteur à l'autre. À chaque fois que l'on a fait des tests, en faisant subir à une même copie une double correction par deux professeurs différents, on s'est rendu compte qu'il y avait des variations… Depuis 1995, l'Éducation nationale a donc mis en place un système qui tente d'attribuer les notes de la façon la plus « égalitaire » possible, tout en ne touchant pas au principe du jury souverain. Immédiatement après les épreuves, une réunion d'entente par discipline est convoquée au sein de chaque centre d'examen. Objectif : rappeler les principes de notation et tenter d'harmoniser par avance les critères de tous les correcteurs.

■ **Seconde étape :** la commission d'harmonisation. Elle se tient suffisamment tôt pour réviser éventuellement les notes. On y compare les résultats, les copies à problème… L'harmonisation des notes peut se faire en fonction des statistiques de chaque correcteur (moyenne des copies corrigées).

VRAI OU FAUX ?

■ **Le livret scolaire ne sert à rien.**
FAUX. Les jurys le consultent systématiquement et relèvent (un peu) votre note si l'écart constaté entre vos performances de l'année scolaire et celles de l'épreuve est trop important. En revanche, jamais ils ne baissent la note.

■ **La décision du jury est définitive.**
VRAI. Vous avez le droit de demander à consulter vos copies corrigées, jusqu'à un an après la tenue du jury. Mais, le jury est souverain et rien ne peut remettre en cause sa décision.

L'ÉPREUVE ÉCRITE DE FRANÇAIS

I. DÉFINITION DE L'ÉPREUVE

1. Connaître l'épreuve

L'épreuve écrite dure quatre heures et s'appuie sur un corpus de documents. Le sujet comprend :
– des questions sur le corpus (6 points) ;
– trois travaux d'écriture au choix : commentaire, dissertation, écrit d'invention (14 points).

2. Gérer efficacement son temps

Pour vous organiser efficacement, vous devez à la fois utiliser complètement le temps imparti et le répartir judicieusement. Prévoyez environ :
– 15 à 20 minutes pour lire et comprendre le corpus ;
– entre 45 minutes et 1 heure pour traiter les questions ;
– 1 heure pour choisir et préparer le travail d'écriture (recherche d'idées, d'exemples, élaboration du plan…) ;
– 1 heure 30 pour rédiger le travail d'écriture au propre ;
– 10 minutes pour relire (vérification de l'orthographe et de la syntaxe).

3. S'exprimer clairement

On vous juge aussi sur votre capacité à vous exprimer clairement et à tenir un discours cohérent. L'examinateur attend donc de vous :
– une présentation soignée de la copie (écriture lisible, alinéas,…) ;
– une expression précise qui respecte les règles de la syntaxe, de l'orthographe, de l'accentuation et de la ponctuation. Votre devoir doit être entièrement rédigé ; il faut donc bannir tout tiret, flèche, point,…

II. CONSEILS PRATIQUES

1. L'approche du corpus

■ La constitution du corpus

Il est constitué de deux à cinq documents, dont éventuellement des documents iconographiques (caricatures, photographies, peintures). Exceptionnellement, ce corpus peut être remplacé par une œuvre intégrale de trois pages maximum (conte philosophique, nouvelle,…).
Les textes du corpus sont représentatifs d'un ou de plusieurs objets d'étude au programme : la poésie ; convaincre, persuader et délibérer : les formes et les fonctions de l'essai, du dialogue et de l'apologue ; le théâtre : texte et représentation ; le biographique.

INFOS-BAC

■ **Lire activement le corpus**

Il s'agit de définir :

– l'auteur, le titre, la date et le contexte (en vous aidant du paratexte, c'est-à-dire de l'ensemble des informations qui entourent le texte) ;

– le thème (de quoi est-il question ? quel est le rapport avec le ou les objet(s) d'étude concerné(s) ?) ;

– la forme du discours (s'agit-il d'un texte narratif, argumentatif, explicatif, descriptif ?) ;

– le registre (quel effet le texte cherche-t-il à produire sur le lecteur ?) ;

– la visée (quel est l'objectif que cherche à atteindre l'auteur ?).

2. Les questions

Les questions portent le plus souvent sur plusieurs documents, plus rarement sur un seul. Les questions peuvent être diverses.

■ **Les différents types de questions**

– les questions sur le genre d'un texte : *à quel genre appartiennent les textes ? en quoi ces deux textes sont-ils des apologues ?*

– les questions sur le sens du texte : *quelle est la thèse soutenue dans les différents textes du corpus ?*

– les questions sur le registre : *quel est l'effet produit par le texte sur le lecteur ?*

– les questions comparatistes : *quels points communs et quelles différences remarquez-vous entre les textes A et B ?*

– les questions sur les figures de style : *analysez la figure de style présente au vers 4 ;*

– les questions sur les illustrations : *en quoi les textes du corpus illustrent-ils le document D ?*

■ **La rédaction des réponses**

Quatre règles sont à respecter impérativement :

– la réponse doit être intégralement rédigée (pas d'abréviation, pas de tirets, pas de flèches) ;

– la réponse doit être organisée (il existe deux types de plan : le plan analytique, texte après texte : il faut rédiger un paragraphe par texte ; le plan synthétique : il faut regrouper les procédés communs aux textes étudiés) ;

– la réponse doit être justifiée : chaque affirmation doit être accompagnée d'une ou de plusieurs citations du texte ;

– il faut faire une phrase d'introduction pour indiquer votre objectif dans la réponse et une phrase de conclusion pour rappeler ce que vous avez démontré.

3. Le travail d'écriture

■ **Le commentaire**

La préparation

Le commentaire propose un parcours d'étude pour guider le candidat.

La réponse à chacun des axes sera une grande partie du commentaire.

Pour une lecture précise du texte, utilisez des outils d'analyse :

– le thème : on regardera en particulier les champs lexicaux susceptibles d'indiquer les thèmes récurrents, la participation des cinq sens (vue, odorat, ouïe, toucher, goût) ;

– l'énonciation : marques de la présence du locuteur et du destinataire : qui parle (pronoms personnels de la première personne) ? à qui (pronoms personnels de la deuxième personne) ? ;

– les figures de style : comparaison, métaphore ; personnification ; antithèse ; hyperbole ;

– les procédés musicaux : rythme (ascendant, descendant, binaire, ternaire, effets particuliers dans la métrique pour les textes en vers), sonorités (allitérations, assonances) ;

– la ponctuation : on s'intéresse en particulier à la ponctuation expressive (phrases exclamatives et interrogatives qui traduisent les sentiments des personnages).

La rédaction
Le commentaire est composé : il développe les axes proposés dans l'énoncé. Il se compose :

– d'une introduction : elle comporte trois étapes (présentation de l'œuvre, présentation du passage, annonce du plan) ;

– d'un développement : chaque paragraphe commence par une introduction partielle dans laquelle on expose ce qu'on va démontrer et intègre des analyses stylistiques précises ;

– d'une conclusion : elle comporte deux étapes (récapitulation et ouverture sur les autres textes du corpus).

■ La dissertation

La préparation
Analyse du sujet :

– souligner et expliciter les mots clés ;

– identifier le type de sujet :

• Type 1 : élaboration d'une définition (*qu'est-ce qu'une argumentation efficace ?*)

• Type 2 : choix entre deux thèses (*la fable divertit-elle ou instruit-elle ?*)

• Type 3 : commentaire d'une thèse (*le théâtre doit obligatoirement être joué.*)

• Type 4 : question ouverte (*comment expliquez-vous le succès des ouvrages autobiographiques ?*)

– reformuler la thèse contenue dans le sujet, quand il en contient une ;

– établir une problématique (définir les questions soulevées par le sujet). Il existe deux sortes de problématiques : pour les sujets des types 2 et 3, elle est formulée à l'aide d'une alternative interrogative (thèse 1 OU thèse 2 ?) ; pour les sujets de type 1 et 4, elle est une simple reformulation de la question posée ;

– recherche des arguments et des exemples : les textes du corpus fournissent des éléments de réponse à la question posée par le sujet.

Le plan

Il existe essentiellement deux types de plans :

– le plan critique : il comporte deux parties (la première valide la thèse contenue dans l'énoncé ; la seconde la nuance et en montre les failles) ; il est mis en œuvre pour les sujets des types 2 et 3 ;

– le plan thématique : il répond à deux types de questions (la définition d'une notion : *qu'est-ce qu'une argumentation efficace ?* ; une demande d'explication : *comment expliquez-vous le succès des ouvrages autobiographiques ?*). Chaque partie de la dissertation envisage un aspect de la réponse ; il est mis en œuvre pour les sujets des types 1 et 4.

Type de sujet	Présence d'une thèse	Problématique	Type de plan
Type 1 : Le sujet demande l'élaboration d'une définition.	Non	Question	Plan thématique
Type 2 : Le sujet invite à choisir entre deux thèses.	Oui	Alternative interrogative	Plan critique
Type 3 : Le sujet invite à commenter une citation ou à apprécier la pertinence d'une thèse.	Oui	Alternative interrogative	Plan critique
Type 4 : Le sujet est une question ouverte.	Non	Question	Plan thématique

La rédaction

La dissertation comprend :

– une introduction : elle comporte quatre étapes (phrase d'amorce, citation du sujet, reformulation de la problématique, annonce du plan) ;

– un développement : chaque paragraphe commence par une introduction partielle, il contient un argument développé et illustré par des exemples précis ;

– une conclusion : elle comporte deux parties (récapitulation et ouverture).

■ **L'écrit d'invention**

Il existe différentes sortes d'écrits d'invention : ceux à visée argumentative (éloge ou blâme, plaidoyer, réquisitoire, dialogue argumentatif) ; les réécritures (écrire à la manière de, étoffer un récit, poursuivre un texte).

1. La préparation

Il faut établir une « feuille de route », qui définit les contraintes imposées par le sujet :
– forme (article, lettre, monologue…) ;
– situation d'énonciation (qui parle ? à qui ? de quoi ?) ;
– registre (pathétique, lyrique, polémique…) ;
– idées/arguments.

2. La rédaction

Il faut développer les arguments en respectant les contraintes formelles.

Les critères d'évaluation

Méthodes	Savoirs	Expression
– lire et comprendre les consignes	– maîtriser les objets d'étude au programme	– bien relire son devoir
– organiser les réponses selon un enchaînement rigoureux	– connaître le vocabulaire de l'analyse littéraire	– écrire lisiblement
– rédiger une introduction et une conclusion	– trouver des arguments et des exemples pertinents	– faire ressortir les paragraphes

L'ORAL

L'ÉPREUVE ORALE DE FRANÇAIS

I – DÉFINITION DE L'ÉPREUVE ORALE

1. Documents à apporter le jour de l'épreuve orale

Vous devez impérativement vous présenter à l'épreuve orale avec plusieurs documents :
– le « descriptif des lectures et activités », établi par le professeur ;
– deux exemplaires du manuel en usage dans votre classe ;
– un jeu de photocopies des textes ne figurant pas dans le manuel, en deux exemplaires ;
– deux exemplaires des œuvres intégrales étudiées ;
– un exemplaire de chaque document complémentaire (lecture cursive, document iconographique,…).

2. Déroulement de l'épreuve orale

L'épreuve orale de français comporte deux parties, de chacune 10 minutes. Vous disposez de 30 minutes de préparation. Chaque partie de l'épreuve est notée sur dix points.

La première partie de l'épreuve consiste en une lecture analytique d'un des textes de votre « descriptif des lectures et activités ». L'examinateur vous pose une question à laquelle vous devez répondre de manière organisée, en vous appuyant sur une observation précise du texte. Cette question est indiquée sur un bulletin de passage, que vous signez avant de commencer votre préparation.

La deuxième partie de l'épreuve consiste en un entretien, mené par l'examinateur. Ce dernier s'appuie sur les études d'ensemble indiquées sur votre descriptif.

II – CONSEILS PRATIQUES

1. La lecture analytique

Elle porte sur un texte du « descriptif », elle exige cependant de vous une réflexion personnelle et organisée, autour d'une question précise, posée par l'examinateur.

■ **La préparation**

Pendant le temps de préparation, vous devez :
– reprendre la question de l'examinateur et identifier les mots-clés ;
– expliciter les mots clés ;
– bâtir un plan ;
– nourrir le plan par des citations et des analyses précises.

■ L'exposé

Il comprend quatre temps :
– l'introduction : elle comporte trois étapes (la présentation du texte, la situation du texte et sa spécificité, le rappel de la question posée par l'examinateur et l'annonce du plan choisi pour l'analyse) ;
– la lecture : elle doit être claire, intelligible et expressive ;
– la lecture analytique : elle doit être une réponse organisée à la question posée et s'appuyer sur une étude des procédés stylistiques mis en œuvre dans le texte ;
– la conclusion : elle comprend deux étapes (récapitulation des principales parties, ouverture au groupement de textes ou à l'œuvre intégrale).

■ L'entretien

Il s'agit d'un dialogue entre le candidat et l'examinateur, mené par ce dernier. L'examinateur cherche à élargir la discussion :
– à l'ensemble du groupement de textes ou de l'œuvre intégrale d'où le texte a été extrait ;
– aux lectures cursives ou documents iconographiques étudiés en classe et indiqués sur le descriptif ;
– à l'objet d'étude auquel se rapporte le texte.
Il peut également demander au candidat un jugement argumenté sur les textes. Il s'agit de savoir exprimer un avis et de savoir le défendre.

■ Quelques conseils pour réussir l'entretien

Les questions mettent en jeu des notions étudiées en cours ; il faut donc maîtriser les objets d'étude au programme.
– Vos réponses doivent s'appuyer sur les textes étudiés : vous devez citer des passages précis.
– Faites intervenir tous les textes et documents complémentaires du groupement, de manière à varier vos réponses et à démontrer votre bonne connaissance de l'objet d'étude.

III – LES CRITÈRES D'ÉVALUATION

Compréhension et analyse des textes	Savoirs	Aptitude au dialogue
– Prendre en compte la question. – Organiser la réponse. – Utiliser des outils d'analyse. – Justifier ses réponses en s'appuyant sur le texte.	– Connaître les outils d'analyse. – Inscrire le texte dans son contexte littéraire et historique. – Maîtriser les notions liées aux objets d'étude.	– Utiliser un niveau de langue au moins courant. – Convaincre. – Parler clairement.

LE JOUR J

À l'image du sportif qui se prépare pour une compétition, il faut mieux suivre des règles de vie strictes la veille et le jour de l'examen. Vous serez alors au mieux de vos capacités.

■ JOUR J – 1. Relaxez-vous

Détendez-vous, vous êtes prêt pour aborder le jour J dans des conditions optimales après avoir bien travaillé tout au long de l'année. Faites autre chose (yoga, gym, lecture…). Évitez aussi de boire trop de café, d'ingurgiter des médicaments contre le stress ou pour la mémoire. Il vaut mieux se coucher tôt : pas moins de huit heures de sommeil par jour. Le sommeil dit paradoxal renforce le processus de mémorisation et une durée de sommeil trop courte affaiblit très sérieusement vos capacités intellectuelles. Enfin, faites des « exercices de visualisation » comme les grands sportifs. Ils vous permettront d'apprivoiser l'examen et de ne pas être surpris lorsqu'il aura lieu. Allongé sur le dos, en respirant avec le ventre, imaginez-vous serein dans la salle d'examen, en train de rédiger tranquillement votre devoir. Incroyable, mais ça marche !

■ JOUR J. Restez calme

Votre pire ennemi : la précipitation. Évitez de partir en catastrophe de chez vous. Prévoyez un peu de temps pour vérifier que vous n'avez rien oublié (convocation, pièce d'identité, stylos…). Malgré tout, vous serez tout de même un peu angoissé. Rassurez-vous, c'est tout à fait normal. C'est pourquoi, prenez soin d'emporter un en-cas, une barre de céréales par exemple (riche en glucides rapides) et une petite bouteille d'eau car, d'après les nutritionnistes, le stress avec la sécrétion d'adrénaline, va accélérer la consommation de glucose. Une fois rentré dans la salle d'examen, prenez une bonne dizaine de minutes pour lire l'énoncé dans son intégralité. D'abord pour vous assurer d'avoir bien tout compris, mais aussi parce qu'il arrive, en maths par exemple, que la réponse à la question 2 soit donnée dans les questions suivantes. En histoire-géographie ou en philosophie, cela vous évitera de faire un hors-sujet. Consacrez aussi un quart d'heure à vous relire. Fautes d'orthographe et coquilles sont autant de points bêtement perdus.

La poésie

Sujets corrigés

1 FAIRE UN POÈME

| Objet d'étude : la poésie

> CORPUS

1. J. JOURDE, *La Littérature sans estomac*, 2002.
2. R. QUENEAU, *Sonnets*, (1954).
3. J. TARDIEU, *Formeries*, 1976.
4. A. BOSQUET, *Un jour après la vie*, 1984.

▨ Texte 1 : Pierre JOURDE, *La Littérature sans estomac*, 2002

De nos jours, trop de poètes encore produisent, au prix de veilles épuisantes, d'angoisses dont on n'a pas idée, de tortures mentales inouïes, une quantité somme toute assez restreinte de textes compte tenu de l'énergie dépensée. Ces œuvres, ces gouttes de sang extraites par le poète de ses
5 veines, vont se dessécher dans des plaquettes et des revues confidentielles[1] achetées (mais tout de même pas lues) par la femme du poète, la mère du poète et parfois le collègue du poète. En termes économiques, c'est une perte sèche. Du point de vue humain, c'est inadmissible. L'invention de la machine à laver a débarrassé les femmes d'une lourde tâche (lorsque les
10 femmes seules se chargeaient du linge). Le poète est un être fragile et délicat. Inventons-lui la machine qui lui rendra la vie plus légère, sans nous priver de notre indispensable ration de poésie.
Notre tâche sera facilitée par le fait que beaucoup de poèmes s'élaborent selon des recettes identiques. À chaque époque son académisme[2]. Vers
15 1830, lacs, nacelles[3], cascatelles[4], proliféraient. Il fallait des larmes, de l'éloquence, du flou de l'apostrophe (Ô !), des cheveux bouclés, une bonne muse et une grosse potée[5] d'alexandrins. Lamartine avait sévi. De nos jours,

l'académisme n'est plus le même. Certains poètes semblent considérer que la poésie est forcément quelque chose de compassé[6], vague et un peu triste.
20 On doit s'y ennuyer de manière distinguée, en écoutant de jolis mots et quelques métaphores de bon goût.

© L'esprit des Péninsules

1. Confidentielles : réservées à un public de spécialistes et destinées à une diffusion limitée.
2. Académisme : observation étroite des traditions académiques.
3. Nacelles : petite barque sans mât ni voile.
4. Cascatelle : petite cascade.
5. Potée : grande quantité de…
6. Compassé : qui manque de naturel.

▨ **Texte 2 :** Raymond QUENEAU, *Sonnets*, 1954

La chair chaude des mots

Prends ces mots dans tes mains et sens leurs pieds agiles
Et sens leur cœur qui bat comme celui du chien
Caresse donc leur poil pour qu'ils restent tranquilles
Mets-les sur tes genoux pour qu'ils ne disent rien

5 Une niche de sons devenus inutiles
Abrite des rongeurs l'ordre académicien
Rustiques on les dit mais les mots sont fragiles
Et leur mort bien souvent de trop s'essouffler vient

Alors on les dispose en de grands cimetières
10 Que les esprits fripons nomment des dictionnaires
Et les penseurs chagrins des alphadécédets

Mais à quoi bon pleurer sur des faits si primaires
Si simples éloquents connus élémentaires
Prends ces mots dans tes mains et vois comme ils sont faits

© coll. « La Pléiade », Éditions Gallimard

▨ **Texte 3 :** Jean TARDIEU, « Poèmes pour la main droite », *Formeries*, 1976

Outils posés sur une table

Mes outils d'artisan
sont vieux comme le monde
vous les connaissez
Je les prends devant vous :
5 verbes adverbes participes

pronoms substantifs adjectifs.

Ils ont su ils savent toujours
peser sur les choses
sur les volontés
10 éloigner ou rapprocher
réunir séparer
fondre ce qui est pour qu'en transparence
dans cette épaisseur
soient espérés ou redoutés
15 ce qui n'est pas, ce qui n'est pas encore,
ce qui est tout, ce qui n'est rien,
ce qui n'est plus.

Je les pose sur la table
Ils parlent tout seuls je m'en vais.

© Éditions Gallimard

■ **Texte 4 :** Alain BOSQUET, *Un jour après la vie*, 1984

« Le mot par le mot... »

C'est le poème en moi qui écrit mon poème,
　　le mot par le mot engendré.
Il est mon occupant ; je ne sais pas s'il m'aime.
　　Mon locataire veut gérer

5　mon espace vital et, de plus, il me gronde :
　　peut-être suis-je dans mon tort.
Il m'absoudra[1] un jour ; en ses couches profondes,
　　je lui prépare un meilleur sort.

Nous formerons un couple heureux ; mon allégresse[2]
10　aura raison de ses soucis.
Il a horreur des trémolos[3] ; il ne me laisse
　　aucun emploi : ni le récit,

ni le déroulement, ni l'air, ni la musique
　　car il prétend tout décider.
15 Mon cerveau se rétracte et ma pauvre logique
　　vaut moins, dit-il, qu'un coup de dé.

Je suis pour mon poème un squelette inutile,
　　qui ferait mieux dans un linceul[4].
Il est adulte, il peut devenir la presqu'île,
20　l'oiseau, l'azur et le tilleul.

Je n'ai plus rien à dire, ô poète : en silence
  je rêve au défi de rêver.
Mon poème sans moi en soi-même se pense,
  luxure dont il m'a privé.

© Éditions Gallimard

1. Absoudre : pardonner, excuser.
2. Allégresse : joie très vive.
3. Trémolo : tremblement d'émotion dans la voix, souvent affecté et outré.
4. Linceul : pièce de toile dans laquelle on ensevelit un mort.

> QUESTIONS [6 pts]

1. Quel est le ton du texte 1 ? Justifiez votre réponse.   **[3 pts]**
2. Quels points communs présentent les textes 2, 3 et 4 ?   **[3 pts]**

> TRAVAIL D'ÉCRITURE [14 pts]

I – Commentaire

Vous commenterez le poème de Bosquet à partir du parcours de lecture suivant.
– En quoi ce poème est-il une réflexion sur l'inspiration poétique et sur le pouvoir des mots ?
– Vous montrerez comment évolue, au fil du texte, la relation entre le poète et son œuvre.

II – Dissertation

Discutez la formule de Mallarmé : « Ce n'est point avec des idées qu'on fait des vers… c'est avec des mots. »
Vous appuierez votre réflexion sur les poèmes du corpus mais aussi ceux que vous avez lus ou étudiés.

III – Écrit d'invention

Le directeur d'une revue de poésie « confidentielle » justifie, sous forme d'article, son choix de publier la poésie contemporaine.
Vous rédigerez cet article qui devra en outre réfuter le propos de Pierre Jourde.

C O U P de P O U C E

ANALYSE DU CORPUS

Le corpus est composé de quatre textes du XXᵉ siècle, qui ne sont pas de compréhension évidente. Le premier texte, signé P. Jourde, est singulier : c'est un texte théorique sur la poésie. Les trois autres textes sont des poèmes aux formes variées : le poème de Queneau est un sonnet, le texte de Tardieu est un poème en vers libres, celui de Bosquet est composé de quatrains, qui font alterner alexandrins et octosyllabes. Un thème commun réunit les quatre textes : ces derniers proposent une réflexion sur la fabrique d'un poème et sur l'usage des mots en poésie.

> **Mémo** *Formes poétiques*
>
> *– le poème versifié se reconnaît à : 1) la majuscule présente au début de chaque vers ; 2) un schéma de rimes ; 3) la régularité du nombre de syllabes par vers (le mètre) ; 4) une disposition en strophes.*
>
> *– le poème en vers libres se reconnaît à la majuscule présente au début de chaque vers. Il ne présente par contre aucune régularité, ni au niveau du mètre ni au niveau des rimes.*
>
> *– le poème en prose se reconnaît : 1) à la forme (il n'est pas en vers) ; 2) au thème (récit de rêve ou spectacle de la modernité) ; 3) au primat des images (métaphores, comparaisons) ; 4) à l'absence de continuité narrative (succession de tableaux).*

QUESTIONS

1. La première question ne porte que sur un seul texte du corpus : le premier. On vous demande de définir le « ton » utilisé, autrement dit d'identifier le registre utilisé par P. Jourde. Il vous faut donc voir qu'il s'agit du satirique, dont vous devez relever les marques caractéristiques.

2. La seconde question est une question comparatiste. Vous êtes invité à identifier les principaux points communs entre les trois derniers textes du corpus. N'oubliez pas que les similitudes peuvent être thématiques ou formelles.

TRAVAIL D'ÉCRITURE

■ Commentaire

Le commentaire porte sur le texte de Bosquet (texte 4) et impose de développer deux axes. Le premier vous demande d'expliciter le sens du poème et d'étudier son thème central : la réflexion sur « l'inspiration poétique » et le « pouvoir des mots ». Le deuxième axe est centré sur l'étude des rapports entre le « poète » et son « œuvre ». Vous serez ainsi amené à dégager l'évolution au niveau de l'énonciation qui s'opère au fil du texte afin de qualifier la relation homme/œuvre.

Plan du commentaire
I – Une réflexion sur l'inspiration poétique et le pouvoir des mots
II – Le poète et son œuvre : un rapport ambigu

■ Dissertation

Analysons de façon rigoureuse le sujet proposé.
– Mots clés : « idées » : contenu du poème, poésie engagée, registre polémique ; « faire des vers » : faire de la poésie, idée d'une fabrique, poète comme artisan ; « mots » : s'oppose à « idées » dans le sujet. Désigne ici la chair du mot, c'est-à-dire ses sonorités, ses connotations. Quête esthétique en poésie.
– Type de sujet : citation à commenter (type 3).
– Reformulation de la thèse : ce qui est primordial en poésie, ce n'est pas le sens du texte mais la quête de musicalité.
– Formulation de la problématique : la quête de la musicalité doit-elle primer en poésie ou la quête du sens est-elle aussi importante ?

Plan de la dissertation
I – Certes, la poésie peut être porteuse d'un message
II – Mais sa fonction première est de produire un texte esthétique

■ Écrit d'invention

Établissons la « feuille de route » pour ce sujet dont la formulation est claire et simple.
– Forme : article.
– Situation d'énonciation : qui parle ? le directeur d'une revue (« je ») ; à qui ? aux lecteurs de la revue de poésie (« vous ») ; de quoi ? de la légitimité et de l'intérêt de publier de la poésie contemporaine ; quand ? aujourd'hui (« contemporaine »).
– Registre : il vous faut déduire les registres à utiliser de l'énoncé du sujet. Puisque que le directeur de la revue « justifie » son point de vue, il doit user du registre lyrique. De plus, il doit « réfuter les propos de P. Jourde », donc user du registre polémique.
– Arguments : il est légitime de publier de la poésie contemporaine car 1) elle parle de notre monde et propose une analyse critique de la société de notre temps ; 2) il faut reconnaître, valoriser et diffuser le travail fourni par les artistes ; 3) elle est variée et novatrice et élève donc l'esprit du lecteur.

1 C O R R I G É

> QUESTIONS

1. Le texte de Pierre Jourde relève d'un registre satirique. Il raille en effet le laborieux et infructueux travail du poète ainsi que l'« académisme » de la poésie contemporaine. Jourde se moque des poètes modernes et de leurs productions en usant d'un lexique fortement dépréciatif pour les qualifier. Ainsi le poète, sous sa plume, se mue en « être fragile et délicat », qui produit « une quantité somme toute assez restreinte de textes » en regard des « veilles épuisantes » ou des « tortures mentales » qu'il a subies. La disproportion entre le travail et le résultat dit tout le mépris de Jourde pour les efforts de l'artiste. De plus, Jourde utilise la caricature pour stigmatiser la poésie du premier tiers du XIXᵉ siècle. Il énumère des clichés (« des cheveux bouclés, une bonne muse, et une grosse potée d'alexandrins ») afin de souligner le manque d'inventivité des poètes. Pour rendre sa critique persuasive, Jourde n'hésite pas à s'impliquer et à impliquer le destinataire par le biais du pronom personnel de la première personne du pluriel (« Inventons-lui ») : ainsi, il assume son parti pris et invite le lecteur à le partager.
Ainsi Jourde dénigre, sur le mode satirique, la poésie contemporaine.

2. Les textes de Queneau, de Tardieu et de Bosquet présentent plusieurs similitudes. Tout d'abord, une ressemblance thématique les réunit : en effet, les trois poèmes sont une réflexion sur l'inspiration et sur la création poétiques. Le titre des trois textes suffit à l'indiquer. Les poèmes de Queneau et de Bosquet usent du terme « mot » dès le titre tandis que Tardieu utilise une périphrase (« Outils posés sur une table ») pour désigner ces mots, qui sont la matière première de l'artisan-poète. De plus, un fort champ lexical de l'écriture (texte 2 : « mots, dictionnaires, éloquents » ; texte 3 : « verbes, adverbes, participes, table » ; texte 4 : « poème, écrit, récit, dire ») souligne que chacun des poètes tisse une réflexion sur sa pratique poétique. Un même constat réunit également les trois poèmes : celui de la difficulté à écrire. Queneau affirme métaphoriquement que les mots sont difficiles à dompter (« Mets-les sur tes genoux pour qu'ils ne disent rien »), Tardieu dit qu'ils s'imposent et rendent le poète spectateur de son propre texte (« Je les pose sur la table / Ils parlent tout seuls je m'en vais »). Pour Bosquet enfin, les mots sont acteurs du poème et réduisent le poète à n'être qu'un « squelette inutile ».
À cette ressemblance thématique s'ajoute une double ressemblance formelle. Tout d'abord, les trois poèmes sont écrits à la première personne,

qu'elle apparaisse de façon explicite (texte 3 : « Mes outils d'artisan » ; texte 4 : « je ne sais pas ») ou implicite (texte 2 : « Prends »). Ils peuvent ainsi être considérés comme des discours intimes qui font entrer le lecteur dans l'atelier du poète. Il convient d'ajouter pour finir que les trois textes sont des poèmes aux formes variées. Le poème de Queneau est un sonnet régulier en alexandrins ; le texte de Bosquet présente une alternance régulière d'alexandrins et d'octosyllabes et des quatrains aux rimes croisées. Enfin, le texte de Tardieu est un poème en vers libres, marqué par l'absence de régularité strophique, rimique et métrique.

Les trois textes présentent donc de nombreux points communs, à la fois formels et thématiques.

> COMMENTAIRE (plan détaillé)

Introduction

Alain Bosquet, poète contemporain, a publié en 1984 aux éditions Gallimard un recueil poétique intitulé *Un jour après la vie*. Dans le poème « Le mot par le mot », composé de six quatrains d'alexandrins et d'octosyllabes, il livre une réflexion sur l'art d'écrire : véritable art poétique, son poème, informe le lecteur sur le processus de la création et lui permet ainsi d'entrer dans la fabrique de l'écrivain. Tout d'abord, il s'agira de voir en quoi le poème dessine une réflexion sur l'inspiration poétique et le pouvoir des mots avant d'étudier les rapports ambigus du poète à sa propre œuvre.

I – Une réflexion sur l'inspiration poétique et le pouvoir des mots

A. La place du poète

1. La mort de l'auteur

Remise en cause de l'étymologie de « auteur » : vient du latin « *auctor* », qui renvoie à l'idée d'autorité, de contrôle.

2. Un poète spectateur

Le poète regarde les mots agir. Récurrence du pronom personnel de la première personne en fonction objet et champ lexical de la passivité (« occupant, inutile »).

3. Un poète condamné au silence

Nullité réflexive du poète (v. 15-16). Étude du lexique du silence et de la mort : structure négative qui précède les expressions qui renvoient à la parole (v. 21) et analyse du mot « silence » mis en valeur à la rime.

B. Quand les mots prennent le pouvoir

1. Une théorie moderne de l'inspiration

Renouvellement du cliché renaissant du poète inspiré : les mots descendent sur le poète mais se génèrent eux-mêmes sans être un cadeau des dieux (v. 23).

2. Des mots vivants

Personnification des mots dans le texte (v. 9 et 11) ; récurrence du terme « poème » en fonction sujet. Les mots sont acteurs du processus poétique.

3. Des mots envahissants

Analyse de la comparaison du poète à un mort (v. 17) et de la structure négative aux vers 11-13. De « locataires », les mots aspirent à devenir gérants.

II – Le poète et son œuvre : un rapport ambigu

A. La cohabitation

1. Des mots locataires

1er quatrain : métaphore de l'habitat : v. 3. Analyse de la locution prépositionnelle « en moi ». Poète comme réceptacle.

2. Des mots gestionnaires

Analyse du verbe « gérer » à la rime associé au modalisateur « vouloir ». Inversion des fonctions et infantilisation du poète (« me gronde »).

B. Le rêve d'une fusion

1. L'humilité du poète

Demande de pardon, parole hésitante (modalisateur de doute « peut-être »). Poète accepte la position du repenti.

2. L'union amoureuse

Désir de fusion : analyse du pronom personnel « nous » et lexique de l'amour (« couple heureux », « allégresse »). Espoir d'une union des contraires (antithèse « allégresse »/« soucis »).

C. Le conflit et le triomphe des mots

1. L'impossible réconciliation

Disparition du « nous » : « il » et « je » forment deux entités distinctes.

2. La suprématie des mots

Nombre supérieur de « il » par rapport au « je ». Opposition entre l'être figé et sclérosé du poète (« je suis », v. 17 ; « cerveau » atrophié) et le pouvoir de métamorphose des mots (v. 19-20).

3. La mort du poète

Métaphore mortifère (v. 17-18). Analyse du dernier mot du poème : « privé ». Structures négatives qui disent mort du sujet et triomphe du langage.

Conclusion

Dans son poème « Le mot par le mot », Alain Bosquet désacralise le poète : il n'est plus un fier auteur, acteur du processus de l'écriture, mais un simple secrétaire, falot et passif. Les mots prennent le pouvoir et affirment leur autonomie : c'est leur sonorité, leur pouvoir de suggestion et d'évocation qui doit primer. Ainsi, les rapports entre le poète et son œuvre sont conflictuels et heurtés. Malgré des tentatives de conciliation, les mots tuent le poète afin de prendre le pouvoir. Bosquet, ou la mort du sujet poétique.

> DISSERTATION

Le plan détaillé est rappelé entre crochets pour vous aider, mais il ne doit en aucun cas figurer sur votre copie. Il faudra donc soigner les introductions et les conclusions partielles ainsi que les transitions entre les différentes parties et sous-parties afin de guider le correcteur.

[Introduction]

Indissociable de la lyre, la poésie était à l'origine chantée. C'est dire que la recherche d'une musicalité à la fois rythmique et sonore est une priorité poétique. Mallarmé affirme ainsi que « ce n'est point avec des idées qu'on fait des vers... c'est avec des mots ». Ainsi, pour le poète symboliste, ce qui est primordial en poésie, ce n'est pas le sens du texte mais l'harmonie sonore et le travail formel. La quête de musicalité doit-elle donc primer en poésie ou la quête du sens a-t-elle aussi son importance ? Nous verrons tout d'abord que la poésie peut être engagée et porteuse d'un message, pour ensuite montrer que sa fonction essentielle est de produire un texte esthétique.

[I – Certes, la poésie peut être porteuse d'un message]

[A. Des thèmes politiques]

Certains poètes ont accordé la prééminence à l'expression des idées en poésie. La poésie a alors pour vocation d'être une véritable tribune politique. Plus qu'une perfection formelle, c'est une efficacité argumentative qui est recherchée. Les sons et les rythmes se mettent au service des idées et ne leur servent que de faire-valoir. Victor Hugo, dans *les Châtiments*, donne la prééminence au message politique. Recueil écrit pour attaquer les « nains de l'Empire » et leur « César » dépravé, *les Châtiments* sont un ouvrage violemment polémique. Dans le poème « Chanson », qui appartient au livre I du recueil, les critiques adressées au second Empire fusent : représenté comme une vaste fête « orgi[aque] », le régime impérial spolie « le pauvre » et rend « serf » le peuple. « Courtisans » affamés et « attablés », les hommes de l'Empire se vautrent dans la luxure et la débauche morale. Le poète, exilé et banni, s'insurge contre ce banquet honteux. Il invite le peuple à se ressouvenir de son passé politique glorieux (« O peuple des faubourgs, je vous ai vu sublime ») et à se révolter contre les oppresseurs. C'est le slogan révolutionnaire « Liberté, égalité, fraternité » que le poète invite à entonner. Geste déictique, la poésie est discours polémique.

[B. Un cri polémique]

La parole poétique, quand elle accuse, se mue en cri et use des ressources du registre polémique. Apostrophes au lecteur, ponctuation expressive, vocabulaire dépréciatif hyperbolique sont autant de ressources rhétoriques que le poète peut déployer pour rendre son discours persuasif. Dans son poème intitulé « Oradour », Jean Tardieu dénonce la barbarie nazie et parvient à dire avec force la révolte et l'horreur qui le saisissent devant le massacre d'Oradour. L'anaphore du nom du village (« Oradour ») ainsi que l'omniprésence de la première personne (« je n'ose pas ») montre que le poète est obsédé, hanté par des images d'horreur. De plus, la récurrence de la négation (« Oradour n'a plus de formes//Oradour n'a plus d'enfants ») et les comparaisons dépréciatives (« Comme la nuit la folie ») ainsi que le vocabulaire négatif et hyperbolique (« honte, haine, pire offense ») qui traversent le poème soulignent la véhémence du discours. Comme le dit lui-même Tardieu, il ne s'agit plus de chanter dans les vers mais de « crie[r] », même de « hurle[r] ». Exprimer des idées en poésie, c'est donc s'engager, mais le poète peut aussi user d'un ton plus neutre et faire du poème un espace didactique.

[C. Une poésie didactique]

Quand elle n'est pas utilisée comme arme de combat, la poésie peut être art poétique. Elle est alors le lieu d'expression d'idées, non plus sur un mode violent et véhément, mais sur un mode pédagogique et didactique. Nombreux sont ainsi les poètes qui rédigent en vers des « arts poétiques » afin de présenter au lecteur leur conception de la création poétique. À la suite d'Horace, Gautier, Verlaine, Queneau ou Desnos se sont pliés à cet exercice théorique. Verlaine, dans son *Art poétique*, expose ses préceptes poétiques. Il affirme qu'en poésie il faut « De la Musique avant toute chose » et qu'il faut pour cela « [p]réf[érer] l'Impair ». L'usage de l'article défini à valeur généralisante ainsi que d'impératifs à valeur injonctive souligne la dimension discursive des vers. Jean Tardieu, dans un poème intitulé « Poèmes pour la main droite », tiré du recueil *Formeries* (1976), expose lui aussi sa vision du travail et de l'écriture poétiques. Il dit ainsi que les « verbes adverbes participes » sont ses « outils d'artisan » et qu'ils sont la matière première de l'écriture. Rédiger un art poétique, c'est donc inviter le lecteur à entrer dans l'atelier du poète et lui dévoiler les secrets de la création. Le poème a alors pour vocation d'instruire le lecteur.

[Conclusion partielle et transition]
Qu'elle soit polémique ou didactique, la poésie peut donc manier des idées soit pour les imposer, soit pour les exposer. Dans cette perspective, elle délivre un message que les vers ne font que porter. Simples faire-valoir des idées, les ressources poétiques sont alors secondaires. Certains poètes refusent cette subordination du vers à l'idée et affirment le primat de l'esthétisme poétique.

[II – Mais sa fonction première est de produire un texte esthétique]

[A. Un jeu sonore]

Loin de chercher à diffuser un message, la poésie peut trouver sa raison d'être dans une beauté formelle et d'abord musicale. Les mots priment alors sur le sens dans la mesure où ils sont choisis pour leurs sonorités, leur pouvoir suggestif plus que pour leur signification. Ainsi, Mallarmé, dans son fameux « Sonnet en -yx », privilégie cette fonction esthétique et gratuite des mots au détriment du sens. Nulle justification rationnelle aux rimes « onyx / Phénix » ou « lampadophore / amphore » mais une justification formelle et visuelle : celle de créer une récurrence phonique et une harmonie graphique. De même, Francis Ponge, dans son poème intitulé « Plat de poissons frits », multiplie les jeux de mots entre les sens et les noms de poissons. Ainsi au terme « odorat » répond arbitrairement le mot « odaurades » ; à l'ouïe font écho les « ouïes » des poissons. Le message est brouillé quand le signifié l'emporte sur le signifiant : le lecteur doit alors oublier la logique et sa rationalité cartésienne afin de se laisser bercer par la musique et l'harmonie des mots.

[B. Un jeu visuel]

La beauté formelle de la poésie peut aussi résider dans son aspect visuel. Les mots dessinent alors sur la page un véritable tableau. Apollinaire a su user du pouvoir figuratif des mots. Dans ses *Calligrammes*, publiés en 1918, chaque poème forme un dessin. Par exemple, Apollinaire trace avec les mots les contours d'un cœur, d'un miroir et d'une couronne pour illustrer le titre de son poème « Cœur couronne et miroir ». De même, dans « Automne malade », la mort de l'automne est montrée, rendue visible par le rétrécissement final du vers. Telles les ultimes feuilles mortes qui tombent des arbres, les derniers vers du poème sont lentement égrainés avant de totalement disparaître. Dans cette perspective, plus que les idées, ce sont les mots dans toute leur matérialité qui importent.

[**Conclusion partielle**]
Être poète, c'est donc savoir se servir de façon désintéressée des mots. Loin d'endosser une fonction discursive et rationnelle, les mots sont triés et choisis pour leur pouvoir de suggestion et d'évocation.

[Conclusion]

La poésie n'a pas une seule fonction : polyvalente, elle peut et doit servir différentes causes. Certains y voient une arme de combat efficace, apte à porter le combat politique et à faire résonner un discours engagé. D'autres privilégient la fonction esthétique de l'écriture poétique. À la suite de Verlaine, ils estiment alors qu'en poésie, il faut « De la Musique avant toute chose » et voient en la beauté formelle une priorité absolue. La force d'un poème réside sûrement dans l'union de ces différentes vocations.

> ÉCRIT D'INVENTION

Aux armes, poète !

Mais qui donc veut bâillonner la poésie contemporaine ? Un misérable scribouillard du nom de Pierre Jourde ! Écoutez-le se moquer de la Muse moderne : il raille en intitulant son ouvrage *la Littérature sans estomac*, il dénigre d'un ton moqueur une poésie qui va, dit-il, « se dessécher dans des plaquettes et des revues confidentielles ». Peut-être que la poésie peine à affronter la société de consommation, peut-être qu'elle peine à séduire des lecteurs affamés de produits faciles à digérer, peut-être qu'elle ne caracole pas en tête des hit-parades des ventes… Et alors ? Non, la poésie contemporaine ne mourra pas ! C'est un devoir éthique que de la faire vivre.

Pourquoi me direz-vous ? Tout d'abord parce qu'elle parle de notre monde et propose une analyse critique et lucide de la société de notre temps. Le poète est un guide qui ouvre nos yeux sur la réalité, sur la Vérité. Pour moi, le poète est cette forte femme de Delacroix, cette Liberté guidant le peuple. Il porte un message universel et humaniste que tout homme se devrait, se doit d'écouter. Le mois dernier, je choisissais de publier de brefs poèmes anonymes de femmes afghanes. Condamnées pendant si long-temps au silence par les censeurs obscurantistes de leur pays, elles disaient et criaient leur révolte et leur haine à travers leur chant poétique. Qui mieux que ces poétesses voilées disent le machisme de leur société où seul l'homme peut aimer ? Qui mieux que ces poétesses voilées disent la violence quotidienne que les pères, les époux, les frères exercent sur elles ? Ces femmes, monsieur Jourde, n'ont pas encore été débarrassées de la lourde tâche de laver le linge ; privées de machines à laver, elles nettoient encore les souillures avec leurs bras, mais elles ont, en revanche, été débarrassées d'un lourd fardeau grâce aux mots : celui de l'indifférence et de l'oubli. Écoutons donc ces femmes au chant plein de larmes afin de compatir et plus encore d'accueillir leur souffrance afin de les aider. La poésie nous aide à être citoyen du monde, à porter sur ce dernier un regard moins naïf et fermé.

Je persiste et signe : il faut valoriser le Poète : pour ce qu'il dit bien sûr, mais aussi pour reconnaître le travail qu'il a fourni. Maigre récolte ! ricanerez-vous monsieur Jourde. Je vous cite car vous avez un talent inégalable pour l'exagération : « au prix de veilles épuisantes, d'angoisses dont on n'a pas idée, de tortures mentales inouïes », le poète produit « une quantité somme toute assez restreinte de textes compte tenu de l'énergie dépensée ». Combien je vous donne raison ! Combien je m'accorde avec vous pour constater la quantité « somme toute restreinte de textes » produite ! Mais combien je remercie le Poète de cette parcimonie ! En vulgaire matérialiste, vous ne savez jauger la poésie qu'à l'aune de la rentabilité. « Prix, somme, compte », telles sont vos piètres valeurs. Vous vénérez les idoles d'une société de consommation qui ne se prosterne que devant l'argent et l'efficacité. Mais le travail du poète échappe à ces critères ; le travail du poète ne se mesure pas, ne se pèse pas, ne se chiffre pas ; il se subit en silence pour être ensuite offert au public. Alain Bosquet a ce sens du sacrifice et de l'abnégation. Dans son poème intitulé « Le mot par le mot », il dit que le vers fait de lui un « squelette inutile, / qui ferait mieux dans un linceul ». Morbide métaphore pour dire le sacerdoce poétique ! Non ! *sublime* métaphore pour dire la grandeur du sacerdoce poétique ! Le poète doit vivre car il est l'ultime garant du désintéressement et de la gratuité. Il est celui qui choisit de vouer sa vie aux mots, de donner son temps aux mots sans espoir qu'ils le convertissent en argent. S'il est capable, en alchimiste génial, de métamorphoser la boue en or, il ne reçoit de cet or que des éclaboussures de boue.

« Boue »… voilà un mot que vous auriez plaisir à reprendre pour qualifier la création du poète. En lecteur grossier et médiocre, vous ne voyez dans le poète qu'un penseur académique, à qui l'originalité échappe. Selon vous, les faiseurs de vers pensent que la poésie est « forcément quelque chose de compassé, vague et un peu triste ». Quelle promptitude à qualifier d'académique une poésie contemporaine dont vous semblez ignorer toute la richesse et la diversité ! Rien de plus audacieux et de plus varié que cette poésie moderne. Prenez un Queneau et osez me montrer qu'il est doloriste ! Dans « La chair chaude des mots », il se moque tout au contraire des « penseurs chagrins » et refuse de « pleurer ». Non, tous les poètes ne sont pas neurasthéniques et déprimés. Académique encore me direz-vous, la poésie contemporaine l'est car elle est incapable de renouveler les formes poétiques. Certes, Jude Stéfan dit ses *Élégiades*, retravaille une forme poétique antique, mais c'est pour mieux la subvertir : les sacro-saints vers de Ronsard (« les os de toi belle Marie ») côtoient un lexique des plus prosaïque : « 5 000 orgasmes » rencontrent ainsi le « persil » ou les « cigarettes Zlotny » dans des « bordels ». Rien de moins académique donc que la poésie contemporaine. Elle est une perpétuelle quête de mots et d'univers. En cela, elle dépayse un lecteur aux horizons trop souvent bornés et aux pensées conditionnées.

Pour tout cela, qu'elle soit infiniment remerciée !

Gaspard Supervielle

Séries STT-STI-STL-SMS, Sujet type

2 LA POÉSIE ENGAGÉE

| Objet d'étude : la poésie

> CORPUS

1. A. RIMBAUD, « Le dormeur du val », *Poésies*, 1870.
2. J. TARDIEU, « Oradour », *Jours pétrifiés*, 1947.
3. J. PRÉVERT, « Barbara », *Paroles*, 1946.
4. P. PICASSO, *Guernica*, 1937.

▓ Texte 1 : Arthur RIMBAUD, « Le dormeur du val », *Poésies*, 1870

C'est un trou de verdure où chante une rivière
Accrochant follement aux herbes des haillons
D'argent ; où le soleil de la montagne fière,
Luit : c'est un petit val qui mousse de rayons.

5 Un soldat jeune, bouche ouverte, tête nue,
Et la nuque baignant dans le frais cresson bleu,
Dort ; il est étendu dans l'herbe, sous la nue,
Pâle dans son lit vert où la lumière pleut.

Les pieds dans les glaïeuls, il dort. Souriant comme
10 Sourirait un enfant malade, il fait un somme :
Nature, berce-le chaudement : il a froid.

Les parfums ne font pas frisonner sa narine ;
Il dort dans le soleil, la main sur sa poitrine
Tranquille. il a deux trous rouges au côté droit.

▓ Texte 2 : Jean TARDIEU, « Oradour », *Jours pétrifiés*, 1947

Le 10 juin 1944, la population tout entière, hommes, femmes, enfants, vieillards, d'un paisible village limousin, Oradour-sur-Glane, est exterminée sans raison par une division SS.

Oradour n'a plus de femmes
Oradour n'a plus un homme
Oradour n'a plus de feuilles
Oradour n'a plus de pierres
5 Oradour n'a plus d'église
Oradour n'a plus d'enfants

plus de fumée plus de rires
plus de toits plus de greniers
plus de meules plus d'amour
10 plus de vin plus de chansons.

Oradour, j'ai peur d'entendre
Oradour, je n'ose pas
approcher de tes blessures
de ton sang de tes ruines,
15 je ne peux, je ne peux pas
voir ni entendre ton nom.

Oradour je crie et hurle
chaque fois qu'un cœur éclate
sous les coups des assassins
20 une tête épouvantée
deux yeux larges deux yeux rouges
deux yeux graves deux yeux grands
comme la nuit la folie
deux yeux de petit enfants :
25 ils ne me quitteront pas.

Oradour je n'ose plus
lire ou prononcer ton nom.

Oradour honte des hommes
Oradour honte éternelle
30 nos cœurs ne s'apaiseront
que par la pire vengeance
haine et honte pour toujours.

Oradour n'a plus de forme
Oradour, femmes ni hommes
35 Oradour n'a plus d'enfants
Oradour n'a plus de feuilles
Oradour n'a plus d'église
plus de fumées plus de filles
plus de soirs ni de matins
40 plus de pleurs ni de chansons.

Oradour n'est plus qu'un cri
et c'est bien la pire offense
au village qui vivait
et c'est bien la pire honte
45 que de n'être plus qu'un cri,
nom de la haine des hommes
nom de la honte des hommes
le nom de notre vengeance
qu'à travers toutes nos terres
50 on écoute en frissonnant,
une bouche sans personne
qui hurle pour tous les temps.

© Éditions Gallimard

■ Texte 3 : Jacques PRÉVERT, « Barbara », *Paroles*, 1946

Rappelle-toi Barbara
Il pleuvait sans cesse sur Brest ce jour-là
Et tu marchais souriante
Épanouie ravie ruisselante
5 Sous la pluie
Rappelle-toi Barbara
Il pleuvait sans cesse sur Brest
Et je t'ai croisée rue de Siam
Tu souriais
10 Et moi je souriais de même
Rappelle-toi Barbara
Toi que je ne connaissais pas
Toi qui ne me connaissais pas
Rappelle-toi
15 Rappelle-toi quand même ce jour-là
N'oublie pas
Un homme sous un porche s'abritait
Et il a crié ton nom
Barbara
20 Et tu as couru vers lui sous la pluie
Ruisselante ravie épanouie
Et tu t'es jetée dans ses bras
Rappelle-toi cela Barbara
Et ne m'en veux pas si je te tutoie
25 Je dis tu à tous ceux que j'aime
Même si je ne les ai vus qu'une seule fois

Je dis tu à tous ceux qui s'aiment
Même si je ne les connais pas
Rappelle-toi Barbara
30 N'oublie pas
Cette pluie sage et heureuse
Sur ton visage heureux
Sur cette ville heureuse
Cette pluie sur la mer
35 Sur l'arsenal
Sur le bateau d'Ouessant
Oh Barbara
Quelle connerie la guerre
Qu'es-tu devenue maintenant
40 Sous cette pluie de fer
De feu d'acier de sang
Et celui qui te serrait dans ses bras
Amoureusement
Est-il mort disparu ou bien encore vivant
45 Oh Barbara
Il pleut sans cesse sur Brest
Comme il pleuvait avant
Mais ce n'est plus pareil et tout est abîmé
C'est une pluie de deuil terrible et désolée
50 Ce n'est même plus l'orage
De fer d'acier de sang
Tout simplement des nuages
Qui crèvent comme des chiens
Des chiens qui disparaissent
55 Au fil de l'eau sur Brest
Et vont pourrir au loin
Au loin très loin de Brest
Dont il ne reste rien.

© Éditions Gallimard

■ **Document 4 :** Pablo Picasso (1881-1973), *Guernica*, 1937

Succession Picasso, Paris 2004

> QUESTIONS [6 pts]

1. Quel est le point commun entre ces quatre documents ? **[3 pts]**

2. Comparez la forme des textes 1, 2 et 3. **[3 pts]**

> TRAVAIL D'ÉCRITURE [14 pts]

I – Commentaire

Vous commenterez « Oradour », à partir du parcours de lecture suivant :
– montrez comment la poésie se met au service de la description du désastre ;
– étudiez les sentiments du poète.

II – Dissertation

Montrez que la poésie est une arme de combat efficace. Vous appuierez votre réflexion sur les textes du corpus, les poèmes que vous avez étudiés pendant l'année et vos lectures personnelles.

III – Écrit d'invention

Vous écrivez la préface d'une anthologie de poèmes engagés, qui critiquent la guerre. Votre travail prendra la forme d'un réquisitoire contre la guerre.

COUP de POUCE

ANALYSE DU CORPUS

Le corpus est composé de quatre documents, trois poèmes et un tableau. Ils sont réunis autour d'une visée commune : dans les quatre documents, il s'agit de critiquer la guerre. Ils s'inscrivent chacun dans un contexte historique bien précis : Rimbaud s'insurge contre la guerre de 1870, Picasso et Tardieu dépeignent des villages entièrement détruits respectivement pendant la guerre d'Espagne et la Seconde Guerre mondiale, Prévert enfin évoque l'après-guerre dans une ville très largement atteinte par la Seconde Guerre mondiale, Brest.

QUESTIONS

1. La première question vous invite à mettre en évidence la visée commune des quatre documents. Il ne faut pas seulement indiquer qu'ils critiquent la guerre, mais indiquer comment, c'est-à-dire par quels arguments (même s'ils sont implicites) et par quels procédés rhétoriques ou picturaux. Ainsi, vous pouvez souligner le contraste entre le réalisme de la description de la nature et l'horreur de la mort dans le poème de Rimbaud, l'accumulation des répétitions dans « Oradour », ou le parallélisme entre l'évocation de la pluie et les sentiments du poète dans « Barbara ».

> **Mémo** *Le registre réaliste*
>
> *Le texte réaliste vise à donner une impression de réalité. Il se caractérise par :*
> *– une abondance d'adjectifs qualificatifs, qui créent une description minutieuse ;*
> *– l'énumération ;*
> *– un vocabulaire spécifique au milieu décrit ;*
> *– l'emploi du discours direct, qui donne l'impression d'entendre les personnages parler.*

2. Cette question porte plus spécifiquement sur les trois poèmes. Il s'agit de comparer les trois formes poétiques. Le poème de Rimbaud se distingue des deux autres parce que c'est une forme fixe, un sonnet.

Les deux autres poèmes sont de formes libres, il faut donc en étudier précisément la forme (procédés rythmiques : mètres, strophes ; et sonores : rimes). Vous devez traiter ces deux questions et garder du temps pour le travail d'écriture, allez donc à l'essentiel !

TRAVAIL D'ÉCRITURE

■ Commentaire

Le texte soumis à votre étude est un poème de Jean Tardieu, consacré à un épisode particulièrement sanglant de l'occupation allemande en France, la destruction d'Oradour-sur-Glane. Le premier axe vous demande de considérer la description du désastre. Attention ! le poème se présente comme un inventaire des pertes subies, et non comme une description organisée (une telle description aurait-elle été soutenable ?) Votre travail consiste non pas à énumérer les destructions, mais à les classer et à étudier comment elles sont mises en valeur. Le second axe porte sur les sentiments du poète. Le poète traduit son engagement par l'emploi de la première personne (« Je ne peux »). Il est donc légitime de chercher quelle est son attitude face au massacre. On remarque que le poète n'est pas dans la passivité de l'accablement, ce n'est pas la pitié qu'il veut susciter chez le lecteur. Ce qui l'anime ce sont des sentiments violents de « haine » et de « honte », et il réclame vengeance. Le commentaire doit insister sur la virulence des sentiments.

Plan du commentaire
I – La description du désastre
II – Les sentiments du poète

■ Dissertation

– Mots clés : montrez (il faut justifier la thèse et non la discuter) ; poésie (pensez aux différentes formes poétiques que vous connaissez : poèmes versifiés, poèmes en prose, etc., de façon à repérer les procédés d'écriture spécifique à la poésie) ; arme de combat efficace (une arme sert à se battre, il s'agit pour le poète d'attaquer une personne ou de pourfendre une idée, de s'engager, politiquement ou moralement ; on distingue deux grandes stratégies : l'attaque frontale, directe, violente, alliée au registre polémique, et l'attaque détournée, indirecte, sournoise, alliée au registre satirique.).

– Type de sujet : le sujet vous demande de justifier, et non de discuter une affirmation.

– Reformulation : le poète s'engage par ses écrits.

– Formulation de la problématique : comment le poète s'engage-t-il par ses écrits ?

Plan de la dissertation
I – La poésie affirme un engagement
II – La poésie suggère un engagement
III – Les procédés de la persuasion propres à la poésie

■ Écrit d'invention

Établissons la « feuille de route » avec soin, car le sujet donne de nombreuses informations.

– Forme : une préface (il faut donc faire allusion aux textes réunis dans l'anthologie).

– Situation d'énonciation : qui parle ? vous (« je ») ; à qui ? les lecteurs (« vous ») ; de quoi ? des horreurs de la guerre, dont parlent les poèmes.

– Registre : le registre polémique s'impose puisqu'on vous demande d'écrire un réquisitoire contre la guerre, vous devez donc recourir à un vocabulaire dépréciatif et à une ponctuation expressive (exclamatives qui disent votre colère, interrogatives pour faire réagir vos lecteurs). Vous pouvez également employer le registre lyrique pour traduire votre enthousiasme pour l'œuvre des poètes engagés.

> **Mémo** *Réquisitoire*
> *Discours par lequel on accuse quelque chose ou quelqu'un, avec violence, en énumérant ses fautes et ses torts. Il implique le registre polémique.*
>
> *Éloge*
> *Discours par lequel on loue quelque chose ou quelqu'un, avec enthousiasme, en énumérant ses qualités. Il implique le registre lyrique.*

– Arguments : pour trouver des arguments pour critiquer la guerre, vous pouvez piller les documents du corpus ; ainsi, la guerre est condamnable parce que 1) elle détruit les êtres et les choses ; 2) elle compromet l'avenir ; 3) elle est inutile.

2 C O R R I G É

> QUESTIONS

1. Le point commun entre les quatre documents est la visée argumentative : ils condamnent la guerre.

Pour eux la guerre est une arme de destruction. Elle détruit des villes entières. Tardieu fait un tableau apocalyptique d'Oradour (« Oradour n'a plus de feuilles / Oradour n'a plus de pierre / Oradour n'a plus d'église »), Picasso mêle les animaux aux maisons effondrées sur la peinture de Guernica, Prévert décrit Brest comme une ville en ruines (« Mais ce n'est plus pareil et tout est abîmé / C'est une pluie de deuil terrible et désolée »). Mais la guerre détruit aussi les hommes, « un soldat jeune » (texte 1), des « femmes » et des « enfants » (texte 2). Enfin et surtout, la guerre met fin à tout espoir, à toute renaissance. C'est la jeunesse et l'avenir qui sont anéantis dans « Le dormeur du val » et dans « Oradour », c'est l'amour qui disparaît dans « Barbara » (« Et celui qui te serrait dans tes bras / Amoureusement / Est-il mort disparu ou bien encore vivant »). Ainsi, les horreurs de la guerre s'installent dans le temps.

Ces quatre documents recourent à un certain nombre de procédés communs pour crier leur révolte et leur tristesse. Le premier consiste à construire un tableau contrasté, pour mieux faire percevoir l'inhumanité de la guerre. Ainsi, Rimbaud s'attarde longuement sur la peinture joyeuse de la nature (« C'est un trou de verdure où chante une rivière »), avant d'en venir à la mort inconcevable du soldat. De même, Prévert commence par rappeler les bonheurs d'avant guerre, les idylles amoureuses (« Ruisselante ravie épanouie / Et tu t'es jetée dans ses bras »), pour mieux insister sur leur disparition. Le second procédé de la critique est la déconstruction. Il semble que les mots et les formes connus sont incapables de dire de telles atrocités. Ainsi Picasso déconstruit les êtres et les choses et montre que la guerre n'a laissé que des pantins désarticulés, sans dignité. De même Prévert et Tardieu suppriment quasiment toute ponctuation et choisissent des vers courts (sept syllabes dans « Oradour », entre trois et huit dans « Barbara »), comme si le cri était désormais la seule forme d'expression possible. Enfin, le poète n'hésite pas à prendre parti par l'emploi de la première personne (texte 2 : « j'ai peur d'entendre » ; texte 3 : « Je dis tu »).

Ainsi, ces quatre poèmes critiquent violemment la guerre.

2. Les documents 1, 2 et 3 sont des poèmes versifiés, de formes variées. Le poème d'Arthur Rimbaud est un sonnet en alexandrins. Il s'agit d'une forme traditionnelle, mais le poète la détourne par l'accumulation d'enjambements (« Les pieds dans les glaïeuls, il dort. Souriant comme / Sourirait un enfant malade […] ») et de rejets (« […] des haillons / D'argent […] ») qui créent un effet de naturel et soulignent la beauté de la nature, par contraste avec les horreurs de la guerre. La pointe résonne ici comme un coup de canon (« Il a deux trous rouges au côté droit »).

Tardieu renonce à la forme fixe. Son poème est composé de huit strophes, qui comptent un nombre varié de vers de sept syllabes. Il n'y a quasiment pas de signes de ponctuation. C'est le rythme des vers et les anaphores négatives (« Oradour n'a plus », « Plus de ») qui organisent le poème. La négation et la perte ont donc la première place.

Prévert emploie également une forme libre. Son poème ne comporte ni strophe ni rime et les vers ont tous un mètre différent. La ponctuation a également disparu. En revanche, on remarque le retour régulier de certains vers (« Barbara », « N'oublie pas », « Rappelle-toi ») qui donne un rythme incantatoire à cet hommage à ceux qui ont été anéantis par la guerre.

Les trois poèmes adoptent donc des formes différentes pour dire les horreurs de la guerre.

> COMMENTAIRE (plan détaillé)

Introduction

Jean Tardieu, né en 1903 et mort en 1995, a parcouru le XXᵉ siècle et rend compte dans ses poèmes de ses expériences, parfois douloureuses. Dans « Oradour », long poème composé de huit strophes de vers de sept syllabes, il hurle son horreur devant le massacre d'Oradour-sur-Glane, perpétré par les SS en 1944. Nous verrons dans une première partie la description du désastre et, dans un second temps, nous étudierons les sentiments du poète.

I – La description du désastre

A. Le leitmotiv de la négation

Étude des anaphores (première strophe : « Oradour n'a plus », deuxième strophe : « Plus de »,…). On ne peut plus évoquer Oradour qu'en disant l'absence, le manque.

B. La mort de toute vie

1. Toute la population a été massacrée

Hommes, femmes, enfants ont été exterminés. Insistance sur la jeunesse des victimes (« enfants », « petits enfants », « fille ») : c'est l'espoir et la renaissance qui sont désormais impossible.

2. Tout signe de vie a été anéanti

Rappel des activités du « village qui vivait » : agriculture (« greniers », « meules »), fêtes (« vin », « chansons », « rires »), messes (« église »), relations amoureuses (« amour »). Ce rappel fait mieux percevoir l'ampleur de la perte. Il n'y a même plus les « pleurs », encore un signe de vie.
La nature est elle aussi atteinte : « plus de feuilles ».

II – Les sentiments du poète

A. La peur

1. L'angoisse du poète

Champ lexical de la peur : « j'ai peur », « je n'ose pas », « je ne peux pas ».

2. L'horreur

Violence des images vues qui hantent les nuits du poète : « blessures », « sang », « ruines », « Une tête épouvantée ».

B. La honte

1. Un crime

Le massacre n'est pas un combat, il n'a aucune légitimité (« coups des assassins »).

2. La responsabilité de l'humanité tout entière

Le poète éprouve de la honte d'être un homme, de la même espèce que ceux qui ont commis le crime, de la même espèce que ceux qui ont laissé faire (« Oradour honte des hommes / Oradour honte éternelle / […] Haine et honte pour toujours »).

C. La vengeance

1. Le devoir de vengeance

Puisque les habitants d'Oradour ne peuvent plus de venger (« bouche sans personne »), les hommes doivent assumer ce devoir (« Nos cœurs ne s'apaiseront / Que par la pire vengeance »).

2. Le devoir de mémoire

La vengeance n'effacera pas le crime pour autant (« pour toujours », « pour tous les temps » et emploi du futur simple). Scansion du nom « Oradour » pour qu'on s'en souvienne.

Conclusion

Le massacre d'Oradour-sur-Glane surpasse toutes les horreurs de la guerre et ne peut laisser personne indifférent. C'est l'humanité tout entière qui devrait avoir honte d'avoir laissé un village être anéanti. Il faut désormais se venger et surtout se souvenir. Le poète répond à ce devoir moral.

> DISSERTATION

Le plan détaillé est rappelé entre crochets pour vous aider, mais il ne doit en aucun cas figurer sur votre copie. Il faudra donc soigner les introductions et les conclusions partielles ainsi que les transitions entre les différentes parties et sous-parties afin de guider le correcteur.

[Introduction]

On associe souvent poésie et lyrisme. Pourtant le poète n'est pas toujours à l'écoute de ses sentiments, il peut aussi se tourner vers le monde et écrire une poésie engagée, qui critique des situations révoltantes. Pour montrer que la poésie est une arme de combat efficace, nous allons d'abord voir que la poésie affirme un engagement, puis qu'elle peut suggérer une prise de position, enfin nous étudierons les procédés de la persuasion propres à la poésie.

[I – La poésie affirme un engagement]

[A. Défendre une cause par le lyrisme]

Loin de vivre dans une tour d'ivoire, coupé du monde, le poète est amené à vivre en société. Dès lors, il est inévitablement confronté à des situations qui l'invitent à réagir. Sa poésie peut alors se faire l'écho de son engagement. Ainsi le poète peut défendre, dans ses vers, une cause qui lui tient à cœur. Il recourt au registre lyrique pour faire partager son enthousiasme. Première personne, champ lexical du sentiment, vocabulaire évaluatif, exclamatives sont autant de signe de la ferveur du poète à l'égard d'une cause essentielle à ses yeux. Ainsi Robert Desnos, sous le pseudonyme de Pierre Audier, publie en 1943, aux Éditions de Minuit clandestines, un appel à la résistance. Il n'hésite pas à affirmer que lui-même se bat contre Hitler et ses partisans et il invite les Français à se battre comme lui : « Écoutez, je l'entends qui me revient renvoyé par les échos. / Mais non, c'est le bruit d'autres cœurs, de millions d'autres cœurs battant comme le mien à travers la France. » Pour ce poète, mort en camp de concentration, on peut se battre avec l'arme de la poésie, ce n'est pas une image vide de sens.

[B. L'attaque polémique]

Le poète engagé peut également rechercher la révolte du lecteur. Il emploie alors le registre polémique qui lui permet de crier sa haine et d'accuser les hommes et les choses violemment. Ainsi, dans « Chanson », Victor Hugo va jusqu'à interpeller les hommes de l'empire : il les désigne par une série d'apostrophes (« Courtisans », « Boursier », « usurier », « Soldats ») et les pronoms de la deuxième personne du pluriel. C'est une attaque frontale, d'autant plus virulente que le poète emploie un vocabulaire dépréciatif (« tonds », « triches », « coquins », « lèpre », « dartre »). Le poète est loin de la France, exilé, mais sa colère ne s'est pas atténuée, sa voix ne s'est pas tue.

[**Conclusion partielle et transition**] Les poètes osent s'engager dans leurs poèmes, défendre ouvertement une cause, dresser un réquisitoire virulent. Ils montrent ainsi que la poésie est une arme incisive qui peut obtenir l'adhésion du lecteur à une cause essentielle ou sa révolte devant une situation inacceptable. Mais la poésie peut aussi être une arme sournoise.

[II – La poésie suggère un engagement]

[A. La critique satirique]

L'attaque frontale n'est pas toujours la plus efficace. Il ne s'agit pas en effet de heurter les préjugés du lecteur et de le braquer, ni de s'attirer la foudre des autorités, toujours prêtes à bâillonner les voix trop agressives. Il faut aussi savoir faire preuve de subtilité et amener le lecteur à formuler la critique lui-même. Le poète satirique est maître dans cet art. Quand La Fontaine dépeint, dans « Animaux malades de la peste », la cour de Louis XIV où règne l'arbitraire, et ou la flatterie vaut plus que l'honnêteté, il prend garde de n'accuser ni le roi ni ses courtisans. Il se contente de décrire la supériorité du lion, la ruse du renard, et à la fin il ne fait que tirer les conséquences de son récit. Il formule ainsi dans sa morale les déductions auxquelles le lecteur pourrait arriver de même. C'est ensuite au lecteur d'appliquer ce discours critique au règne du Roi-Soleil. La portée critique de la fable est d'autant plus importante que c'est le lecteur qui la formule et non le poète qui la lui impose.

[B. Une image signifiante]

Parfois même, le poète n'a pas besoin de donner une morale. Il se contente d'ouvrir les yeux du lecteur en lui décrivant une situation. Il revient ensuite au lecteur informé, éveillé, de s'émouvoir, de se révolter. Ainsi, Rimbaud ne fait pas le procès du gouvernement français de 1870, il décrit « un soldat jeune », presque « un enfant », qui ne profitera plus jamais du plaisir de faire la sieste au bord d'une rivière, de sentir un rayon de soleil sur sa peau et la fraîcheur de la rosée sur sa nuque, parce que « il a deux trous rouges au côté droit ». Le lecteur n'a pas besoin qu'on lui dise que cela est injuste : le choc ressenti à la lecture du dernier vers est plus efficace que tous les argumentaires pacifistes. L'émotion parle à la place de la raison et envoûte le lecteur.

[**Conclusion partielle et transition**] La poésie peut aussi attaquer sa cible par derrière, sournoisement, en jetant la graine de la révolte chez le lecteur sous forme de satires ou d'images émouvantes. Le poète est alors un guide. Mais pour tenir ce rôle, il doit utiliser des moyens spécifiques.

[III. Les procédés de la persuasion propres à la poésie]

[A. Les procédés musicaux]

Le poète doit avoir un regard critique, mais il doit surtout partager ses convictions avec le lecteur. Pour cela, il doit user de moyens spécifiques. La musique est un des éléments qui fait de la poésie une arme de combat efficace. Dans « Chanson », Hugo exploite les possibilités que lui offre la métrique pour souligner son point de vue. Il apostrophe les partisans de l'empire dans des alexandrins pompeux, et marque sa différence en se peignant dans des vers de six syllabes :

> « Courtisans ! attablés dans la splendide orgie,
> La bouche par le rire et la soif élargie […]
>> Mangez, moi je préfère,
>> Vérité, ton pain dur ».

Il signifie ainsi l'austérité de son combat, son isolement. De plus, le retour régulier de ces deux vers brefs, marqués par la redondance « moi je », s'imprime dans l'esprit du lecteur, comme un refrain que l'on fredonne. Prévert et Tardieu ont aussi compris la nécessité de s'insinuer dans la mémoire du lecteur par le biais des répétitions. « Barbara », « N'oublie pas », « Rappelle-toi » scandent le poème de Prévert, « Oradour n'a plus » celui de Tardieu. Une fois mémorisés, les vers peuvent commencer leur travail de persuasion, attaquer les préjugés du lecteur à coups répétés et finalement prendre leur place.

[2. Les images]

La poésie possède aussi la puissance suggestive des images. Dans le poème « Au peuple », Victor Hugo veut inciter le peuple à la révolte. Il ne comprend plus sa passivité, son inertie devant les injustices que lui fait supporter Napoléon III. Pour le convaincre de sa puissance, il bâtit tout son poème sur une métaphore filée qui assimile le peuple à l'océan (« Il déracine un roc, il épargne un brin d'herbe ;/Il jette comme toi l'écume aux fiers sommets,/Ô Peuple »). Cette image concrète parle à tous, y compris à ceux qui ne sont pas habitués à de longs raisonnements. Prévert de même ne définit pas de manière abstraite les changements apportés par la guerre à Brest et ses habitants. Au lieu de cela il décrit la pluie, qui de « sage et heureuse » devient soudain « une pluie de fer/De feu d'acier de sang ». Cette image qui fait écho aux nombreuses photographies des bombes allemandes sur les côtes atlantiques est inoubliable. L'image présente donc un double avantage pour le poète engagé : elle est immédiatement compréhensible par un vaste lectorat, elle s'imprime avec force dans l'imagination du lecteur.

[**Conclusion partielle**] Le poète engagé trouve donc dans la musique et les images la force nécessaire pour faire partager ses convictions.

[Conclusion]

Ainsi la poésie est une arme de combat efficace, tour à tour corps à corps sanglant ou travail de sape de longue haleine. Le poète lutte par la musique et par les images avec la même ambition que les soldats armés. Mais le poète sait en même temps séduire.

> ÉCRIT D'INVENTION

> « Une fois de plus, la poésie mise au défi se regroupe, retrouve un sens précis à sa violence latente, crie, accuse, espère. »
> Paul Éluard

Alors que l'Europe s'est construite pour mettre un terme à de trop nombreux conflits meurtriers et sanglants, alors que L'ONU a vu le jour pour éviter et gérer les conflits mondiaux, la guerre éclate à nouveau ! À quoi bon cet arsenal législatif si c'est pour répéter sans cesse les erreurs de l'Histoire ? Devant ce constat d'impuissance, force est de laisser la place à d'autres voix, celles des poètes engagés, qui de toutes leurs forces crient les horreurs de la guerre, accusent les responsables et espèrent un avenir pacifié. Sont réunis ici, derrière cette profession de foi de Paul Éluard, une série de poèmes engagés dans lesquels les poètes, véritables citoyens du monde, condamnent l'inacceptable.

En effet qu'apporte la guerre ? Encore des drames, que dis-je, des tragédies humaines ! Ceux qui pâtissent de la guerre sont toujours les mêmes : les civils et les sans-grade, manipulés par leurs supérieurs. Qu'ont demandé ces enfants qui courent sous les bombes ? Rien, si ce n'est du pain et des écoles. Qu'ont demandé les femmes des soldats ? Rien, si ce n'est de garder leurs époux à leurs côtés pour qu'ils puissent voir grandir leurs enfants. Celui qui devra renoncer aux plaisirs d'un rayon de soleil sur sa peau, à l'odeur des glaïeuls, à la fraîcheur de la rosée, ce n'est pas celui qui déclare la guerre assis confortablement derrière un bureau, c'est un « soldat jeune », presque « un enfant »… Puisse le sonnet de Rimbaud nous servir de leçon ! La guerre, c'est l'horreur physique certes, mais c'est aussi la terreur mentale. Rappelons-nous pourtant les images hallucinées qui peuplent les nuits de ceux qui ont vécu la guerre et ses horreurs :

« Deux yeux larges deux yeux rouges
Deux yeux graves deux yeux grands
Comme la nuit la folie
Deux yeux de petits enfants :
Ils ne me quitteront pas »

L'homme qui a connu la guerre a appris la bestialité et la cruauté la plus primaire : ne devrait-il pas plutôt apprendre l'amour et la fraternité ? Les horreurs de la guerre ce sont les destructions, mais aussi l'impossibilité de la reconstruction, de la renaissance. Comment reconstruire quand il n'y a plus d'hommes jeunes pour travailler, pour aimer, pour fonder une famille ? Comment vivra désormais la Barbara de Prévert, privée de « celui qui [la] serait dans ses bras/Amoureusement » ?

Enfin, si la guerre était utile on pourrait, si ce n'est justifier, du moins comprendre son horreur. Mais que règle le recours à la violence ? Rien. Je n'aime pas la guerre car elle est tout simplement inutile. De la guerre de 1870 dénoncée par Rimbaud à la Seconde Guerre mondiale fustigée par Prévert, des dizaines de conflits meurtriers… pour aboutir à quoi ? un monde de violence où les guerres s'éternisent, où les attentats se multiplient !

Donc, avant de lancer le monde dans un nouveau conflit, je vous invite, messieurs les Politiques, à suivre les poètes dans une dernière réflexion. Faisons un rêve : celui d'un monde de paix et de fraternité !

Sujets non corrigés

NON CORRIGÉ Séries STT-STI-STL-SMS, Liban, juin 2003

3 HYMNE À LA FEMME AIMÉE

| **Objets d'étude : la poésie ; le biographique**

> CORPUS

1. A. RIMBAUD, « La Maline », *Poésies*, 1870.
2. G. APOLLINAIRE, « Rosemonde », *Alcools*, 1913.
3. P. ÉLUARD, « La dame de carreau », *Donner à voir*, 1939.
4. L. ARAGON, « Cantique à Elsa », *Les Yeux d'Elsa*, 1942.

■ **Texte 1** : Arthur RIMBAUD (1854-1891), « La Maline », *Poésies*, 1870

La maline

Dans la salle à manger brune, que parfumait
Une odeur de vernis et de fruits, à mon aise
Je ramassais un plat de je ne sais quel met[1]
Belge, et je m'épatais dans mon immense chaise.

5 En mangeant, j'écoutais l'horloge, – heureux de coi.
La cuisine s'ouvrit avec une bouffée,
– Et la servante vint, je ne sais pas pourquoi,
Fichu moitié défait, malinement coiffée

Et, tout en promenant son petit doigt tremblant
10 Sur sa joue, un velours de pêche rose et blanc,
En faisant, de sa lèvre enfantine, une moue,

Elle arrangeait les plats, près de moi, pour m'aiser ;
– Puis, comme ça, – bien sûr, pour avoir un baiser, –
Tout bas : « Sens donc, j'ai pris *une* froid sur la joue… »

Charleroi, octobre [18]70.

1. Met pour « mets », orthographe choisie par l'auteur.

■ **Texte 2 :** Guillaume APOLLINAIRE (1880-1918), « Rosemonde », *Alcools*, 1913

Rosemonde
À André Derain

Longtemps au pied du perron de
La maison où entra la dame
Que j'avais suivie pendant deux
Bonnes heures à Amsterdam
5 Mes doigts jetèrent des baisers

Mais le canal était désert
Le quai aussi et nul ne vit
Comment mes baisers retrouvèrent
Celle à qui j'ai donné ma vie
10 Un jour pendant plus de deux heures

Je la surnommai Rosemonde
Voulant pouvoir me rappeler
Sa bouche fleurie en Hollande
Puis lentement je m'en allai
Pour quêter la Rose du Monde

■ **Texte 3 :** Paul ÉLUARD (1895-1952), « La dame de carreau »,
Donner à voir, 1939

La dame de carreau

Tout jeune, j'ai ouvert mes bras à la pureté. Ce ne fut qu'un battement d'ailes au ciel de mon éternité, qu'un battement de cœur amoureux qui bat dans les poitrines conquises. Je ne pouvais plus tomber.

Aimant l'amour. En vérité, la lumière m'éblouit. J'en garde assez en moi
5 pour regarder la nuit, toute la nuit, toutes les nuits.

Toutes les vierges sont différentes. Je rêve toujours d'une vierge.

À l'école, elle est au banc devant moi, en tablier noir. Quand elle se retourne pour me demander la solution d'un problème, l'innocence de ses yeux me confond à un tel point que, prenant mon trouble en pitié, elle
10 passe ses bras autour de mon cou.

Ailleurs, elle me quitte. Elle monte sur un bateau. Nous sommes presque étrangers l'un à l'autre, mais sa jeunesse est si grande que son baiser ne me surprend point.

Ou bien, quand elle est malade, c'est sa main que je garde dans les
15 miennes, jusqu'à en mourir, jusqu'à m'éveiller.

Je cours d'autant plus vite à ses rendez-vous que j'ai peur de n'avoir pas le temps d'arriver avant que d'autres pensées me dérobent à moi-même.

Une fois, le monde allait finir et nous ignorions tout de notre amour. Elle a cherché mes lèvres avec des mouvements de tête lents et caressants.
20 J'ai bien cru, cette nuit-là, que je la ramènerais au jour.

Et c'est toujours le même aveu, la même jeunesse, les mêmes yeux purs, le même geste ingénu de ses bras autour de mon cou, la même caresse, la même révélation.

Mais ce n'est jamais la même femme.
25   Les cartes ont dit que je la rencontrerai dans la vie, *mais sans la reconnaître.*

Aimant l'amour.

■ **Texte 4** : **Louis** Aragon **(1897-1982), « Cantique à Elsa »,**
Les Yeux d'Elsa, **1942**

Cantique[1] à Elsa

1. Ouverture

[…]

Elle dort Longuement je l'écoute se taire
C'est elle dans mes bras présente et cependant
Plus absente d'y être et moi plus solitaire
        D'être plus près de son mystère
5 Comme un joueur qui lit aux dés le point perdant

Le jour qui semblera l'arracher à l'absence
Me la rend plus touchante et plus belle que lui
De l'ombre elle a gardé les parfums et l'essence
        Elle est comme un songe de sens
10 Le jour qui la ramène est encore une nuit

Buissons quotidiens à quoi nous nous griffâmes
La vie aura passé comme un air entêtant
Jamais rassasié de ces yeux qui m'affament
        Mon ciel mon désespoir ma femme
15 Treize ans j'aurai guetté ton silence chantant

Comme le coquillage enregistre la mer
Grisant mon cœur treize ans treize hivers treize étés
J'aurai tremblé treize ans sur le seuil des chimères
        Treize ans d'une peur douce-amère
20 Et treize ans conjuré des périls inventés

Ô mon enfant le temps n'est pas à notre taille
Que mille et une nuits sont peu pour des amants
Treize ans c'est comme un jour et c'est un feu de paille
    Qui brûle à nos pieds maille à maille
25 Le magique tapis de notre isolement

© Éditions Seghers

1. À l'origine, chant religieux

> QUESTIONS [6 pts]

1. a. Quelles différences voyez-vous entre la forme poétique du texte 3 et la forme des autres textes ? **[1 pt]**
b. Quelles remarques pouvez-vous faire sur la forme poétique des textes 1, 2 et 4 ? **[2 pts]**
2. Dans quelle mesure les titres des poèmes aident-ils ou non à leur compréhension ? **[3 pts]**

> TRAVAIL D'ÉCRITURE [14 pts]

I – Commentaire

Vous ferez le commentaire de l'extrait du « Cantique à Elsa » d'Aragon en vous aidant du parcours de lecture suivant :
– vous montrerez en quoi cet extrait est « un cantique » à la femme aimée, en vous appuyant plus particulièrement sur l'étude des rythmes et des rimes ;
– vous montrerez comment la conception que le poète a du temps rend cette relation singulière.

II – Dissertation

Lorsqu'un poète évoque une rencontre amoureuse, s'agit-il seulement, selon vous, de relater un événement fugitif et personnel ou donne-t-il à cette évocation une portée universelle susceptible de toucher le lecteur ?
Vous répondrez à cette question en vous appuyant sur le corpus et sur les textes poétiques que vous avez étudiés.

III – Écrit d'invention

Vous avez fait une rencontre qui vous a laissé une très forte impression. Vous mettrez en scène ce souvenir en l'évoquant dans un texte poétique, en prose ou en vers, qui rendra compte de l'émotion ressentie par le choix de procédés propres au lyrisme (images, rythmes, sonorités…) et qui montrera comment cet instant marque encore votre vie.

Vous vous inspirerez des textes du corpus.

C O U P   d e   P O U C E

ANALYSE DU CORPUS

Le corpus est composé de quatre poèmes, écrits entre 1870 et 1942. Ils sont de factures diverses (le poème de A. Rimbaud est un sonnet, celui de P. Éluard est un poème en prose). Ce qui les rapproche, c'est leur thème, tout à fait traditionnel en poésie : tous évoquent la rencontre du poète avec une femme, qui leur a laissé une forte impression.

> **Mémo** *Poésie : thèmes et formes traditionnels*
>
> *Jusqu'au XIXᵉ siècle, la poésie est un genre très codifié. Reconnue comme le genre littéraire le plus noble, elle doit parler de choses élevées en un style élevé.*
> *– Les grands thèmes de la poésie traditionnelle : la poésie peut être lyrique (elle chante les tourments du cœur du poète) ; elle peut être épique (elle chante les exploits de héros valeureux) ; elle peut être cosmique (elle chante la majesté de la nature).*
> *– Des formes codifiées : le sonnet s'impose comme la forme fixe la plus noble. Si le poète ne choisit pas le sonnet, il recourt tout de même à des formes fixes (successions de quatrains, de quintils…).*
> *– Un style élevé : l'alexandrin s'impose, au XVIᵉ siècle, comme le mètre le plus noble. La langue poétique doit être soutenue et recherchée (images, syntaxe complexe, absence de mots triviaux).*

Ainsi, ce corpus a donc bien une double appartenance : au biographique (par son thème) et à la poésie (par sa forme).

QUESTIONS

Attention ! exceptionnellement, vous avez trois questions à traiter : il faut donc y répondre de manière à la fois précise et succincte, pour ne pas perdre trop de temps.

1. La première question porte sur la forme des poèmes. Elle se subdivise en deux questions. Le a) vous invite à réfléchir à l'originalité du texte 3 : il s'agit en en effet d'un poème en prose, alors que les trois autres textes sont versifiés. Le b) vous interroge sur ces trois poèmes versifiés. La question est floue

(« quelles remarques pouvez-vous faire sur la forme poétique des textes 1, 2 et 4 ? »). C'est donc à vous de sélectionner, dans vos observations sur la forme poétique, les remarques les plus pertinentes. Il faut éviter à tout prix le catalogue désordonné. On peut en particulier considérer : la longueur des vers, la construction des strophes, le schéma des rimes et enfin la ponctuation.

> **Mémo** *Versification*
>
> *Ces trois notions sont fondamentales pour l'analyse d'un poème versifié :*
>
> *— le vers : pour mesurer la longueur du vers, on compte le nombre de syllabes dont il se compose (attention, le « e » muet se prononce, s'il est suivi d'une consonne). Un vers de douze syllabes est un alexandrin, un vers de dix syllabes un décasyllabe, un vers de huit syllabes un octosyllabe ;*
>
> *— les rimes : elles sont constituées par la répétition d'un même son en fin de vers. Elles peuvent être plates (AABB), embrassées (ABBA) ou croisées (ABAB) ;*
>
> *— la strophe : elle est composée par un groupement de vers, formant une unité thématique et syntaxique. Un strophe de deux vers est un distique, de trois vers un tercet, de quatre vers un quatrain, de cinq vers un quintil.*

2. La deuxième question porte sur le rapport entre le poème et son titre : ce dernier éclaire-t-il ou non le sens du poème ? Attention ! il ne faut pas confondre le titre du poème et le titre du recueil : le titre du poème se place entre guillemets, le titre du recueil est souligné. Pour répondre à cette question, vous devez d'abord vous intéresser aux titres eux-mêmes (quelles informations donnent-ils ?) puis regarder si les titres sont repris dans le corps du poème et dans quel but. Enfin, avant de rédiger, pensez à classer les titres selon qu'ils sont éclairants ou pas.

TRAVAIL D'ÉCRITURE

■ Commentaire

Le poème que l'on vous demande d'analyser a été écrit par Argon en 1942. Aragon, militant communiste, est impliqué dans la Résistance et ses poèmes s'en ressentent. Même lorsqu'il écrit des poèmes amoureux, dédiés à Elsa Triolet, sa compagne, une inquiétude et une angoisse latente sont perceptibles. Le « Cantique à Elsa » est le poème liminaire d'un recueil de poèmes lyriques, *les Yeux d'Elsa*. Le premier axe vous invite à considérer la forme poétique et à démontrer en quoi elle s'apparente au cantique. Pour cela, il vous faut étudier la musicalité du poème, le cantique étant chanté ; il faut aussi considérer l'image de la femme et montrer comment elle est valorisée. Le second axe s'intéresse à la conception de l'amour, notamment dans son rapport au temps. Commencez par identifier le temps des verbes et relever les adverbes ou compléments circonstanciels de temps, pour faire des analyses précises. On remarque que, de ce point de vue, le poème se divise en deux : les deux premières strophes sont au présent, les trois suivantes présentent un regard rétrospectif au futur antérieur et au passé. Il faut expliquer cette dichotomie.

Plan du commentaire
I – Un cantique
II – Une relation singulière dans son rapport au temps

■ Dissertation

La dissertation porte sur la dimension autobiographique des poèmes.
– Mots clés : « poète » : le champ d'application du sujet est la poésie ; « rencontre amoureuse » : il faut vous appuyer sur des poèmes d'amour ; « événement fugitif et personnel » : sujet intimiste et anecdotique, dimension autobiographique (quel intérêt pour le lecteur alors ?) ; « portée universelle » : généralisation du discours, transcender cadre biographique intimiste ; « toucher le lecteur » : communion dans les sentiments, identification possible.
– Type de sujet : le sujet est une question qui dissimule deux affirmations (type 2).
– Reformulation de la thèse : thèse 1) la poésie amoureuse est l'expression de sentiments intimes et personnels ; thèse 2) la poésie peut trouver un écho dans les sentiments du lecteur.
– Formulation de la problématique : lorsque le poète se penche sur un événement de sa vie, et plus précisément sur une rencontre amoureuse, la poésie n'est-elle que l'expression de ses sentiments personnels ou peut-elle trouver un écho dans les sentiments du lecteur ?

Plan de la dissertation
I – Certes, lorsque le poète évoque une rencontre amoureuse, il relate un événement fugitif et personnel
II – Mais, il donne à cette évocation une portée universelle, susceptible de toucher le lecteur

■ Écrit d'invention

La difficulté de ce sujet ne réside pas tant dans la compréhension de l'intitulé que dans sa réalisation. Nous pouvons donc dresser « la feuille de route ».
– Forme : un poème en prose ou en vers (si vous choisissez d'écrire un poème en prose, vous devez particulièrement soigner les images et le travail sur le rythme pour affirmer la dimension poétique de votre texte ; si vous choisissez un poème en vers, soyez attentif à la fois à la versification et à la syntaxe, qui doit rester correcte).

– Situation d'énonciation : qui parle ? « je » ; à qui ? *a priori*, pas de destinataire explicite ; de quoi ? une rencontre qui vous a ému(e) (évocation de l'instant de la rencontre) et vous a marqué(e) pour votre vie entière (évocation de la vie après la rencontre).

– Registre : lyrique. Jouez avec les sonorités, les rythmes et les images pour faire partager à votre lecteur vos sentiments.

– Idées : la dernière consigne vous recommande de vous inspirer des textes du corpus. Vous pouvez donc : 1) donner comme titre à votre poème le nom de la personne aimée ; 2) évoquer une femme rencontrée brièvement lors d'un voyage (textes 1 et 2) ou imaginée dans un rêve (texte 3), ou la compagne de toute une vie (texte 4).

Rappelons que ce sujet suppose des réelles qualités d'écriture, il s'adresse avant tout aux candidats qui ont de la plume et à ceux qui aiment écrire ou lire de la poésie !

Séries STT-STI-STL-SMS, Sujet type

4   SUR UN « T'AIME » TRADITIONNEL

| Objet d'étude : la poésie

> CORPUS

1. P. de RONSARD, « Mignonne, allons voir si la rose », *Odes*, I, 17, 1552.
2. P. de RONSARD, « Quand vous serez bien vieille », *Sonnets pour Hélène*, II, 43, 1578.
3. P. CORNEILLE, « Stances à Marquise », 1658.
4. R. QUENEAU, « Si tu t'imagines », *L'instant fatal*, 1948.

■ **Texte 1 : Pierre de RONSARD, « Mignonne allons voir… »,**
        ***Ode à Cassandre*, 1552**

Mignonne, allons voir si la rose,
Qui ce matin, avait déclose
Sa robe de pourpre au soleil.
A point perdu, cette vêprée,
5 Les plis de sa robe pourprée,
Et son teint au vôtre pareil.

Las ! Voyez comme en peu d'espace,
Mignonne, elle a, dessus la place,
Las ! las ! ses beautés laissé choir !
10 Ô vraiment marâtre Nature,
Puisqu'une telle fleur ne dure
Que du matin jusques au soir !

Donc, si vous me croyez, mignonne,
Tandis que votre âge fleuronne
15 En sa plus verte nouveauté,
Cueillez, cueillez votre jeunesse :
Comme à cette fleur, la vieillesse
Fera tenir votre beauté.

■ **Texte 2** : Pierre de RONSARD, « Quand vous serez bien vieille... »,
Sonnets pour Hélène, 1578

Quand vous serez bien vieille, au soir à la chandelle,
Assise auprès du feu, dévidant et filant,
Direz, chantant mes vers en vous émerveillant :
« Ronsard me célébrait du temps que j'étais belle ! »

5   Lors vous n'aurez servante oyant telle nouvelle,
Déjà sous le labeur à demi sommeillant,
Qui au bruit de mon nom ne s'aille réveillant,
Bénissant votre nom de louange immortelle.

Je serai sous la terre, et, fantôme sans os,
10 Par les ombres myrteux je prendrai mon repos ;
Vous serez au foyer une vieille accroupie,

Regrettant mon amour et votre fier dédain.
Vivez, si m'en croyez, n'attendez à demain :
Cueillez dès aujourd'hui les roses de la vie.

■ **Texte 3** : Pierre de CORNEILLE, « Stances à Marquise », 1658

Marquise, si mon visage
A quelques traits un peu vieux,
Souvenez-vous qu'à mon âge
Vous ne vaudrez guère mieux.

5   Le temps aux plus belles choses
Se plaît à faire un affront :
Il saura faner vos roses
Comme il a ridé mon front.

Le même cours des planètes
10 Règle nos jours et nos nuits :
On m'a vu ce que vous êtes ;
Vous serez ce que je suis.

Cependant j'ai quelques charmes
Qui sont assez éclatants
15 Pour n'avoir pas trop d'alarmes
De ces ravages du temps.

Vous en avez qu'on adore ;
Mais ceux que vous méprisez
Pourraient bien durer encore
20 Quand ceux-là seront usés.

Ils pourront sauver la gloire
Des yeux qui me semblent doux,
Et dans mille ans faire croire
Ce qu'il me plaira de vous.

25 Chez cette race nouvelle,
Où j'aurai quelque crédit,
Vous ne passerez pour belle
Qu'autant que je l'aurais dit.

Pensez-y, belle Marquise ;
30 Quoiqu'un grison fasse effroi,
Il vaut bien qu'on le courtise
Quand il est fait comme moi.

Texte 4 : Raymond QUENEAU, « Si tu t'imagines », *L'instant fatal*, 1948

Si tu t'imagines
si tu t'imagines
fillette fillette
si tu t'imagines
5 xa va xa va xa
va durer toujours
la saison des za
la saison des za
saison des amours
10 ce que tu te goures
fillette fillette
ce que tu te goures

Si tu crois petite
si tu crois ah ah
15 que ton teint de rose
ta taille de guêpe
tes mignons biceps
tes ongles d'émail
ta cuisse de nymphe
20 et ton pied léger
si tu crois petite
xa va xa va xa
va durer toujours
ce que tu te goures
25 fillette fillette
ce que tu te goures
les beaux jours s'en vont

les beaux jours de fête
soleils et planètes
30 tournent tous en rond
mais toi ma petite
tu marches tout droit
vers que tu vois pas
très sournois s'approchent
35 la ride véloce
la pesante graisse
le menton triplé
le muscle avachi
allons cueille cueille
40 les roses les roses
roses de la vie
et que leurs pétales
soient la mer étale
de tous les bonheurs
45 allons cueille cueille
si tu le fais pas
ce que tu te goures
fillette fillette
ce que tu te goures

© Éditions Gallimard

> QUESTIONS [6 pts]

1. Quel rapport le poète entretient-il avec la femme à qui il s'adresse ?
[3 pts]

2. Commentez la métaphore de la rose dans les différents poèmes du corpus. **[3 pts]**

> TRAVAIL D'ÉCRITURE [14 pts]

I – Commentaire

Vous ferez le commentaire du sonnet de Ronsard (texte 2) en vous appuyant sur le parcours d'étude suivant :
– comment le poème traite-t-il le thème traditionnel du temps qui passe ?
– quelle image du poète se construit dans ce sonnet ?

II – Dissertation

La poésie a-t-elle pour unique but d'exprimer des sentiments personnels ?
Vous répondrez à cette question en vous appuyant sur les textes du corpus, mais aussi sur vos lectures personnelles.

III – Écrit d'invention

Imaginez la réponse que Marquise pourrait adresser à Corneille.

▮▮▮▮▮ C O U P d e P O U C E

ANALYSE DU CORPUS

Ce corpus est composé de quatre poèmes, de facture différente. Le premier est une ode de Ronsard, composée de trois sizains d'octosyllabes ; le second, également écrit par Ronsard est un sonnet.

> **Mémo** *Le sonnet*
>
> *Il s'agit d'un poème de forme fixe, importé d'Italie en France au XVIᵉ siècle, par les poètes de la Pléiade. Il est composé de deux quatrains aux rimes embrassées, et d'un sizain aux rimes plates puis croisées ou embrassées (ce sizain est souvent présenté sous la forme de deux tercets). Le dernier vers, appelé la chute ou la pointe, est généralement le plus important et peut même modifier le sens de l'ensemble du poème.*

Le poème de Corneille est composé de huit quatrains d'heptasyllabes. Raymond Queneau, qui réécrit l'ode de Ronsard, emploie pour sa part des vers très brefs de cinq syllabes. Le point commun entre ces textes est le thème du *carpe diem* (cueille le jour) : il s'agit pour les poètes, depuis l'Antiquité, de conseiller à leurs interlocuteurs de profiter de la vie et du temps présent.

QUESTIONS

1. Les quatre poètes s'adressent à une femme : Cassandre, Hélène, Marquise, une « fillette ». La question vous demande quel rapport le poète entretient avec elle. Il est facile de repérer l'amour du poète et son attirance pour la femme qui le séduit en particulier par sa beauté, mais il ne faut pas s'en tenir à des évidences. Le poète souhaite que la femme lui cède tant qu'elle est jeune : si Ronsard (« Ode à Cassandre ») et Queneau conseillent à la femme aimée de profiter de la vie et de suivre son penchant amoureux (« Cueillez, cueillez votre jeunesse », « allons cueille cueille ») en lui rappelant qu'elle va vieillir (« Comme à cette fleur, la vieillesse/Fera ternir votre beauté » ; « la ride véloce »), les autres poèmes exercent un véritable chantage. Ils ne lui offriront la gloire et l'éternité que si elle cède à leurs avances (« Regrettant mon amour et votre fier dédain », « Vous ne passerez pour belle/Qu'autant que je l'aurai dit »).

2. La métaphore de la rose apparaît dans les quatre poèmes. Tantôt la rose sert d'image de la beauté et du corps féminin (« Les plis de sa robe pourprée/ Et son teint au vôtre pareil »), tantôt elle désigne les plaisirs éphémères de la vie, et en particulier l'amour (« Cueillez dès aujourd'hui les roses de la vie »).

TRAVAIL D'ÉCRITURE

■ Commentaire

Ronsard a composé ce poème à la fin de sa vie et la tonalité en est assez sombre. Le sonnet repose sur une opposition entre la beauté fugitive et la gloire éternelle qu'apporte la poésie. Le poète s'attarde avec complaisance sur la vieillesse à venir d'Hélène et sur sa déchéance physique ; la beauté, qui est ici implicite (comparez avec « Mignonne, allons voir si la rose »), ne dure pas. C'est la première raison de céder à l'amour. De plus, le poète affirme hautement la supériorité de l'art poétique sur la beauté. La poésie seule peut offrir l'éternité et la gloire à Hélène, et le poète narcissique de chanter ses propres louanges en signalant l'émerveillement que ses vers suscitent. C'est le deuxième argument avancé par le poète, qui exerce donc un véritable chantage : si tu te refuses à m'aimer, je ne te chanterai pas dans mes poèmes et personne ne se souviendra de toi.

Plan du commentaire
I – Le *carpe diem*
II – Le narcissisme du poète

■ Dissertation

Pour réussir une dissertation, il est fondamental de commencer par analyser le sujet avec précision.
– Mots clés : poésie (pensez aux différentes formes poétiques que vous avez rencontrées, poèmes versifiés, poèmes en vers libres, poèmes en prose), sentiments personnels (cela suppose l'utilisation des registres lyrique et pathétique).
– Type de sujet : le sujet invite à apprécier la pertinence d'une thèse (type 3).
– Reformulation de la thèse : le poète se sert de ses poèmes pour ouvrir son cœur.
– Formulation de la problématique : le poète se sert-il uniquement de ses poèmes pour ouvrir son cœur ou leur assigne-t-il d'autres objectifs (s'engager politiquement, diffuser un enseignement moral, faire une œuvre esthétique) ?

Plan de la dissertation
I – Certes, le poète ouvre son cœur dans ses poèmes
II – Mais il a également d'autres objectifs

■ Écrit d'invention

Établissons la « feuille de route ».

– Forme : le sujet ne définit pas précisément la forme que doit adopter votre écrit : ce peut être un monologue théâtral ou romanesque.

– Situation d'énonciation : qui parle ? Marquise, à qui s'adresse Corneille dans ses stances ; à qui ? Corneille ; de quoi ? des propos que tient Corneille dans les « Stances à Marquise » ; quand ? en 1658.

– Registre : Marquise est vraisemblablement outrée des propos tenus par Corneille, sa réponse est donc pleine de rancœur et recourt au registre polémique ou satirique.

– Arguments : 1) Vous êtes excessivement vieux et laid, jamais d'ailleurs vous n'avez été séduisant ; moi, en revanche, je suis d'une rare beauté ; 2) Vous prétendez que vos vers seront éternellement célèbres, mais vos pièces déjà passent de mode et l'on vous préfère le jeune Racine ; 3) Le chantage auquel vous vous livrez est odieux.

Le théâtre :
texte et représentation

Sujets corrigés

5 CONFLITS

| Objet d'étude : le théâtre, texte et représentation

> CORPUS

1. A. DUMAS, *Antony*, acte III, scène 3, 1831.
2. A. de VIGNY, *Chatterton*, acte III, scène 1, 1835.
3. A. CAMUS, *Le Malentendu*, acte I, scène 1, 1944.
4. E. IONESCO, *Rhinocéros*, acte I, scène 1, 1960.

■ Texte 1 : Alexandre DUMAS, *Antony*, acte III, scène 3, 1831

Antony est amoureux d'Adèle, une femme mariée, qui voyage pour rejoindre son époux. En chemin, elle doit faire étape dans une auberge où Antony l'a précédée. Il a donné de l'argent à l'aubergiste pour pouvoir réaliser son projet : attendre Adèle et l'enlever au cours de la nuit.

Antony, seul.

Ah ! me voilà seul enfin !... Examinons... Ces deux chambres communiquent entre elles... Oui, mais de chaque côté la porte se ferme en dedans... Enfer ! Ce cabinet[1] ?... Aucune issue ! Si je démontais ce verrou ?... On pourrait le voir... Cette croisée ?... Ah ! le balcon sert
5 pour les deux fenêtres... Une véritable terrasse. (*Il rit*). Ah ! C'est bien... Je suis écrasé. (*Il s'assied.*) Oh ! comme elle m'a trompé ! Je ne la croyais pas si fausse... Pauvre sot, qui te fiais à son sourire, à sa voix émue, et qui, un instant, comme un insensé, t'étais repris au bonheur, et qui avais pris un éclair pour le jour ! Pauvre sot, qui ne sais pas lire dans un
10 sourire, qui ne sais rien deviner dans une voix, et qui, la tenant dans tes bras, ne l'as pas étouffée, afin qu'elle ne fût pas à un autre... (*Il se lève.*)

Et si elle allait arriver avant que Louis, qu'elle connaît, fût parti avec les
chevaux… Malheur ! Non, l'on n'aperçoit pas encore la voiture. (*Il
s'assied.*) Elle vient, s'applaudissant de m'avoir trompé, et, dans les bras de
15　son mari, elle lui racontera tout ;… elle lui dira que j'étais à ses pieds…
oubliant mon nom d'homme et rampant ; elle lui dira qu'elle m'a
repoussé ; puis, entre deux baisers, ils riront de l'insensé Antony,
d'Antony le bâtard ! Eux rire ! mille démons ! (*Il frappe la table de son
poignard, et le fer y disparaît presque entièrement. Riant.*) Elle est bonne, la
20　lame de ce poignard ! (*Se levant et courant à la fenêtre.*) Louis part
enfin… Qu'elle arrive maintenant… […]

1. Cabinet : petite pièce où l'on se retire pour étudier.

■ **Texte 2 :** Alfred de VIGNY, *Chatterton*, acte III, scène 1, 1835

*Chatterton, jeune poète pauvre, vit chez un couple de grands bourgeois : John
Bell et son épouse Kitty, dont il est amoureux. Il cherche l'inspiration et
expose le problème fondamental auquel tout écrivain est, selon lui, nécessaire-
ment confronté.*

*La chambre de Chatterton, sombre, petite, pauvre, sans feu ; un lit misérable
et en désordre.*

CHATTERTON. *Il est assis sur le pied de son lit et écrit sur ses genoux.*

Il est certain qu'elle ne m'aime pas. – Et moi… je n'y veux plus penser.
– Mes mains sont glacées, ma tête est brûlante. – Me voilà seul en face de
mon travail. – Il ne s'agit plus de sourire et d'être bon ! de saluer et de
serrer la main ! Toute cette comédie est jouée : j'en commence une autre
5　avec moi-même. – Il faut, à cette heure, que ma volonté soit assez puis-
sante pour saisir mon âme, et l'emporter tour à tour dans le cadavre
ressuscité des personnages que j'évoque, et dans le fantôme de ceux que
j'invente ! Ou bien il faut que, devant Chatterton malade, devant Chatterton qui a froid, qui a faim, ma volonté fasse poser avec prétention un
10　autre Chatterton, gracieusement paré pour l'amusement du public, et
que celui-là soit décrit par l'autre : le troubadour[1] par le mendiant. Voilà
les deux poésies possibles, ça ne va pas plus loin que cela ! Les divertir ou
leur faire pitié ; faire jouer de misérables poupées, ou l'être soi-même et
faire trafic de cette singerie ! Ouvrir son cœur pour le mettre en étalage
15　sur un comptoir ! S'il a des blessures tant mieux ! il a plus de prix ; tant
soit peu mutilé, on l'achète plus cher ! (*Il se lève.*) Lève-toi, créature de
Dieu, faite à son image, et admire-toi encore dans cette condition ! (*Il rit
et se rassied. – Une vieille horloge sonne une demi-heure, deux coups.*) Non,
non !

LE THÉÂTRE

20   L'heure t'avertit ; assieds-toi, et travaille, malheureux ! Tu perds ton temps en réfléchissant : tu n'as qu'une réflexion à faire, c'est que tu es un pauvre. – Entends-tu bien ? un pauvre !

    Chaque minute de recueillement est un vol que tu fais : c'est une minute stérile. – Il s'agit bien de l'idée, grand Dieu ! Ce qui rapporte, c'est le
25 mot. Il y a tel mot qui peut aller jusqu'à un shelling[2] ; la pensée n'a pas cours sur la place[3]. […]

1. Poète et musicien du Moyen Âge.
2. Pièce de monnaie.
3. La pensée n'a aucune valeur dans la société,

■ Texte 3 : Albert CAMUS, *Le Malentendu*, acte I, scène 1, 1944

> *Midi. La salle commune de l'auberge.*
> *Elle est propre et claire. Tout y est net.*

SCÈNE PREMIÈRE

LA MÈRE. – Il reviendra.

MARTHA. – Il te l'a dit ?

LA MÈRE. – Oui. Quand tu es sortie.

MARTHA. – Il reviendra seul ?

5 LA MÈRE. – Je ne sais pas.

MARTHA. – Est-il riche ?

LA MÈRE. – Il ne s'est pas inquiété du prix.

MARTHA. – S'il est riche, tant mieux. Mais il faut aussi qu'il soit seul.

LA MÈRE, *avec lassitude*. – Seul et riche, oui. Et alors nous devrons
10 recommencer.

MARTHA. – Nous recommencerons, en effet. Mais nous serons payées de notre peine.

Un silence. Martha regarde sa mère.

– Mère, vous êtes singulière. Je vous reconnais mal depuis quelque temps.

15 LA MÈRE. – Je suis fatiguée, ma fille, rien de plus. Je voudrais me reposer.

MARTHA. – Je puis prendre sur moi ce qui vous reste encore à faire dans la maison. Vous aurez ainsi toutes vos journées.

LA MÈRE. – Ce n'est pas exactement de ce repos que je parle. Non, c'est un rêve de vieille femme. J'aspire seulement à la paix, à un peu d'abandon.
20 (*Elle rit faiblement.*) Cela est stupide à dire, Martha, mais il y a des soirs où je me sentirais presque des goûts de religion.

MARTHA. – Vous n'êtes pas si vieille, ma mère, qu'il faille en venir là. Vous avez mieux à faire.

LA MÈRE. – Tu sais bien que je plaisante. Mais quoi ! À la fin d'une vie, on
25 peut bien se laisser aller. On ne peut pas toujours se raidir et se durcir

comme tu le fais, Martha. Ce n'est pas de ton âge non plus. Et je connais bien des filles, nées la même année que toi, qui ne songent qu'à des folies.

MARTHA. – Leurs folies ne sont rien auprès des nôtres, vous le savez.

LA MÈRE. – Laissons cela.

30 MARTHA, *lentement.* – On dirait qu'il est maintenant des mots qui vous brûlent la bouche.

LA MÈRE. – Qu'est-ce que cela peut te faire, si je ne recule pas devant les actes ? Mais qu'importe ! Je voulais seulement dire que j'aimerais quelquefois te voir sourire.

35 MARTHA. – Cela m'arrive, je vous le jure.

LA MÈRE. – Je ne t'ai jamais vue ainsi.

MARTHA. – C'est que je souris dans ma chambre, aux heures où je suis seule.

LA MÈRE, *la regardant attentivement.* – Quel dur visage est le tien, Martha !

40 MARTHA, *s'approchant et avec calme.* – Ne l'aimez-vous donc pas ?

LA MÈRE, *la regardant toujours, après un silence.* – Je crois que oui, pourtant.

MARTHA, *avec agitation.* – Ah ! mère ! Quand nous aurons amassé beaucoup d'argent et que nous pourrons quitter ces terres sans horizon, quand nous laisserons derrière nous cette auberge et cette ville pluvieuse, et que

45 nous oublierons ce pays d'ombre, le jour où nous serons enfin devant la mer dont j'ai tant rêvé, ce jour-là, vous me verrez sourire. Mais il faut beaucoup d'argent pour vivre devant la mer. C'est pour cela qu'il faut s'occuper de celui qui doit venir. S'il est suffisamment riche, ma liberté commencera peut-être avec lui. vous a-t-il parlé longuement, mère ?

50 LA MÈRE. – Non. Deux phrases en tout.

MARTHA. – De quel air vous a-t-il demandé sa chambre ?

LA MÈRE. – Je ne sais pas. Je vois mal et je l'ai mal regardé. Je sais, par expérience, qu'il vaut mieux ne pas les regarder. Il est plus facile de tuer ce qu'on ne connaît pas. (*Un temps.*) Réjouis-toi, je n'ai pas peur des mots

55 maintenant ?

[…]

■ **Texte 4 :** Eugène IONESCO, *Rhinocéros*, acte I, scène 1, 1960

Avant le lever du rideau, on entend carillonner. Le carillon cessera quelques secondes après le lever du rideau. Lorsque le rideau se lève, une femme portant sous un bras un panier à provisions vide, et sous l'autre un chat, traverse en silence la scène, de droite à gauche. À son passage, l'épicière ouvre la porte de la boutique et la regarde passer.

L'ÉPICIÈRE. – Ah, celle-là ! (*À son mari qui est dans la boutique.*) Ah, celle-là, elle est fière. Elle ne veut plus acheter chez nous. (*L'épicière disparaît, plateau vide, quelques secondes.*)

Par la droite, apparaît Jean ; en même temps par la gauche, apparaît Bérenger. Jean est très soigneusement vêtu : costume marron, cravate rouge, faux col amidonné, chapeau marron. Il est un peu rougeaud de figure. Il a des souliers jaunes, bien cirés ; Bérenger n'est pas rasé, il est tête nue, les cheveux mal peignés, les vêtements chiffonnés ; tout exprime chez lui la négligence, il a l'air fatigué, somnolent ; de temps à autre, il bâille.

JEAN, *venant de la droite.* – Vous voilà tout de même, Bérenger.

5 BÉRENGER, *venant de la gauche.* – Bonjour, Jean.

JEAN. – Toujours en retard, évidemment ! (*Il regarde sa montre-bracelet.*) Nous avions rendez-vous à onze heures trente. Il est bientôt midi.

BÉRENGER. – Excusez-moi. Vous m'attendez depuis longtemps ?

JEAN. – Non. J'arrive, vous voyez bien. (*Ils vont s'asseoir à une des tables de*
10 *la terrasse du café.*)

BÉRENGER. – Alors, je me sens moins coupable, puisque… vous-même…

JEAN. – Moi, c'est pas pareil, je n'aime pas attendre, je n'ai pas de temps à perdre. Comme vous ne venez jamais à l'heure, je viens exprès en retard, au moment où je suppose avoir la chance de vous trouver.

15 BÉRENGER. – C'est juste… c'est juste, pourtant…

JEAN. – Vous ne pouvez affirmer que vous venez à l'heure convenue !

BÉRENGER. – Évidemment… je ne pourrais l'affirmer.

(*Jean et Bérenger se sont assis.*)

JEAN. – Vous voyez bien.

20 BÉRENGER. – Qu'est-ce que vous buvez ?

JEAN. – Vous avez soif, vous, dès le matin ?

BÉRENGER. – Il fait tellement chaud, tellement sec.

JEAN. – Plus on boit, plus on a soif, dit la science populaire…

BÉRENGER. – Il ferait moins sec, on aurait moins soif si on pouvait faire
25 venir dans notre ciel des nuages scientifiques.

JEAN, *examinant Bérenger.* – Ça ne ferait pas votre affaire. Ce n'est pas d'eau que vous avez soif, mon cher Bérenger…

BÉRENGER. – Que voulez-vous dire par là, mon cher Jean ?

JEAN. – Vous me comprenez très bien. Je parle de l'aridité de votre gosier.
30 C'est une terre insatiable.

BÉRENGER. – Votre comparaison, il me semble…

JEAN, *l'interrompant.* – Vous êtes dans un triste état, mon ami.

BÉRENGER. – Dans un triste état, vous trouvez ?

JEAN. – Je ne suis pas aveugle. Vous tombez de fatigue, vous avez encore
35 perdu la nuit, vous bâillez, vous êtes mort de sommeil…

BÉRENGER. – J'ai un peu mal aux cheveux…

JEAN. – Vous puez l'alcool !

BÉRENGER. – J'ai un petit peu la gueule de bois, c'est vrai !

JEAN. – Tous les dimanches matin, c'est pareil, sans compter les jours de
40 la semaine.

BÉRENGER. – Ah non, en semaine c'est moins fréquent, à cause du bureau…

JEAN. – Et votre cravate, où est-elle ? Vous l'avez perdue dans vos ébats !

BÉRENGER, *mettant la main à son cou.* – Tiens, c'est vrai, c'est drôle, qu'est-ce que j'ai bien pu en faire ?

45 JEAN, *sortant une cravate de la poche de son veston.* – Tenez, mettez celle-ci.

BÉRENGER. – Oh, merci, vous êtes bien obligeant.

(*Il noue la cravate à son cou.*)

JEAN, *pendant que Bérenger noue sa cravate au petit bonheur.* – Vous êtes tout décoiffé ! (*Bérenger passe les doigts dans ses cheveux.*) Tenez, voici un

50 peigne ! (*Il sort un peigne de l'autre poche de son veston.*)

BÉRENGER, *prenant le peigne.* – Merci. (*Il se peigne vaguement.*)

JEAN. – Vous ne vous êtes pas rasé ! Regardez la tête que vous avez. (*Il sort une petite glace de la poche intérieure de son veston, la tend à Bérenger qui s'y examine ; en se regardant dans la glace, il tire la langue.*)

55 BÉRENGER. – J'ai la langue bien chargée.

JEAN, *reprenant la glace et la remettant dans sa poche.* – Ce n'est pas étonnant !… (*Il reprend aussi le peigne que lui tend Bérenger, et le remet dans sa poche.*) La cirrhose vous menace, mon ami.

BÉRENGER, *inquiet* – Vous croyez ?…

60 JEAN, *à Bérenger qui veut lui rendre la cravate.* – Gardez la cravate, j'en ai en réserve.

BÉRENGER, *admiratif.* – Vous êtes soigneux, vous.

JEAN, *continuant d'inspecter Bérenger.* – Vos vêtements sont tout chiffonnés, c'est lamentable, votre chemise est d'une saleté repoussante, vos

65 souliers… (*Bérenger essaye de cacher ses pieds sous la table.*) Vos souliers ne sont pas cirés… Quel désordre !… Vos épaules…

BÉRENGER. – Qu'est-ce qu'elles ont, mes épaules ?…

JEAN. – Tournez-vous. Allez, tournez-vous. Vous vous êtes appuyé contre un mur… (*Bérenger étend mollement sa main vers Jean.*) Non, je n'ai pas de

70 brosse sur moi. Cela gonflerait les poches. (*Toujours mollement, Bérenger donne des tapes sur ses épaules pour en faire sortir la poussière blanche ; Jean écarte la tête.*) Oh là là…

Où donc avez-vous pris cela ?

BÉRENGER. – Je ne m'en souviens pas.

75 JEAN. – C'est lamentable, lamentable ! J'ai honte d'être votre ami.

BÉRENGER. – Vous êtes bien sévère…

JEAN. – On le serait à moins !

BÉRENGER. – Écoutez, Jean. Je n'ai guère de distractions, on s'ennuie dans cette ville, je ne suis pas fait pour le travail que j'ai… tous les jours, au bureau,

80 pendant huit heures, trois semaines seulement de vacances en été ! Le samedi soir, je suis plutôt fatigué, alors, vous me comprenez, pour me détendre…

[…]

> QUESTIONS [6 pts]

1. En quoi les textes 1 et 2 se distinguent-ils des textes 2 et 4 ?   **[3 pts]**

2. Dans ces textes, des informations guident le metteur en scène pour la représentation des personnages. Vous en indiquerez au moins trois, de types différents, en donnant des exemples.   **[3 pts]**

> TRAVAIL D'ÉCRITURE [14 pts]

I – Commentaire

En vous aidant du parcours de lecture suivant, vous ferez le commentaire littéraire du texte extrait de *Chatterton* de A. de Vigny.

– Montrez que le monologue de Chatterton est en fait une délibération sur son sort.

– Montrez que ce monologue appartient au registre lyrique.

II – Dissertation

Le théâtre représente fréquemment différentes sortes de conflits. Du monologue ou du dialogue, laquelle de ces deux formes préférez-vous pour exprimer ces conflits sur scène ? Justifiez votre choix.

Vous appuierez votre réflexion sur des exemples puisés dans les quatre textes du corpus, dans la (ou les) pièce(s) que vous avez étudiées, ainsi que sur votre culture théâtrale.

III – Écrit d'invention

Héroïne de *Rhinocéros*, Daisy, dont Bérenger est amoureux, exige qu'il change radicalement son mode de vie par amour pour elle.

Écrivez le monologue délibératif de Bérenger qui conduira à choisir entre ses sentiments et ses habitudes.

Vous soignerez la mise en forme, en vous inspirant des deux premiers documents.

C O U P de P O U C E

ANALYSE DU CORPUS

Le corpus est composé de quatre textes théâtraux datant d'époques diffé-rentes. Les deux premiers sont des extraits de drames romantiques, *Antony* et *Chatterton*, publiés respectivement en 1831 et 1835, les deux autres ont été écrits au XXe siècle, *le Malentendu* par A. Camus, *Rhinocéros* par E. Ionesco. Ces quatre scènes ont été rapprochées parce qu'elles mettent toutes en scène un conflit : Antony et Chatterton sont en conflit avec eux-mêmes et avec la société ; la mère et Martha s'opposent sur la nécessité de poursuivre les meurtres qu'elles ont entrepris ; quant à Jean et Bérenger, ils ont des modes de vie si différents qu'ils ne peuvent plus s'entendre. Tous les personnages sont donc dans des situations conflictuelles, caractéristiques de l'écriture théâtrale.

QUESTIONS

1. La première question vous invite à repérer toutes les différences entre les textes 1 et 2 d'une part, les textes 3 et 4 d'autre part. La différence la plus évidente est formelle : les textes 1 et 2 sont des monologues, tandis que les textes 3 et 4 sont des dialogues.

> **Mémo** *Prises de parole au théâtre*
>
> *Alors que le roman possède une infinité de moyens pour faire part des pensées d'un personnage (discours direct, indirect, indirect libre, monologue intérieur, lettres…), au théâtre, tout discours doit être verbalisé. On distingue :*
> *– le monologue, le personnage qui s'exprime est seul en scène. Son principal destinataire est le public ;*
> *– le dialogue, les paroles du personnage s'adressent alors aux autres personnages présents sur scène et au public (double énonciation). Le rythme du dialogue peut varier : si l'un des personnages monopolise longuement la parole, on parle de tirade ; si la parole passe de l'un à l'autre, on parle de réplique ; si les personnages disent rigoureusement le même nombre de vers, on parle de stichomythies.*

Vous pouvez aussi vous aider du paratexte pour noter une différence esthétique : les textes 1 et 2 sont romantiques tandis que les textes 3 et 4 sont des textes plus contemporains. Le piège dans les questions compara-tistes est de se limiter aux éléments de réponse les plus évidents : la réponse doit être complète !

2. La deuxième question vous invite à réfléchir au lien entre texte et repré-sentation. Vous devez en effet relever les informations qui guident le metteur en scène pour la représentation des personnages : le metteur en scène est en effet responsable de la distribution (quel comédien pour quel rôle), et de la direction des acteurs (c'est lui qui indique aux acteurs comment jouer, comment prononcer le texte, quelle attitude adopter sur scène…). Les choix du metteur en scène ne sont pas arbitraires : il travaille à partir des informa-tions données par le texte, c'est-à-dire les répliques et les didascalies.

TRAVAIL D'ÉCRITURE

■ Commentaire

Le monologue qui est soumis à votre étude est complexe : vous pouvez être troublé et ne pas comprendre immédiatement le sens des propos du personnage. Vous pouvez exploiter cette difficulté : c'est en effet parce qu'il est ému qu'il a du mal à organiser son discours. Les sentiments du personnage se lisent donc à la fois dans les mots prononcés, dans la ponctuation expressive, mais aussi dans l'organisation ou plutôt dans la désorganisation du monologue. Toutefois, il faut surmonter la première impression de confusion pour définir les différentes possibilités qui s'offrent à Chatterton pour l'avenir. En effet, un monologue délibératif permet au personnage d'envisager son avenir.

> **Mémo** *Délibérer*
>
> *Un personnage délibère quand il doit faire un choix et prendre une décision qui engage son avenir. Il doit déterminer ce qui va lui être nuisible ou bénéfique. Le but de la délibération est l'obtention du bonheur individuel ou collectif, et la délibération s'achève a priori sur une prise de décision. Les principales marques de la délibération sont :*
> *— les questions, qui montrent que le personnage s'interroge sur son avenir et la décision qu'il doit prendre ;*
> *— les tours hypothétiques, qui indiquent que le personnage envisage différentes solutions pour l'avenir ;*
> *— l'utilisation du futur, qui souligne que le personnage se projette dans l'avenir.*

Il faut donc repérer dans le monologue toutes les alternatives (qui s'articulent le plus souvent autour de l'adverbe « ou »).

Plan du commentaire
I – Un monologue délibératif
II – Un monologue lyrique

■ Dissertation

Commençons par une analyse rigoureuse du sujet posé.
– Mots clés : théâtre (pas seulement un texte écrit, mais aussi une représentation avec des acteurs, des décors) ; conflits (opposition entre deux ou plusieurs personnages qui peut se traduire, dans le dialogue, par l'emploi du registre polémique et, dans les gestes, par une certaine violence, et qui entraîne une série d'actions et de réactions chez les différents personnages) ; monologue (réplique prononcée par un personnage seul en scène) ; dialogue (répliques prononcées par deux ou plusieurs personnages sur scène).
– Type de sujet : la question dissimule deux thèses, on vous invite à apprécier la pertinence respective de chacune d'elles (type 2).

– Reformulation des deux thèses : 1) le personnage seul en scène est le plus à même d'exprimer un conflit ; 2) pour exprimer un conflit, il faut que deux personnages au moins s'opposent sur scène.
– Formulation de la problématique : pour exprimer un conflit, faut-il laisser un personnage seul en scène s'exprimer librement, ou mettre en scène deux personnages qui s'opposent ?

Plan de la dissertation
I – Certes, le monologue permet d'exprimer des conflits
II – Mais le dialogue est plus efficace encore

■ Écrit d'invention

Établissons la « feuille de route ».
– Forme : monologue délibératif (le nom de Bérenger est indiqué en majuscules, au centre ; ses paroles sont rapportées sans guillemets).
– Situation d'énonciation : qui parle ? Bérenger ; à qui ? à lui-même (et au spectateur) ; de quoi ? de son mode de vie et de ses sentiments pour Daisy ; quand ? la pièce a été écrite et représentée en 1959 et les costumes des personnages (veston, cravate) laissent penser que l'intrigue se déroule sensiblement au même moment.
– Registre : le registre lyrique s'impose.
– Arguments : 1) J'aime Daisy plus que tout : pour elle, je ferai n'importe quoi ; si elle veut que je change mes habitudes, je le ferai ; 2) Comment supporter le travail, la société, sans alcool ? ; 3) Elle mettra du piment dans mon existence, anéantira mon ennui et rendra l'ivresse inutile ; 4) Daisy doit m'aimer tel que je suis : si elle veut un homme tranquille, elle n'a qu'à épouser Jean.

5 CORRIGÉ

> QUESTIONS

1. Les extraits d'*Antony* d'Alexandre Dumas (texte 1) et de *Chatterton* d'Alfred de Vigny (texte 2) se distinguent de ceux du *Malentendu* d'Albert Camus (texte 3) et de *Rhinocéros* d'Eugène Ionesco (texte 4).
En effet, les textes 1 et 2 sont des textes romantiques, qui mettent en scène des héros torturés (Texte 1 : « Enfer ! », l. 3 ; texte 2 : « Ouvrir son cœur

pour le mettre en étalage sur le comptoir ! S'il a des blessures, tant mieux, il a plus de prix », l. 14, 15), révoltés par la société qui les exclut, Antony parce qu'il est « bâtard » (l. 18), Chatterton parce qu'il est « pauvre » (l. 22). Les textes 3 et 4 ont été écrits au XXe siècle, à la fin de la Seconde Guerre mondiale pour le texte 3, dans l'après-guerre pour le texte 4. Ils sont marqués par un pessimisme caractéristique de cette époque : le texte 3 met en scène une mère et une fille unies dans le meurtre (« Il est plus facile de tuer ce qu'on ne connaît pas », l. 53, 54) ; le texte 4, qui s'inscrit dans le courant absurde, met en scène deux antihéros, Bérenger, ivrogne (« Vous puez l'alcool », l. 36), et Jean, privé de tout sentiment humain (« J'ai honte d'être votre ami », l. 75).

De plus, ces extraits présentent une grande différence du point de vue formel. Les textes 1 et 2 sont des monologues délibératifs prononcés respectivement par Antony, qui réfléchit au meilleur moyen de tuer Adèle (« Si je démontais ce verrou ?... ») et par Chatterton qui envisage comment survivre malgré sa pauvreté (« Il y a tel mot qui peut aller jusqu'à un shelling, la pensée n'a pas cours sur la place », l. 25, 26). Les textes 3 et 4 sont des dialogues : dans le texte 3, Martha s'inquiète de voir sa mère faiblir devant le meurtre (« MARTHA, lentement : On dirait qu'il est maintenant des mots qui vous brûlent la bouche. LA MÈRE : Qu'est-ce que cela peut te faire, si je ne recule pas devant les actes ? », l. 30-33) ; dans le texte 4, Jean accuse Bérenger d'être un ivrogne qui néglige tout (« Toujours en retard, évidemment », l. 6 ; « Vous êtes dans un triste état, mon ami », l. 32). Ainsi, les conflits mis en scène sont exprimés dans des monologues dans les textes 1 et 2, dans des dialogues dans les textes 3 et 4.

2. Le metteur en scène a pour tâche de diriger les comédiens : pour cela, il doit repérer dans les textes les informations qui lui permettent de définir les personnages. Le texte théâtral fournit tout d'abord des informations au metteur en scène grâce aux didascalies. Elles indiquent les mouvements des personnages, ce qui permet de déduire leur état d'esprit ou leur caractère. Ainsi, Antony (texte 1), pendant son monologue, « *se lève* » et « *s'assied* » à plusieurs reprises, ce qui trahit son agitation extrême. En revanche, Bérenger (texte 4) fait tout « *mollement* », ce qui montre sa faiblesse de caractère. Les répliques des personnages sont tout aussi éclairantes : les personnages peuvent se décrire eux-mêmes ou décrire leur interlocuteur. La mère affirme que Marthe n'a jamais l'air heureuse (« Je voulais seulement dire que j'aimerais quelquefois te voir sourire », l. 33, 34). Le metteur en scène peut alors indiquer à la comédienne incarnant Marthe qu'elle doit garder une grande neutralité dans le visage. De même, Jean, très observateur, donne des indications très précise sur l'apparence de Bérenger (« Vos vêtements sont tout chiffonnés, votre chemise est d'une saleté repoussante », l. 63, 64). Enfin, la ponctuation expressive peut instruire le metteur en scène. L'accumulation des exclamatives dans le monologue de

Chatterton (« Il ne s'agit plus de sourire et d'être bon ! de saluer et de serrer la main », l. 3, 4) dit ainsi son exaltation. Le metteur en scène, pour ne pas faire des choix arbitraires, peut donc s'appuyer sur les didascalies, les propos des personnages et la ponctuation expressive dans leurs répliques.

> COMMENTAIRE (plan détaillé)

Introduction

En 1835, Alfred de Vigny publie un drame romantique intitulé *Chatterton*. Le héros éponyme est un jeune poète exalté, hébergé chez de riches bourgeois anglais, qui ne parvient pas à accepter les impératifs matérialistes et utilitaires de la société. Dans la scène 1 de l'acte III, Chatterton prononce un long monologue, dans lequel il s'interroge, avec inquiétude, trouble et désordre, sur l'inspiration poétique et sur le rôle social du poète. Nous montrerons tout d'abord que le monologue est délibératif pour ensuite voir en quoi il est lyrique.

I – Un monologue délibératif

A. Une réflexion confuse

1. La variété des thèmes

Amour, inspiration poétique, rentabilité de la poésie. Sujets qui ne sont souvent qu'amorcés (thème de l'amour évoqué en 2 phrases).

2. Un corps agité

Nombreuses didascalies qui soulignent un corps en mouvement à l'image de la pensée qui se cherche.

B. Le dilemme de Chatterton

1. Amuser ou faire pitié

Soit Chatterton décide de flatter les goûts d'un public médiocre et écrit alors une poésie médiocre qui ne lui correspond pas (l. 10, 11) ; soit Chatterton décide d'écrire une poésie ambitieuse mais qui risque de rester incomprise du public (l. 8, 9). Choix entre rentabilité (lexique de l'argent) et pauvreté. Antithèse entre « troubadour » et « mendiant ».

2. La rhétorique délibérative

Abondance de la modalité interrogative (l. 22) qui souligne que le poète est perdu ; structure binaire (« Ou bien ») qui pose les alternatives ; projection dans l'avenir (« Voilà les deux poésies possibles »).

3. L'échec de la délibération

Monologue se clôt sur une absence de prise de décision. Trouble total et absolu du poète.

II – Un monologue lyrique

A. Un poète exalté

1. Le désordre discursif

Chatterton s'interroge avec ardeur sur son « moi » et sa place sociale : abondance de la première personne, présence d'une ponctuation expressive. Construction asyndétique du monologue (tirets montrent le caractère décousu du propos) : l'esprit et la pensée bouillonnent.

2. La fièvre du corps

Les références corporelles soulignent cet état de bouillonnement intérieur : didascalies et antithèse « glacées »/« brûlante ».

B. Un poète désespéré

1. Un cœur souffrant

Champ lexical de la souffrance, vocabulaire dépréciatif pour s'autodésigner. Effet pathétique du monologue.

2. La perte de soi

Dédoublement du poète. Chatterton ne s'appartient plus et ne sait plus qui il est ou il doit être : usage de la 3e personne du singulier (« Chatterton qui a froid ») et de la 2e personne (« assieds-toi »).

C. Un poète marginal

1. Le mépris de la société matérialiste

Parole accusatrice : usage du démonstratif (l. 4). Le poète montre du doigt les impératifs matérialistes. Conflit de valeurs : antithèse entre « mot » et « shelling ».

2. La révolte d'un être singulier

Marginalité du poète (« je » unique s'oppose à la collectivité) ne le jette pas dans l'abattement : discours véhément et ironique. Mots qui sont une arme pour se défendre.

Conclusion

Dans ce monologue confus et désordonné, Chatterton se livre et met son cœur à nu. Il expose le dilemme qui le tiraille et le déchire : plaire et se prostituer aux goûts médiocres du public ou se vouer à la grande Poésie mais rester incompris. Ainsi, ce monologue lyrique aide le spectateur à mieux cerner le personnage. Trouble, agitation, révolte et désespoir habitent ce cœur et ce corps souffrants. À l'image de tous les héros romantiques, Chatterton semble condamné à la marginalité et finalement à la mort.

> DISSERTATION

Le plan détaillé est rappelé entre crochets pour vous aider, mais il ne doit en aucun cas figurer sur votre copie. Il faudra donc soigner les introductions et les conclusions partielles ainsi que les transitions entre les différentes parties et sous-parties afin de guider le correcteur.

[Introduction]

Que ce soient des comédies ou des tragédies, les pièces de théâtre mettent toujours en scène des conflits : les conflits comiques se résolvent en rires, les conflits tragiques exigent le plus souvent la mort du personnage principal. Du monologue ou du dialogue, laquelle de ces deux formes est-elle la plus efficace pour exprimer ces conflits sur scène ? Pour exprimer un conflit, faut-il laisser un personnage seul en scène s'exprimer librement ou mettre en scène deux personnages qui s'opposent ? Nous étudierons dans un premier temps les avantages du monologue pour mettre en scène des conflits, puis, dans un second temps, ceux du dialogue.

[I – Certes, le monologue permet d'exprimer des conflits]

[A. Conflit avec soi-même, conflit avec les autres]

Il apparaît tout d'abord que le monologue est le lieu privilégié d'expression de conflits internes. Le personnage délibère, hésite entre plusieurs postures possibles et, généralement, finit par prendre une décision, ce qui fait progresser l'action. Ainsi, à la scène 2 de l'acte IV de *Cinna*, tragédie de Corneille, Auguste, qui a été trahi par ses proches qui ont fomenté un complot contre lui, hésite entre la clémence et la vengeance (« Punissons l'assassin, proscrivons les complices./Mais quoi ? toujours du sang, et toujours des supplices ! ») : le conflit est intérieur, lui seul a le pouvoir de trancher. Toutefois, le monologue peut aussi exprimer un conflit entre plusieurs personnages. Ainsi, Antony, dans le drame d'Alexandre Dumas du même nom, s'insurge contre le mépris dont fait preuve Adèle à son égard (« Elle vient, s'applaudissant de m'avoir trompé, et, dans les bras de son mari, elle lui racontera tout ») : imaginer la femme qu'il aime avec son mari ne fait qu'aviver la plaie, rendre le conflit plus violent. Ainsi, dans la solitude, le personnage peut se déchirer ou batailler contre les autres.

[B. La liberté du locuteur : tout dire au spectateur]

Seul en scène, à l'abri des oreilles des autres personnages, le héros peut tout dire, il peut dévoiler ses secrets les plus intimes. Ainsi, Chatterton, dont la pauvreté exige qu'il multiplie les sourires et les mondanités pour séduire d'éventuels mécènes, peut, dans le silence de sa chambre, enlever son masque et dire tout son mépris pour la société hypocrite et avide (« Les divertir ou leur faire pitié ; faire jouer de misérables poupées, ou l'être soi-même et faire trafic de cette singerie ! »). Ainsi, grâce au monologue, le spectateur connaît la vérité sur le personnage et saisit mieux les véritables conflits de la pièce. Lorsque le rideau se lève, le spectateur du *Malade imaginaire*, comédie grinçante de Molière, découvre Argan, écumant de colère et de rage contre ses médecins qui ne le soignent pas suffisamment, sa famille qui l'abandonne, ses domestiques qui font preuve de négligence. Cet excès révèle au public que le véritable conflit dans la pièce n'est pas la lutte d'un malade, abandonné de tous, pour survivre, mais la lutte d'un homme contre lui-même, la lutte d'un homme malade de solitude contre sa santé vigoureuse malgré tout. Le spectateur, dans cette relation privilégiée avec le héros, hésite ainsi entre le rire moqueur et la pitié. Ainsi, grâce au monologue, le héros peut se dévoiler : le spectateur connaît alors la vérité sur les personnages et leurs relations conflictuelles.

[C. Le révélateur de l'art du dramaturge]

Un duel sur scène est bien sûr à même de traduire de manière visuelle un conflit, mais il requiert davantage la vigueur et l'entraînement physique des comédiens que la poésie du dramaturge. Le monologue au contraire est le lieu d'expression de la force créatrice de l'auteur. Le conflit doit en effet être perçu du public, sans le secours des images scéniques, violence physique, bagarres ou autres batailles. Pour cela, l'auteur doit recourir à de multiples procédés rhétoriques. Ainsi, pour faire ressentir au public les émotions d'Antony, Alexandre Dumas recourt à un lyrisme exacerbé, qui se lit notamment dans la ponctuation expressive (« Enfer !... ») et les images (« qui avais pris un éclair pour le jour !... »). Racine, pour sa part, dans le monologue de Titus (*Bérénice*, IV, 4), exploite la richesse rythmique de l'alexandrin, dont le rythme binaire dit l'hésitation de Titus entre Rome et Bérénice (« Qu'ai-je fait pour l'honneur ? J'ai tout fait pour l'amour. »). Ainsi, grâce au monologue, le conflit se dit dans les mots et les images, dans le rythme des vers et celui des phrases.

[**Conclusion partielle et transition**] Le monologue peut donc exprimer des conflits individuels ou collectifs, établir un rapport privilégié entre le personnage et le public grâce à la beauté formelle du texte. Toutefois le monologue, par sa longueur et son statisme, risque fort de lasser le public. Le dialogue paraît alors une solution pour exprimer les conflits sur un mode plus dynamique.

[II – Mais le dialogue est plus efficace encore]

[A. La multiplicité des points de vue : un meilleur éclairage sur le conflit]

Qui dit dialogue dit présence sur scène de plusieurs personnages. Ainsi, chacun peut s'exprimer et énoncer son point de vue : au lieu d'avoir un point de vue unique sur le conflit, on a plusieurs éclairages. Le spectateur peut alors se faire une plus juste vue du conflit qui oppose les personnages. Ainsi, dans *Rhinocéros*, Jean accuse Bérenger d'être un ivrogne (« Tous les dimanches matin, c'est pareil, sans compter les jours de la semaine »), faible et négligent (« Vos vêtements sont tout chiffonnés, c'est lamentable, votre chemise est d'une saleté repoussante, vos souliers… ») au point de lui faire « honte ». Bérenger réplique mollement, refusant d'assumer ses faits et gestes et reporte la faute sur une société sans originalité et ennuyeuse (« Je n'ai guère de distractions, on s'ennuie dans cette ville, je ne suis pas fait pour le travail que j'ai… »). On voit donc s'établir un conflit entre une rigueur excessive qui annihile tout sentiment humain et une faiblesse malsaine. La confrontation des deux personnages met à jour leur caractère et interdit au spectateur d'adhérer pleinement au discours de l'un ou de l'autre. Alors qu'il aurait pu s'identifier à l'un des personnages dans le rapport privilégié du monologue, il garde ici ses distances et adopte la position du juge. De même, dans *la Double inconstance*, comédie de Marivaux, Trivelin propose à Arlequin d'acheter ses sentiments : s'il accepte de renoncer à son amour pour Silvia, il lui offrira une fortune, un château, un carrosse… Arlequin oppose à un Trivelin sûr de son fait, persuadé que les biens matériels sont supérieurs à tout (« Mais rien ne vous touche, vous êtes bien étrange ! Cependant tout le monde est charmé d'avoir de grands appartements, nombre de domestiques… »), la conviction que les valeurs morales ne peuvent être achetées (« Vous êtes un grand nigaud, mon ami, de faire entrer Silvia en comparaison avec des meubles, un carrosse et des chevaux qui le traînent »). Chacun des deux personnages défend son point de vue avec conviction : au spectateur d'arbitrer ce conflit.

[B. Dynamisme et mouvement]

De plus, le dialogue permet au spectateur d'observer les personnages qui s'opposent et de mieux les juger. Ainsi, il perçoit immédiatement le contraste entre Jean et Bérenger, au moment même de leur entrée en scène, avant même qu'ils n'aient commencé à parler. En effet, d'après la didascalie initiale, « Jean est très soigneusement vêtu », tandis que « Bérenger n'est pas rasé, il est tête nue, les cheveux mal peignés, les vêtements chiffonnés ». Le dialogue conflictuel peut devenir plus spectaculaire encore et captiver le spectateur. Songeons au duel qui oppose

Roméo à Tybalt dans *Roméo et Juliette* : les deux personnages, représentants de deux familles qui se haïssent depuis plusieurs générations, se font face avant de s'affronter dans un duel épique où Tybalt trouve finalement la mort. Le conflit central de la pièce s'exprime dans les paroles de haine, dans les défis que se lancent les deux jeunes gens, mais aussi et surtout dans la violence des corps, dans des images qui suscitent l'émotion du spectateur.

[**Conclusion partielle**] Ainsi, le dialogue permet un meilleur moyen d'exprimer les conflits parce qu'il implique le spectateur, en le faisant juge, en lui donnant à voir les conflits.

[Conclusion]

Monologues et dialogues sont susceptibles d'exprimer les conflits qui sont l'essence du théâtre, mais l'un met l'accent sur la réflexion et la parole poétique, l'autre emporte le spectateur dans son dynamisme. La vraie force d'une pièce de théâtre serait d'allier les différentes formes d'expression des conflits.

> ÉCRIT D'INVENTION

Chez Bérenger, dans le salon, encombré de meubles en désordre. Le sol est jonché de vêtements enlevés à la hâte et de papiers froissés.

BÉRENGER

Daisy ! Ma Daisy, mon adorée !... Comme je t'aime !... (*Il fait les cent pas, indifférent aux vêtements et aux papiers qu'il piétine*) Quand je pense à ton sourire, j'en ai chaud au cœur ! Tu es si belle, tes mains sont si douces, ta voix si mélodieuse ! J'aime tout en toi : ton nez, ta bouche, tes yeux, tout me séduit, tout m'enchante ! (*Il croise ses bras sur sa poitrine comme s'il embrassait une femme invisible*) Quand pourrai-je te serrer à nouveau dans mes bras ?... Ah ! Je sais : tout est de ma faute ! Je ne suis qu'un minable ! Je suis lamentable, comme dirait Jean... C'est à cause de moi que tu ne veux plus de moi ! C'est parce que je bois et qu'alors j'oublie tout... C'est parce que, quand j'ai bu, j'oublie l'heure de nos rendez-vous, j'arrive en retard, puant l'alcool, mes vêtements tout chiffonnés... Quelle honte ! Comment puis-je t'infliger un spectacle pareil, à toi, ma toute douce, mon aimée ? Mais un espoir me reste : mon ange, tu es si bonne pour moi, si généreuse pour moi, que tu m'as promis de revenir vers moi si je changeais mes habitudes ! Pour toi, je ferais n'importe quoi ! Arrêter de boire et de courir de café en café tous les samedis soirs, ce n'est rien pour un homme amoureux ! Je parcourrais la terre entière, je soulèverais des montagnes si tu me le demandais... alors oublier l'alcool et mettre de l'ordre dans ma

vie… (*Il se laisse lourdement tomber sur une chaise, encombrée de vêtements*)
Pourtant, comment pourrais-je vivre sans ce réconfort ? Comment
affronter le soir qui tombe, sans me griser de vin et de bruit ? Comment
supporter tous les êtres médiocres et sans originalité qui m'entourent, sans
la douce euphorie d'un verre d'alcool ? J'ai soif rien que d'y penser ! Puisque
Daisy n'est pas là, puisque Daisy me méprise, pourquoi ne pas boire ? Si je
ne bois pas ce soir, si je n'oublie pas ce soir le temps perdu à trier des papiers
au bureau, si je n'oublie pas ce soir la mesquinerie de mes collègues, je ne
pourrai pas aller travailler demain, je ne pourrai pas recommencer demain
à gaspiller ma vie comme aujourd'hui. (*Il se lève brusquement et se dirige vers
la porte du fond*) L'oubli est nécessaire pour vivre ! (*Il s'arrête brusquement*)
Non ! Je ne dois pas être faible ! Comment Daisy aimerait-elle un être
faible, un lâche, incapable de se contrôler ? Je dois, je puis être un homme
courageux, je peux me dominer : je ne boirai pas ce soir et demain, Daisy
sera là ! Daisy sera là pour toujours !… (*Il revient au centre de la pièce, puis
s'accoude à la fenêtre*) Quand elle sera à mes côtés, chaque jour sera un
enchantement… Chaque jour sera plus beau que la veille ! Le matin, elle
me sourira au-dessus d'un bol de café fraîchement moulu ; le soir, elle
viendra me chercher à la sortie du bureau, toute pimpante, dans une robe
rose qu'elle aura achetée en secret pour me plaire, et nous irons au cinéma
ou au restaurant… Nous rentrerons à la maison, bras dessus bras dessous,
elle me racontera sa journée, je lui raconterai la mienne, nous nous moque-
rons de Jean et de ses cravates impeccables, nous rirons de l'épicière qui
espionne tout le village… Le dimanche, nous irons pique-niquer à la
campagne et nous jouirons de ces quelques heures de tranquillité… Avec
Daisy, mon bonheur sera parfait ! Fini l'ennui qui pousse dans les cafés la
nuit venue, fini l'ennui qui rend soûl… Daisy sera mon élixir de bonheur,
ma potion de vie ! Elle sera mon ivresse ! (*Un temps*) Mais je ne veux pas
de cette vie étriquée, je ne veux pas qu'on m'enferme dans un carcan d'habitudes et de convenances ! Pourquoi ne vivrais-je pas comme je l'entends ?
Pourquoi ne pourrais-je pas aller par les rues sans cravate, débraillé comme
un étudiant, soûl comme un Polonais, mais heureux ? Si tu m'aimes, Daisy,
tu dois m'aimer comme je suis, tu dois m'accepter malgré mes défauts…
Je ne veux pas d'un amour superficiel ! Si tu m'aimes, tu ne dois pas avoir
honte de moi ! Si ce que tu recherches, c'est le confort matériel, un appartement coquet, une vie paisible, un mari bien présentable que tu puisses
amener aux cocktails mondains organisés par tes amies, alors aimes-en un
autre ! Je ne serai jamais cet homme là ! Je ne veux pas être cet homme-là !
Je ne suis pas Jean, je suis différent !… (*Il fait face au public, au centre de la
pièce*) Oh ! Daisy, aime-moi, mais aime-moi comme je suis !… Ne me
demande pas de ressembler aux autres… Ne me demande pas de devenir
un autre… (*D'un pas résolu, il se dirige vers la porte du fond, quitte le plateau
quelques secondes et revient avec un verre et une bouteille*).

CORRIGÉ   Séries STT-STI-STL-SMS, Inde, avril 2004

6   AIMEZ-MOI !

Objet d'étude : le théâtre, texte et représentation

> CORPUS

1. MARIVAUX, *Le Jeu de l'amour et du hasard*, acte III, scène 8, Dorante/Silvia, 1730.
2. A. DE MUSSET, *On ne badine pas avec l'amour*, acte III, scène 3, Camille (cachée)/Perdican/Rosette, 1834.
3. J. GIRAUDOUX, *Intermezzo*, acte III, scène 3, Isabelle/Le Contrôleur, 1933.

▓ Texte 1 : MARIVAUX, *Le Jeu de l'amour et du hasard*, 1730

Promis en mariage par leurs pères, Dorante et Silvia ont pris l'identité de leurs valets pour mieux s'observer. Dorante s'est démasqué alors que Silvia poursuit le rôle de Lisette pour voir si l'amour vaincra le préjugé.

SILVIA. [...] Que vous importent mes sentiments ?
DORANTE. Ce qu'ils m'importent, Lisette ? Peux-tu douter encore que je ne t'adore ?
SILVIA. Non, et vous me le répétez si souvent que je vous crois ; mais pour-
5 quoi m'en persuadez-vous, que voulez-vous que je fasse de cette pensée-là, Monsieur ? Je vais vous parler à cœur ouvert. Vous m'aimez, mais votre amour n'est pas une chose bien sérieuse pour vous ; que de ressources n'avez-vous pas pour vous en défaire ! La distance qu'il y a de vous à moi,
10 mille objets[1], que vous allez trouver sur votre chemin, l'envie qu'on aura de vous rendre sensible[2], les amusements d'un homme de votre condition, tout va vous ôter cet amour dont vous m'entretenez impitoyablement ; vous en rirez peut-être au sortir d'ici, et vous aurez raison. Mais moi, Monsieur, si je m'en ressouviens, comme j'en ai peur, s'il m'a frappée, quel secours aurai-je contre l'impression qu'il m'aura faite ? Qui est-ce qui me
15 dédommagera de votre perte ? Qui voulez-vous que mon cœur mette à votre place ? Savez-vous bien que si je vous aimais, tout ce qu'il y a de plus grand dans le monde ne me toucherait plus ? Jugez donc de l'état où je

resterais, ayez la générosité[3] de me cacher votre amour : moi qui vous parle,
je me ferais un scrupule de vous dire que je vous aime, dans les dispositions
20 où vous êtes. L'aveu de mes sentiments pourrait exposer[4] votre raison, et
vous voyez bien aussi que je vous les cache.

DORANTE. Ah ! ma chère Lisette, que viens-je d'entendre : tes paroles ont
un feu[5] qui me pénètre, je t'adore, je te respecte ; il n'est ni rang, ni naissance, ni fortune qui ne disparaisse devant une âme comme la tienne.
25 J'aurais honte que mon orgueil tînt encore contre toi, et mon cœur et ma
main t'appartiennent.

SILVIA. En vérité, ne mériteriez-vous pas que je les prisse, ne faut-il pas être
bien généreuse[6] pour vous dissimuler le plaisir qu'ils me font, et croyez-
vous que cela puisse durer ?

30 DORANTE. Vous m'aimez donc ?

SILVIA. Non, non ; mais si vous me le demandez encore, tant pis pour
vous.

1. Personnes désireuses de se faire aimer.
2. Amoureux.
3. Sympathie désintéressée.
4. Mettre en danger.
5. Force de persuasion.
6. De sentiments nobles.

■ Texte 2 : Alfred de MUSSET, *On ne badine pas avec l'amour*, 1834

*Une jeune aristocrate, Camille, et son cousin Perdican s'affrontent sur leur
conception de l'amour. Il goûte le badinage et la liberté. Elle a été influencée
par le pessimisme des religieuses de son couvent et le juge incapable d'une
passion sincère. Par vengeance, Perdican badine et place Camille en situation
d'entendre la déclaration d'amour qu'il adresse à une jeune paysanne : Rosette.*

Le petit bois […]
Entrent Perdican et Rosette, qui s'assoient.

CAMILLE, *cachée à part* : Que veut dire cela ? Il la fait asseoir près de lui ?
Me demande-t-il un rendez-vous pour y venir causer avec une autre ? Je
suis curieuse de savoir ce qu'il lui dit.

PERDICAN, *à haute voix, de manière que Camille l'entend* : Je t'aime,
5 Rosette ! toi seule au monde tu n'as rien oublié de nos beaux jours passés ;
toi seule tu te souviens de la vie qui n'est plus[1] ; prends ta part de ma vie
nouvelle ; donne-moi ton cœur, chère enfant ; voilà le gage de notre amour.

Il lui pose sa chaîne sur le cou.

ROSETTE. Vous me donnez votre chaîne d'or ?

10 PERDICAN. Regarde à présent cette bague. Lève-toi, et approchons-nous de cette fontaine. Nous vois-tu tous les deux, dans la source, appuyés l'un sur l'autre ? Vois-tu tes beaux yeux près des miens, ta main dans la mienne ? Regarde tout cela s'effacer.

Il jette la bague dans l'eau.

15 Regarde comme notre image a disparu ; la voilà qui revient peu à peu ; l'eau qui s'était troublée reprend son équilibre ; elle tremble encore ; de grands cercles noirs courent à sa surface ; patience, nous reparaissons ; déjà je distingue de nouveau tes bras enlacés dans les miens ; encore une minute, et il n'y aura plus une ride sur ton joli visage ; regarde ! C'était une bague

20 que m'avait donnée Camille[2].

CAMILLE, *à part.* Il a jeté ma bague dans l'eau.

PERDICAN. Sais-tu ce que c'est que l'amour, Rosette ? Écoute ! le vent se tait ; la pluie du matin roule en perles sur les feuilles séchées que le soleil ranime. Par la lumière du ciel, par le soleil que voilà, je t'aime ! Tu veux

25 bien de moi, n'est-ce pas ? On n'a pas flétri ta jeunesse ? On n'a pas infiltré dans ton sang vermeil les restes d'un sang affadi ?[3] Tu ne veux pas te faire religieuse ; te voilà jeune et belle dans les bras d'un jeune homme. Ô Rosette, Rosette ! sais-tu ce que c'est que l'amour ?

ROSETTE. Hélas ! monsieur le docteur[4], je vous aimerai comme je pourrai.

1. Il a reproché à Camille d'être indifférente à leurs souvenirs d'enfance.
2. Un don entre deux enfants de huit et onze ans.
3. Allusion à la funeste influence des religieuses du couvent qui ont inculqué leur pessimisme à Camille.
4. Perdican est docteur en droit, littérature et botanique.

■ **Texte 3 :** Jean GIRAUDOUX, *Intermezzo*, 1933

Une petite ville provinciale vit une « fantaisie », un « intermède », ou « intermezzo ». Est-ce la faute de la jeune institutrice, mademoiselle Isabelle, attirée par l'au-delà et qui rencontre un spectre ?
Le timide contrôleur des Poids et Mesures, n'écoutant que son cœur, décide de la sauver et vient présenter sa demande en mariage.

La porte s'ouvre doucement et donne passage au Contrôleur. Il est en jaquette. Il tient dans ses mains, qui sont gantées beurre frais[1], son melon[2] et une canne à pomme d'or. Isabelle s'est tournée vers lui.

LE CONTRÔLEUR. Pas un mot, mademoiselle ! Je vous en supplie, pas un mot ! Pour le moment, je ne vous vois pas, je ne vous entends pas. Je ne

pourrais supporter à la fois ces deux voluptés, *primo* : être dans la chambre de mademoiselle Isabelle ; *secundo* : y trouver mademoiselle Isabelle elle-
5 même. Laissez-moi les goûter l'une après l'autre.
ISABELLE. Cher monsieur le Contrôleur…
LE CONTRÔLEUR. Vous n'êtes pas dans votre chambre, et moi j'y suis. J'y suis seul avec ces meubles et ces objets qui déjà m'ont fait tant de signes par la fenêtre ouverte, ce secrétaire qui reprend ici son nom, qui représente
10 pour moi l'essence du secret – le pied droit est refait, mais le coffre est bien intact – cette gravure de Rousseau à Ermenonville – tu as mis tes enfants à l'Assistance publique, décevant Helvète³, mais à moi tu souris – et ce porte-liqueurs où l'eau de coing impatiente attend l'heure du dimanche qui la portera à ses lèvres… Du vrai baccarat⁴… Du vrai coing… Car tout est
15 vrai, chez elle, et sans mélange.
ISABELLE. Monsieur le Contrôleur, je ne sais vraiment que penser !
LE CONTRÔLEUR. Car tout est vrai, chez Isabelle. Si les mauvais esprits la trouvent compliquée, c'est justement qu'elle est sincère… Il n'y a de simple que l'hypocrisie et la routine. Si elle voit les fantômes, c'est qu'elle est la
20 seule aussi à voir les vivants. C'est qu'elle est dans le département la seule pure. C'est notre Parsifal⁵.
ISABELLE. Puis-je vous dire que j'attends quelqu'un, monsieur le Contrôleur ?
LE CONTRÔLEUR. Voilà, j'ai fini. Je voulais me payer une fois dans ma vie le luxe de me dire ce que je pensais d'Isabelle, de me le dire tout haut ! On
25 ne se parle plus assez tout haut. On a peur sans doute de savoir ce qu'on pense. Eh bien, maintenant, je le sais.
ISABELLE. Moi aussi, et j'en suis touchée.
LE CONTRÔLEUR. Ah ! vous voici, mademoiselle Isabelle ?
ISABELLE. Soyons sérieux ! Me voici.

© Éditions Bernard Grasset

1. De couleur jaune.
2. Son chapeau melon.
3. Né à Genève, Rousseau est originaire de Suisse, ou Helvétie.
4. Cristal de Baccarat.
5. Ou Perceval. Pur chevalier du Moyen Âge, lancé dans la quête du saint Graal. Wagner lui a consacré un opéra apprécié par Giraudoux.

> QUESTIONS [6 pts]

1. En quoi la situation de communication est-elle comparable dans ces trois extraits de pièces ? Le titre des pièces l'éclaire-t-elle ? **[3 pts]**
2. Dans ces trois textes de théâtre, quels registres emploie le personnage qui conduit l'échange pour être plus persuasif ? **[3 pts]**

> TRAVAIL D'ÉCRITURE [14 pts]

I – Commentaire

Vous commenterez l'extrait de Musset, *On ne badine pas avec l'amour*, acte III, scène 3, à partir du parcours de lecture suivant :
– montrez que les paroles de Perdican ont plusieurs destinataires ;
– étudiez les stratégies de Perdican pour persuader Rosette de l'aimer.

II – Dissertation

Comment le théâtre permet-il de persuader et d'émouvoir ?
Pour répondre à cette question, vous vous appuierez sur les scènes de ce corpus, sur les pièces que vous connaissez et les représentations que vous avez vues.

III – Écrit d'invention

Deux lycéens ont étudié une pièce de théâtre, puis assisté sa représentation ou à sa projection. Ils montrent sous la forme d'un dialogue argumenté qu'une représentation théâtrale peut modifier des impressions de lecture. Vous veillerez à utiliser un niveau de langue correct.

▮ C O U P   de   P O U C E

ANALYSE DU CORPUS

Les trois textes du corpus sont des textes de théâtre, composés de dialogues et de didascalies en italique.

> **Mémo** *Théâtre et représentation*
>
> *Le texte de théâtre est composé de deux éléments :*
> *– les dialogues entre les personnages ;*
> *– les didascalies (nom des personnages, indications sur leurs mouvements, l'intonation de leur voix, leurs émotions…). Elles distinguent des dialogues parce qu'elles sont écrites en italique et, parfois, entre parenthèses.*
> *Le lecteur recourt à l'imagination pour établir sa propre mise en scène, à partir des didascalies. Lors d'une représentation, c'est la combinaison du texte interprété par les acteurs, des décors, des costumes, des lumières, etc., qui touche les spectateurs.*

Ils ont pour point commun de mettre en scène des déclarations amoureuses : Dorante, Perdican et le Contrôleur essaient respectivement de convaincre Silvia, Rosette et Isabelle de les aimer. Pour cela, ils déploient diverses stratégies argumentatives.

QUESTIONS

1. Cette première question contient en réalité deux questions. On vous demande d'abord de réfléchir à la situation de communication (qui parle ? à qui ? de quoi ?). Vous devez réfléchir aux points communs entre les trois situations de communication mises en scène (déclaration d'amour, dissimulation). Ensuite, il faut établir un lien entre ce que vous venez de mettre en évidence et le titre de chacune des pièces.

2. Cette question porte sur les registres employés par le personnage qui mène le dialogue (concrètement, celui qui a les répliques les plus longues). Rappelez-vous qu'un registre se définit par l'effet produit sur le destinataire. Vous devez non seulement identifier le registre, mais aussi repérer les procédés d'écriture qui permettent d'obtenir l'effet voulu. N'hésitez pas à vous reporter à la liste des registres à la fin de cet ouvrage.

TRAVAIL D'ÉCRITURE

■ Commentaire

Le commentaire proposé demande de développer deux axes. Le premier prolonge la première question. Pour montrer que les paroles de Perdican ont plusieurs destinataires, vous devez en effet vous intéresser à la situation d'énonciation : Perdican s'adresse à Rosette, mais il sait que Camille écoute, cachée, puisqu'il lui a fixé un rendez-vous pour s'assurer de sa présence. Cela établi, vous devez relever toutes les formules qui font davantage référence à la vie et aux sentiments de Camille qu'à ceux de Rosette. N'oubliez pas non plus que Perdican s'adresse toujours au spectateur, grâce à la double énonciation.

> **Mémo** *La double énonciation*
>
> *On nomme ainsi un phénomène propre au théâtre. Quand nous avons la situation d'énonciation suivante : qui parle ? personnage A ; à qui ? personnage B ; cette situation se double d'une autre : qui parle ? l'auteur et le metteur en scène ; à qui ? au spectateur. Toute réplique prononcée sur scène s'adresse donc à la fois à un personnage mais aussi au public.*

Le second axe prolonge, pour sa part, la seconde question. L'une des stratégies employée par Perdican pour persuader Rosette de l'aimer est le registre lyrique.

Mémo *Le registre lyrique*

Un texte lyrique a pour but de faire partager un sentiment. Il se caractérise par :

— l'emploi de la première personne (« je ») ;
— le vocabulaire des sentiments (il faut préciser le sentiment en fonction du texte : il peut s'agir d'amour, de mélancolie…) ;
— la ponctuation expressive (en particulier des phrases exclamatives qui traduisent un sentiment exacerbé).

Plan du commentaire
I – Les destinataires du discours de Perdican
II – L'art de la persuasion

■ Dissertation

Commençons par une analyse rigoureuse du sujet posé :
– Mots-clés : théâtre (pas seulement un texte écrit, mais aussi une représentation avec des acteurs, des décors) ; persuader (un des aspects de l'argumentation, pour l'opposer à émouvoir, on peut dire que persuader, c'est agir sur la raison) ; émouvoir (agir sur les sentiments du destinataire).
– Type de sujet : question ouverte.
– Formulation de la problématique : par quels moyens une représentation théâtrale agit-elle sur la raison et les sentiments ?

Plan de la dissertation
I – À l'intérieur de la pièce :
agir sur la raison et les sentiments des personnages
II – Dans la relation scène / salle :
agir sur la raison et les sentiments des spectateurs

■ Écrit d'invention

Établissons la « feuille de route ».
– Forme : un dialogue (c'est à vous de choisir si vous voulez écrire un dialogue de type romanesque ou un dialogue de type théâtral, même si le second apparaît plus cohérent quant à l'objet d'étude).
– Situation d'énonciation : qui parle ? à qui ? dialogue entre deux lycéens ; de quoi ? de l'influence de la représentation d'une pièce sur les impressions laissées par la lecture ; quand ? aujourd'hui.
– Registre : si les lycéens trouvent que la métamorphose des impressions de lecture par la représentation est une bonne chose, ils emploieront le registre lyrique ; dans le cas contraire, ils emploieront le registre polémique.
– Arguments : imaginons que les deux lycéens sont d'accord sur le fait que la représentation modifie les impressions de lecture, mais l'un apprécie le phénomène (L1), l'autre le réprouve (L2). Arguments de L1 : 1) la pièce gagne en humanité ; 2) la pièce gagne en émotion ; 3) la pièce s'inscrit dans l'actualité. Arguments de L2 : 1) le lecteur perd sa liberté ; 2) la pièce perd en profondeur.

6   CORRIGÉ

> QUESTIONS

1. Ces trois extraits de pièces de théâtre mettent en scène une situation de communication comparable. En effet, un homme essaie de convaincre une femme de l'aimer, mais dans chaque cas, un personnage joue un rôle, dissimule son identité ou ses mobiles à l'autre. Dans la scène 8 de l'acte III de *le Jeu de l'amour et du hasard*, Dorante déclare sa flamme Silvia (« peux-tu douter encore que je ne t'adore ? », l. 2, 3 ; « je t'adore, je te respecte », l. 23), mais il pense s'adresser à Lisette (« Ce qu'ils m'importent, Lisette ? », l. 2 ; « Ah ! ma chère Lisette », l. 22). Silvia trompe donc Dorante pour vérifier que son amour est sincère et suffisamment vigoureux pour surmonter les barrières sociales. Ainsi à l'amour se mêle le hasard : c'est par hasard que Dorante tombe amoureux de Silvia. Dans la scène 3 de l'acte III de *On ne badine pas avec l'amour*, Perdican adresse une déclaration d'amour à Rosette (« Par la lumière du ciel, par le soleil que voilà, je t'aime », l. 24), mais ce faisant, il adresse une déclaration de guerre à Camille. Perdican lui a fixé un rendez-vous et ne peut ignorer sa présence. Ses propos (« *à haute voix, de manière que Camille l'entend* », l. 4) comme son attitude (« Que veut dire cela ? Il la fait asseoir près de lui ? Me demande-t-il un rendez-vous pour y venir causer avec une autre ? », l. 1-3) ont donc pour but de faire souffrir celle qui l'a dédaigné. Il trompe à la fois Camille, en faisant semblant d'ignorer sa présence, et Rosette, en s'en servant d'outil pour sa vengeance. La cruauté d'un tel jeu peut laisser penser que l'issue de ce badinage amoureux sera douloureuse, ce qui explique la formulation négative du titre de la pièce, *On ne badine pas avec l'amour*. Dans la scène 3 de l'acte III de *Intermezzo*, le Contrôleur fait une déclaration à Isabelle (« Car tout est vrai, chez Isabelle », l. 17 ; « c'est justement qu'elle est sincère », l. 18 ; « C'est qu'elle est dans le département la seule pure », l. 20, 21), mais lui aussi joue un rôle. Il fait semblant d'ignorer la présence de la femme à qui il s'adresse, pour vaincre sa timidité (« Pas un mot, mademoiselle ! Je vous en supplie, pas un mot ! Pour le moment, je ne vous vois pas, je ne vous entends pas. », l. 1, 2). Bien sûr cette situation ne peut durer très longtemps (« Ah ! vous voici, mademoiselle Isabelle ? », l. 28), il s'agit d'un intermède, ou « *Intermezzo* ». Ainsi, les titres des trois pièces éclairent les enjeux de ces trois scènes où amour et tromperie se mêlent.

2. Dans le texte 1, c'est Silvia qui conduit l'échange et elle fait semblant de repousser Dorante pour tester sa sincérité. Elle emploie donc le registre polémique et attaque un amour qu'elle juge superficiel (« votre amour n'est

pas une chose bien sérieuse pour vous », l. 6, 7) et un homme qu'elle soupçonne de cruauté (« impitoyablement », l. 12) et d'inconstance (« les
amusements d'un homme », l. 11 ; « vous en rirez », l. 13). Dans son
emportement, elle recourt à la ponctuation expressive : les phrases exclamatives traduisent son exaltation (« que de ressources n'avez-vous pas pour
vous en défaire ! », l. 7, 8) et les phrases interrogatives visent à faire
comprendre à son interlocuteur ce qu'elle lui reproche (« quel secours
aurai-je contre l'impression qu'il m'aura faite ? Qui est-ce qui me dédommagera de votre perte ? », l. 13-15).

Dans les textes 2 et 3, en revanche, ce sont les hommes amoureux qui
mènent le dialogue et ils emploient le registre lyrique. Ils emploient donc
abondamment la première personne pour montrer qu'ils ouvrent leur cœur
en toute sincérité. Leurs répliques sont envahies par les champs lexicaux de
l'amour et du plaisir (texte 2 : « aime », l. 4 ; « amour », l. 7, 22 et 28 ;
texte 3 : « voluptés », l. 3 ; « goûter », l. 5 ; « luxe », l. 24). Les phrases exclamatives trahissent la force d'un amour qui ne peut se taire (texte 2 : « Je t'aime,
Rosette ! », l. 4, 5 ; texte 3 : « Je voulais me payer une fois dans ma vie le luxe
de me dire ce que je pensais d'Isabelle, de me le dire tout haut ! », l. 23-24).
Ainsi, le registre varie dans les textes selon la personne qui mène le dialogue.

> COMMENTAIRE

*Le plan détaillé est rappelé entre crochets pour vous aider, mais il ne doit en
aucun cas figurer sur votre copie. Il faudra donc soigner les introductions et les
conclusions partielles ainsi que les transitions entre les différentes parties et sous-
parties afin de guider le correcteur.*

[Introduction]

On ne badine pas avec l'amour est une pièce hybride de Musset, à la fois
proverbe et drame romantique. Elle n'a jamais été représentée du vivant de
l'auteur qui voulait en faire un « spectacle dans un fauteuil ». Elle met en
scène un amour impossible entre Camille et Perdican. Dans la scène 3 de
l'acte III, ce dernier veut se venger des accusations d'infidélité de Camille
et décide de la faire souffrir en lui donnant le spectacle de ses amours avec
Rosette. Nous verrons, dans un premier temps, que les répliques de
Perdican ont plusieurs destinataires, puis, dans un second temps, nous
étudierons l'art de persuader dans son discours.

[I – Les destinataires du discours de Perdican]

[A. Une scène de théâtre dans le théâtre]

Pour tromper Camille, spectatrice de sa rencontre avec Rosette,
Perdican se fait à la fois acteur et metteur en scène. Il règle sa voix (« *à*

haute voix, de manière que Camille l'entend », l. 4) et ses gestes (« *Il jette la bague dans l'eau* », l. 14). Perdican organise également les déplacements de sa partenaire. Il fait asseoir Rosette, puis lui demande de se lever. L'emploi de l'impératif fait entendre la voix du metteur en scène qui dirige ses acteurs : « Lève-toi, et approchons-nous de cette fontaine » (l. 10, 11). On a même le sentiment qu'il vérifie le degré d'attention de son public : lorsqu'il enjoint Rosette d'écouter et de regarder (« Regarde », l. 10, 13, 15 et 19 ; « Écoute », l. 22), il convie Camille à faire de même. Camille ne perd rien de la scène qui se joue sous ses yeux (« Je suis curieuse de savoir ce qu'il lui dit », l. 2, 3 ; « Il a jeté ma bague dans l'eau ») et réagit avec l'indignation que le metteur en scène espérait, comme le révèle l'accumulation des interrogatives (« Que veut dire cela ? Il la fait asseoir près de lui ? Me demande-t-il un rendez-vous pour y venir avec une autre ? », l. 1, 2). Rosette est donc le destinataire explicite des répliques de Perdican (« Je t'aime, Rosette », l. 4, 5), mais en vertu de la double énonciation, Camille constitue le second destinataire.

[B. Rosette valorisée, Camille critiquée]

Sûr d'une spectatrice attentive et d'une actrice docile, Perdican, tout en déclarant son amour à Rosette, en profite pour adresser, *a contrario*, des reproches à Camille. Il accuse tout d'abord Camille d'avoir perdu la mémoire. Pour ce faire, il loue Rosette, qui n'a pas oublié l'enfance qu'ils ont vécu tous les trois ensemble (« toi seule au monde tu n'as rien oublié de nos beaux jours passés ; toi seule tu te souviens de la vie qui n'est plus », l. 5, 6). Le rythme binaire et la double formulation, d'abord négative puis positive, soulignent cette qualité de la jeune paysanne. La formule d'insistance « toi seule » est destinée à culpabiliser Camille qui a, pour sa part, beaucoup changé au contact des « religieuse[s] ». C'est en effet pour cela que Camille n'a plus de souvenirs : elle a trop changé, elle a vieilli, sa « jeunesse » est « flétri[e] » (l. 25), son « sang affadi » (l. 26). Rosette au contraire est restée la même : elle est encore désignée comme une enfant (« chère enfant », l. 7) et Perdican la tutoie (« Tu veux bien de moi », l. 24, 25). Si Camille est associée au passé composé (« On n'a pas flétri ta jeunesse ? », l. 25), Rosette est la femme du présent (« par le soleil que voilà, je t'aime ! », l. 24 ; « te voilà jeune et belle dans les bras d'un jeune homme », l. 27). Perdican est d'ailleurs de plus en plus féroce avec Camille. Il en fait d'abord une victime de l'influence des sœurs qu'elle a rencontrées, désignées par un « on » de mépris (« On n'a pas flétri ta jeunesse ? On n'a pas infiltré dans ton sang... », l. 25, 26), puis, toujours en l'opposant à sa sœur de lait, il la juge responsable de son attitude (« Tu ne veux pas te faire religieuse », l. 26, 27). Chaque compliment adressé à Rosette est donc un acte d'accusation contre Camille.

[**Conclusion partielle et transition**] Toutefois, Perdican doit être assez habile pour que Rosette ne perçoive pas qu'elle sert d'instrument à une vengeance et qu'elle tombe amoureuse de lui. C'est alors que Camille souffrira le plus. Pour réveiller l'amour de Rosette, il recourt à l'art de la persuasion.

[II – L'art de la persuasion]

[A. Le registre lyrique]

Les répliques de Perdican sont largement dominées par le registre lyrique, grâce auquel il cherche à communiquer son amour à Rosette. Pour cela, il emploie la première personne (« Je », l. 4 ; « moi », l. 7), et donne l'impression d'ouvrir son cœur en toute sincérité. De plus, il dit explicitement ses sentiments, avec le champ lexical de l'amour (« aime », l. 4 ; « amour », l. 7, 22 et 28 ; « cœur », l. 7). Il laisse également percer son exaltation avec des phrases exclamatives (« Je t'aime, Rosette ! », l. 4, 5 ; « Par la lumière du ciel, par le soleil que voilà, je t'aime ! », l. 24). Perdican amoureux se fait poète pour chanter son amour : ainsi deux octosyllabes blancs se succèdent (« prends ta part de ma vie nouvelle ; donne-moi ton cœur, chère enfant », l. 6, 7), « Regarde » (l. 10, 13, 15 et 19), repris en anaphore, scande sa réplique centrale en lui donnant vigueur et détermination. Charge est au comédien de rendre compte par le ton de sa voix, mais aussi par ses gestes, par les mouvements de son visage de cet amour qui ne peut être contenu.

[B. L'implication de Rosette]

En bon rhéteur, en « docteur » (l. 29) cultivé, Perdican sait parfaitement manier l'art de la persuasion et il sait que l'implication du locuteur ne suffit pas, il faut aussi séduire son destinataire, l'enlever sur les ailes du discours. Pour cela, il emploie fréquemment la deuxième personne (« toi seule tu », l. 5) et nomme à plusieurs reprises celle à qui il s'adresse (« Je t'aime, Rosette ! », l. 4, 5 ; « Ô Rosette, Rosette ! », l. 27, 28). Pour obliger Rosette à réagir à son discours, il lui pose de très nombreuses questions (« Sais-tu ce que c'est que l'amour, Rosette ? », l. 22 ; « Tu veux bien de moi, n'est-ce pas ? », l. 24, 25) et joue de la docilité de sa compagne pour lui donner des ordres tendres, ce que n'eût pas accepté une orgueilleuse Camille (« donne-moi ton cœur, chère enfant », l. 7 ; « Lève-toi », l. 10 ; « Regarde tout cela s'effacer », l. 13). Le cruel Perdican sait aussi séduire Rosette en la flattant : il souligne ainsi sa beauté et sa fraîcheur (« tes beaux yeux », l. 12 ; « ton joli visage », l. 19 ; « jeune et belle », l. 22). Rosette ne peut qu'être sensible à un tel discours… Enfin, Perdican se montre fin psychologue. Il comprend en effet que Rosette serait en droit de lui demander des comptes : pourquoi l'a-t-il si longtemps dédaigné au profit de sa cousine ? Il tente donc d'expliquer son revirement. Pour se faire comprendre, il emploie deux métaphores adressées à la jeune paysanne qu'est Rosette. Sa relation avec Camille est d'abord assimilée à des ronds sur la surface de l'eau (« l'eau qui s'était troublée reprend son équilibre ; elle tremble encore ; de grands cercles noirs courent à sa surface », l. 15-17), il s'agirait donc d'une relation tumultueuse qui serait venue temporairement troubler la douce union de Rosette et Perdican sans l'abîmer. L'amour de Perdican pour Camille est ensuite assimilé à une tempête qui n'aurait pas laissé plus de trace sur les feuilles que les ronds à la surface de l'eau (« le vent se tait ; la pluie du matin roule en perles sur les feuilles séchées que le soleil ranime », l. 22-24). Le « docteur » (l. 29) parvient donc à éviter des paroles trop abstraites et à employer des images familières à Rosette. Ainsi, Perdican construit dans son discours un piège auquel ne peut résister Rosette.

[C. Des gestes symboliques]

Le désir du jeune homme de se faire aimer se lit également dans ses gestes symboliques. Il donne « un gage [d']amour » (l. 7) à Rosette, dont l'étonnement (« Vous me donnez votre chaîne d'or ? », l. 9) montre qu'elle y accorde une grande importance. En même temps, il « *jette la bague* [de Camille] *dans l'eau* » (l. 14), symbole de son renoncement à Camille.

[Conclusion partielle] C'est donc à la fois par ses paroles et par ses gestes que Perdican convainc Rosette de l'aimer.

[Conclusion]

Ainsi, Perdican s'adresse à la fois à Rosette et à Camille et veut convaincre la première de l'aimer, que ce soit dans le désir sincère de trouver du réconfort, ou dans la volonté plus cruelle de se venger de sa cousine. La dimension proverbiale du titre de la pièce laisse déjà supposer que l'issue de ce badinage amoureux ne peut qu'être fatale.

> DISSERTATION (plan détaillé)

Introduction

Si on allume sa télévision pour se distraire, si l'on va au cinéma pour passer un bon moment, on est souvent plus exigeant vis-à-vis d'un spectacle théâtral : on veut éprouver des sentiments profonds, partager une émotion avec les acteurs. Comment le théâtre permet-il de persuader et d'émouvoir ? Par quels procédés la représentation théâtrale agit-elle sur la raison et sur les sentiments de ceux qui sont sur scène, mais aussi de ceux qui sont dans la salle ? Nous verrons, dans une première partie, comment le théâtre persuade et émeut les personnages, puis, dans une deuxième partie, comment le spectacle agit sur la raison et les sentiments des spectateurs.

I – À l'intérieur de la pièce : agir sur la raison et les sentiments des personnages

A. Des discours argumentés

Les pièces contiennent de nombreux discours argumentés par lesquels les personnages cherchent à persuader un tiers (ex. : débat sur l'éducation des femmes au début de *l'École des femmes* de Molière), ou à se persuader eux-mêmes (ex. : monologue délibératif d'Octave dans *Cinna* de Corneille).

B. Des registres variés

Par l'emploi de registres variés les personnages essaient de susciter des réactions diverses de ceux qui les écoutent. Ex. : texte 1, registre polémique ; texte 2 et 3, registre lyrique.

C. Des mises en scène efficaces

Pour agir sur la raison ou les sentiments d'un personnage, les autres personnages peuvent construire une véritable mise en scène interne à la pièce. Ex. : texte 2 ; scène où Elmire demande à son mari de se cacher sous la table pour lui révéler la trahison de *Tartuffe* de Molière.

II – Dans la relation scène/salle : agir sur la raison et les sentiments des spectateurs

A. Persuader le spectateur

1. Des dialogues qui invitent à réfléchir. Ex. : débat sur le rôle des femmes dans la société dans *la Colonie* de Marivaux. Tous les personnages sont ridicules, le spectateur doit se faire sa propre opinion.

2. Un personnage porte-parole. Ex. : débat sur l'éducation des femmes au début de *l'École des femmes* de Molière. Arnolphe est trop ridicule pour que le spectateur s'y attache, il s'identifie à Cléante, porte-parole de Molière.

B. Émouvoir le spectateur

1. Une situation dans laquelle il se reconnaît. Ex. : l'amour dans les trois textes du corpus.

2. La musique des mots. Ex. : beauté de l'alexandrin racinien.

3. Des images à couper le souffle. Ex. : la mort sur scène des deux jeunes amants à la fin de *Roméo et Juliette* de Shakespeare.

4. L'humanité des comédiens. Le spectateur est sensible à l'humanité des comédiens, qui ont peur, qui sont fatigués, etc., et qui transmettent leurs émotions au personnage qu'ils incarnent.

Conclusion

Le théâtre est l'art de persuader et d'émouvoir. Les intrigues se construisent autour des tentatives des personnages pour agir les uns sur les autres et, grâce à la double énonciation, le public reçoit ces échanges et y participe.

> ÉCRIT D'INVENTION

LYCÉEN 1. Je suis ravi que notre professeur de français nous ait emmené voir *l'Esquive* : le fait de voir des jeunes jouer la pièce de Marivaux qu'on avait étudiée en classe a complètement changé mes impressions de lecture ! Je n'avais jamais vraiment cru au personnage de Silvia... Comment une aristocrate peut-elle jouer le rôle d'une servante ? Mais quand j'ai vu cette jeune fille blonde regarder tout un chacun avec un air méprisant, parler d'une voix suraiguë, l'échange des rôles et des statuts sociaux ne m'a plus semblé invraisemblable, il m'a surtout semblé douloureux. À travers ces comédiens amateurs, j'ai compris à quel point il est difficile de jouer un rôle, de se faire passer pour autre que ce qu'on est, ce que pourtant nous impose souvent la société.

LYCÉEN 2. Moi aussi, le film a changé mes impressions de lecture, mais je ne peux pas dire que j'en sois content ! J'avais à la lecture rêvé d'une Silvia cultivée et fine, prête à tout pour vivre un véritable amour, une jeune femme en avance sur son temps, capable de surmonter les clivages sociaux, de remettre en cause la modestie féminine. Je lui vouais une véritable admiration. Du coup, il était évident que Dorante ne pouvait que tomber amoureux d'elle ! Mais quand je vois ces deux adolescentes vulgaires, qui ne parlent qu'en criant, qui ne parviennent pas à se défaire de leur perpétuelle agressivité, je ne peux pas comprendre Dorante. La pièce me paraît tout d'un coup très fausse. En fait, je n'aime pas que le metteur en scène me vole mon imaginaire ! Je veux être moi-même le metteur en scène imaginaire des pièces que je lis.

L1. Il est vrai que l'on peut soi-même mettre en scène les pièces dans notre tête, sans contrainte budgétaire ! Mais rien ne peut remplacer l'émotion que procure la présence d'êtres de chair et de sang tout près de nous. L'an dernier, tu sais, quand nous avons vu *l'École des femmes*, j'ai été bouleversé par le personnage d'Arnolphe. C'est quand j'ai vu approcher le personnage, grimé, vieilli, enlaidi, quand j'ai entendu sa voix tendue par le trac, un peu trop aiguë, que l'horreur du sort réservé à Agnès m'est brutalement apparu. Tout à coup, ce mariage m'était insupportable.

L2. Certes, Arnolphe était repoussant. Mais fasciné par cette image, je n'ai rien écouté du texte et je n'ai pas perçu la finesse argumentative du débat entre Arnolphe et Cléante, au cours duquel ils discutent de l'éducation des femmes. Pourtant les arguments développés par l'un et par l'autre ne doivent pas être négligés aujourd'hui où l'on parle beaucoup du port du voile islamique à l'école et des risques de voir l'éducation pour tous remise en cause. La profondeur de ce dialogue qui m'était apparue très nettement à la lecture a disparu derrière les facéties d'un comédien grimaçant ! Quel dommage !

L1. Peut-être est-on moins attentif au texte pendant la représentation que pendant la lecture, je te l'accorde, mais qui t'empêche, riche de ce que tu as éprouvé pendant le spectacle, de retourner ensuite au texte ? Tu parles de l'actualité du débat sur l'éducation des femmes dans la pièce de Molière, mais ce sont certaines représentations qui m'ont fait percevoir l'actualité de comédies qui me semblaient dépassées. Quand j'étais en seconde, j'ai étudié le *Tartuffe*. Je dois avouer que j'avais trouvé la pièce un peu ennuyeuse et je n'arrivais pas à comprendre en quoi tout ce que notre professeur pouvait nous expliquer sur la compagnie du Saint-Sacrement pouvait m'intéresser. Le débat sur les faux dévots n'avait rien à voir avec mes problèmes de lycéens du XXIe siècle. Et puis, j'ai vu le film de la mise en scène de cette pièce par Ariane Mnouchkine. Cela s'appelle *Au soleil même la nuit*. Dans cette mise en scène, Tartuffe est un intégriste islamique qui prend possession de la maison d'Orgon, belle maison méditerranéenne, entourée d'orangers… Alors j'ai compris que la comédie de Molière avait encore un sens ! Je l'ai relue et tout ce que j'avais ignoré m'est apparu nettement : je connaissais des Mariane, brimées par leur père au nom de la religion, je connaissais des Elmire qui refusaient l'hypocrisie de la religion ! Heureusement, la représentation avait complètement modifié mes premières impressions de lecture !

7   LA MISE EN SCÈNE DE LA MORT

| Objet d'étude : le théâtre, texte et représentation

> CORPUS

1. W. SHAKESPEARE (1564-1616), *Roméo et Juliette*, acte V, scène 3. Traduction de François-Victor Hugo, 1594.
2. V. HUGO (1802-1885), *Ruy Blas*, acte V, scène 4, 1838.
3. E. ROSTAND (1868-1918), *Cyrano de Bergerac*, acte V, scène 6, 1897.
4. Document : photo de la mise en scène de Georges Wilson au théâtre des Bouffes du Nord, 1992.

LE THÉÂTRE

■ **Texte 1 :** William SHAKESPEARE (1564-1616), *Roméo et Juliette*, 1594

ACTE V, SCÈNE 3

LAURENCE *allant vers le tombeau.* – Roméo ! (*Dirigeant la lumière de sa lanterne sur l'entrée du tombeau.*) Hélas ! hélas ! quel est ce sang qui tache le seuil de pierre de ce sépulcre ? Pourquoi ces épées abandonnées et sanglantes projettent-elles leur sinistre lueur sur ce lieu de paix ? (*il entre*
5 *dans le monument*) Roméo ! Oh ! qu'il est pâle !... Quel est cet autre ? Quoi, Pâris aussi baigné dans son sang ! Oh ! quelle heure cruelle est donc coupable de cette lamentable catastrophe ?... (*Éclairant Juliette.*) Elle remue ! (*Juliette s'éveille et se soulève.*)
JULIETTE. – Ô frère charitable, où est mon seigneur ? Je me rappelle bien
10 en quel lieu je dois être : m'y voici... Mais où est Roméo ? (*Rumeur au loin.*)
LAURENCE. – J'entends du bruit... Ma fille, quitte ce nid de mort, de contagion, de sommeil contre nature. Un pouvoir au-dessus de nos contradictions a déconcerté nos plans. Viens, viens, partons ! Ton mari est là gisant sur ton sein, et voici Pâris. Viens, je te placerai dans une commu-
15 nauté de saintes religieuses ; pas de questions ! le guet arrive... Allons, viens, chère Juliette. (*La rumeur se rapproche.*) Je n'ose rester plus longtemps. (*il sort du tombeau et disparaît.*)

JULIETTE. – Va, sors d'ici, car je ne m'en irai pas, moi. Qu'est ceci ? Une coupe qu'étreint la main de mon bien-aimé ? C'est le poison, je le vois, qui
20 a causé sa fin prématurée. L'égoïste ! il a tout bu ! il n'a pas laissé une goutte amie pour m'aider à le rejoindre ! Je veux baiser tes lèvres ; peut-être y trouverai-je un reste de poison dont le baume me fera mourir… (*Elle l'embrasse.*) Tes lèvres sont chaudes !

PREMIER GARDE, *derrière le théâtre.* – Conduis-nous, page… De quel côté ?
25 JULIETTE. – Oui, du bruit ? Hâtons-nous donc ! (*Saisissant le poignard de Roméo.*) Ô heureux poignard ! voici ton fourreau… (*Elle se frappe.*) Rouille-toi là et laisse-moi mourir ! (*Elle tombe sur le corps de Roméo et expire.*)

■ **Texte 2** : Victor HUGO (1802-1885), *Ruy Blas*, 1838

Ruy Blas, valet de Don Salluste, a été contraint par son maître, qui veut se venger de la reine, de prendre la place de Don César. C'est sous cette fausse identité qu'il a pu approcher la reine dont il est amoureux.

ACTE V, SCÈNE 4

LA REINE, RUY BLAS

Ruy Blas fait quelques pas en chancelant vers la reine immobile et glacée, puis il tombe à genoux, l'œil fixé à terre, comme s'il n'osait lever les yeux jusqu'à elle.

RUY BLAS, *d'une voix grave et basse.*

Maintenant, madame, il faut que je vous dise.
Je n'approcherai pas. – Je parle avec franchise.
Je ne suis point coupable autant que vous croyez.
Je sens, ma trahison, comme vous la voyez,
5 Doit vous paraître horrible. Oh ! ce n'est pas facile
À raconter. Pourtant je n'ai pas l'âme vile,
Je suis honnête au fond. – Cet amour m'a perdu –
Je ne me défends pas ; je sais bien, j'aurai dû
Trouver quelque moyen. La faute est consommée !
10 C'est égal, voyez-vous, je vous ai bien aimée.

LA REINE

Monsieur…

RUY BLAS, *toujours à genoux.*

N'ayez pas peur. Je n'approcherai point.
À votre majesté je vais de point en point
Tout dire. Oh ! Croyez-moi, je n'ai pas l'âme vile ! –
15 Aujourd'hui tout le jour j'ai couru par la ville

Comme un fou. Bien souvent même on m'a regardé.
Auprès de l'hôpital que vous avez fondé,
J'ai senti vaguement, à travers mon délire,
Une femme du peuple essuyer sans rien dire
20 Les gouttes de sueur qui tombaient de mon front.
Ayez pitié de moi, mon Dieu ! mon cœur se rompt !

LA REINE

Que voulez-vous ?

RUY BLAS, *joignant les mains.*

Que vous me pardonniez, madame !

LA REINE

Jamais.

RUY BLAS

25   Jamais !
        Il se lève et marche lentement vers la table.
                Bien sûr ?

LA REINE

                Non, jamais !

RUY BLAS

Il prend la fiole posée sur la table, la porte à ses lèvres et la vide d'un trait.
                                    Triste flamme,
Éteins-toi.

LA REINE, *se levant et courant à lui.*

30   Que fait-il ?

RUY BLAS, *posant la fiole.*

            Rien. Mes maux sont finis.
Rien. Vous me maudissez, et moi je vous bénis.
Voilà tout.

LA REINE, *éperdue.*

        Don César !

RUY BLAS

35   Quand je pense, pauvre ange,
Que vous m'avez aimé !

LA REINE

                Quel est ce philtre étrange ?
Qu'avez-vous fait ? Dis-moi ! Réponds-moi ! Parle-moi !
César ! Je te pardonne et t'aime, et je te crois !

RUY BLAS

40 Je m'appelle Ruy Blas.

LA REINE, *l'entourant de ses bras.*

Ruy Blas, je vous pardonne !
Mais qu'avez-vous fait là ? Parle, je te l'ordonne !
Ce n'est pas du poison, cette affreuse liqueur ?
Dis ?

RUY BLAS

45   Si ! c'est du poison. Mais j'ai la joie au cœur.
Tenant la reine embrassée et levant les yeux au ciel.
Permettez, ô mon Dieu, justice souveraine
Que ce pauvre laquais bénisse cette reine,
Car elle a consolé mon cœur crucifié,
Vivant, par son amour, mourant, par sa pitié !

LA REINE

50 Du poison ! Dieu ! c'est moi qui l'ai tué ! – Je t'aime !
Si j'avais pardonné ?…

RUY BLAS, *défaillant.*

J'aurais agi de même.
Sa voix s'éteint. La reine le soutient dans ses bras.
Je ne pouvais plus vivre. Adieu !
Montrant la porte.

Fuyez d'ici !
55 Tout restera secret. – Je meurs.
Il tombe.

LA REINE, *se jetant sur son corps.*

Ruy Blas !

RUY BLAS, *qui allait mourir,*
Se réveille à son nom prononcé par la reine.

Merci !

■ **Texte 3 :** Edmond ROSTAND (1868-1918), *Cyrano de Bergerac*, 1897

ACTE V, SCÈNE 6

CYRANO, *est secoué d'un grand frisson et se lève brusquement.*
    Pas là ! non ! pas dans ce fauteuil !
On veut s'élancer vers lui…
Ne me soutenez pas ! Personne !
Il va s'adosser à l'arbre.
    Rien que l'arbre !
Silence.
Elle vient. Je me sens déjà botté de marbre,
5 Ganté de plomb !
Il se raidit.
    Oh ! mais !… puisqu'elle est en chemin,
Je l'attendrai debout,
Il tire l'épée.
    et l'épée à la main !

LE BRET

Cyrano !

ROXANE, défaillante.

10   Cyrano !
Tous reculent épouvantés.

CYRANO

    Je crois qu'elle regarde…
Qu'elle ose regarder mon nez, cette Camarde
Il lève son épée.
Que dites-vous ?… C'est inutile ?… Je le sais !
Mais on ne se bat pas dans l'espoir de succès
15 Non ! non, c'est bien plus beau lorsque c'est inutile !
Qu'est-ce que c'est que tous ceux-là ! Vous êtes mille ?
Ah ! je vous reconnais, tous mes vieux ennemis !
Le Mensonge ?
Il frappe de son épée le vide.
Tiens ! tiens ! – Ha ! ha ! les Compromis,
20 Les Préjugés, les Lâchetés !
Il frappe.
    Que je pactise ?
Jamais, jamais ! – Ah ! te voilà, toi la Sottise !
Je sais bien qu'à la fin vous me mettrez à bas ;
N'importe : je me bats ! je me bats ! je me bats !

Il fait des moulinets immenses et s'arrête haletant.

25 Oui, vous m'arrachez tout, le laurier et la rose !

Arrachez ! Il y a malgré vous quelque chose

Que j'emporte ; et ce soir, quand j'entrerai chez Dieu,

Mon salut balaiera largement le seuil bleu,

Quelque chose que sans un pli, sans une tache,

30 J'emporte malgré vous,

Il s'élance l'épée haute.

    et c'est…

L'épée s'échappe de ses mains, il chancelle, tombe dans les bras de Le Bret et de Ragueneau.

ROXANE, *se penchant sur lui et lui baisant le front.*

C'est ?…

CYRANO, *rouvre les yeux, la reconnaît et dit en souriant.*

Mon panache.

Rideau

■ **Document 4 :** Photo de la mise en scène de *Ruy Blas* par Georges WILSON au théâtre des Bouffes du Nord en 1992, avec Florence Darel et Lambert Wilson

© Marc Enguerrand

> QUESTIONS [6 pts]

1. Quels sont les éléments communs à cet ensemble ?   [3 pts]

2. Quelles indications donnent les didascalies dans chacun de ces trois textes sur la mise en scène de l'agonie ?   [3 pts]

> TRAVAIL D'ÉCRITURE [14 pts]

I – Commentaire

En vous aidant du parcours de lecture suivant, vous ferez le commentaire du texte de Victor Hugo :

– en analysant la manière dont la reine s'adresse à Ruy Blas, vous montrerez l'évolution de ses sentiments ;

– vous montrerez la nature pathétique de cette scène.

II – Dissertation

En vous appuyant sur le corpus proposé, les œuvres que vous avez étudiées et votre expérience du théâtre, vous direz si la représentation est indispensable pour apprécier et comprendre pleinement une pièce de théâtre.

III – Écrit d'invention

Le théâtre classique se refusait à représenter la mort sur scène. Imaginez la préface d'une pièce de théâtre rédigée par un auteur qui défend ce point de vue.

LE THÉÂTRE

COUP de POUCE

ANALYSE DU CORPUS

Le corpus comprend quatre documents : trois textes et une photographie. Les trois textes sont les scènes de dénouement de *Roméo et Juliette*, de *Ruy Blas*, de *Cyrano de Bergerac*. Ils mettent en scène la mort d'un des personnages. Les trois pièces appartiennent à des époques différentes et s'inscrivent dans des mouvements littéraires différents. Notez, en particulier, que la pièce de Shakespeare relève du théâtre baroque et que celle de Hugo est romantique. Le document iconographique est une photographique de la mise en scène de l'extrait de *Ruy Blas*.

Mémo *Exposition et dénouement au théâtre*

La scène (ou l'acte) d'exposition a une valeur informative : elle doit donner au spectateur, dès le seuil de la pièce, toutes les informations nécessaires à la compréhension. Ainsi, quand vous avez une scène d'exposition à commenter, il faut faire une partie sur la valeur informative de la scène et recenser les informations données sur les personnages, le cadre spatio-temporel et l'intrigue.

La scène (ou l'acte) de dénouement doit clore la pièce en apportant des réponses à toutes les questions ouvertes par la scène d'exposition. Ainsi, le dénouement classique doit être complet (répondre à toutes les questions), rapide (il doit être dynamique pour marquer le spectateur), et nécessaire (il ne doit pas reposer sur un coup de théâtre mais doit être préparé par le reste de la pièce). Quand vous avez une scène de dénouement à commenter, il faut donc voir s'il correspond à ces trois caractéristiques.

QUESTIONS

1. Dans cette question, il faut repérer les ressemblances entre les documents. Il est nécessaire de relever au brouillon les points communs, et de les classer avant de rédiger. Ne négligez pas le document iconographique.

2. Il ne s'agit pas dans cette question de faire un commentaire général sur le rôle des didascalies, mais de considérer uniquement leur rôle dans la mise en scène de l'agonie. Il faut donc d'abord relever les didascalies qui concernent l'agonie ou la mort des personnages. Il faut ensuite les classer selon les informations qu'elles apportent.

■ TRAVAIL D'ÉCRITURE

■ Commentaire

Le commentaire vous invite à développer deux axes. Le premier vous demande d'« analy[ser] la manière dont la reine s'adresse à Ruy Blas » pour montrer « l'évolution de ses sentiments ». Il faut éviter l'analyse linéaire, qui suivrait rigoureusement l'ordre du texte. Ne négligez pas les didascalies : « la manière dont la reine s'adresse à Ruy Blas », ce n'est pas seulement les paroles qu'elle prononce, mais aussi la façon dont elle les prononce et les gestes qui accompagnent son discours. Le deuxième axe vous incite à considérer « la nature pathétique de cette scène ».

Mémo *Le registre pathétique*

Un texte relève du registre pathétique lorsqu'il suscite la pitié et l'émotion du lecteur (ou du spectateur dans le cas des textes de théâtre). Les principaux procédés du registre pathétique sont :
– l'évocation d'une situation douloureuse pour les personnages ;

– le champ lexical de la douleur ;
– l'emploi de la première personne ;
– les phrases exclamatives qui traduisent une douleur exacerbée ;
– les phrases interrogatives qui mettent en évidence le désarroi ;
– les hyperboles qui soulignent le malheur.

À nouveau, vous devez considérer qu'il s'agit d'une pièce de théâtre, destinée à être jouée : tenez compte des didascalies et des indications sur la gestuelle, l'intonation, l'apparence des personnages.

Plan du commentaire
I – L'évolution des sentiments de la reine
II – Une scène pathétique

■ Dissertation

– Mots clés : « théâtre » (il ne s'agit pas ici du texte, mais aussi et surtout de la représentation scénique) ; représentation (mise en scène avec des acteurs, sur une scène, avec des décors et des costumes, choisis par le metteur en scène) ; apprécier (prendre plaisir) ; comprendre (comprendre le sens de l'intrigue, mais aussi éventuellement le message délivré par la pièce).
– Type de sujet : il s'agit d'apprécier la pertinence d'une thèse (type 3).
– Reformulation de la thèse : une pièce de théâtre ne peut être appréciée si elle n'est pas mise en scène
– Formulation de la problématique : une pièce de théâtre ne peut-elle être appréciée que si elle est mise en scène, ou peut-elle être lue ?

Plan de la dissertation
I – Certes, la représentation est essentielle pour apprécier
et comprendre une pièce de théâtre
II – Mais la lecture permet également d'apprécier et de comprendre

■ Écrit d'invention

L'intitulé du sujet comporte une ambiguïté : un auteur, défendant les bien-séances classiques, qui postulent en particulier que la mort ne doit pas être représentée sur scène, écrit une pièce de théâtre. Vous devez en écrire la préface. Défendez-vous les mêmes idées ? Êtes-vous cet auteur lui-même ? Si la réponse à la première question est évidemment « oui » (une préface défend la plupart du temps les mérites d'un ouvrage), la réponse à la deuxième est plus délicate. Rien ne vous l'indique explicitement dans le sujet. Seule une bonne connaissance du théâtre classique vous donne la réponse : les dramaturges classiques écrivaient eux-mêmes leurs préfaces. Cette ambi-guïté une fois levée, on peut établir la « feuille de route » suivante.
– Forme : une préface.
– Situation d'énonciation : qui parle ? « je », auteur classique ; à qui ? « vous », les lecteurs ; de quoi ? de la nécessité des bienséances.
– Registre : lyrique (enthousiasme à défendre une pièce, conforme aux bien-séances) et polémique (virulence contre les auteurs qui violent ces règles).

– Arguments : le sujet invite à une réflexion argumentée sur la nécessité des bienséances. Pour cela, il est utile, voire nécessaire, de bien connaître le théâtre classique. Éviter de représenter la mort sur scène, c'est 1) ménager les spectateurs les plus sensibles ; 2) laisser la place à la beauté de la phrase poétique dans de longs récits ; 3) agir sur la raison, capable de saisir un message moral, et non sur les sens, fascinés par les images.

Le corpus proposé ne fournit malheureusement pas d'exemples de pièces classiques respectant les bienséances. En revanche, il permet de réfléchir sur les risques d'une représentation scénique de la mort. En raison de la chronologie, seule la pièce *Roméo et Juliette* peut être prise comme exemple.

7 CORRIGÉ

> QUESTIONS

1. Ces documents présentent de nombreux points communs. Les trois textes, situés à la fin des pièces dont ils sont extraits, participent du dénouement. Ils ont en commun de mettre en scène la mort d'un personnage. Juliette se plante le poignard de Roméo dans le ventre (« Ô heureux poignard ! Voici ton fourreau… (*Elle se frappe.*) Rouille-toi là et laisse-moi mourir ! (*Elle tombe sur Roméo et expire.*) », l. 24-25). Ruy Blas se donne aussi la mort en buvant un poison (« *Il prend la fiole posée sur la table, la porte à ses lèvres et la vide d'un trait.* ») Si Cyrano a été mortellement blessé avant le début de l'extrait, il agonise néanmoins sur scène et décrit l'arrivée de la mort, qui l'engourdit progressivement (« Elle vient. Je me sens déjà botté de marbre, / Ganté de plomb ! », v. 3-4). La mort des trois personnages en scène a pour but de frapper le spectateur, de graver en lui une image qui survivra une fois le rideau tombé, comme le visage désespéré et la posture de la reine, jouée par Florence Darel, qui se penche sur le corps agonisant de Ruy Blas, dans un décor sombre et morbide.

Les trois textes présentent un autre point commun : la parole pathétique, destinée à émouvoir les spectateurs. Dans les trois textes, on trouve le champ lexical de la mort (texte 1 : « sang », l. 2, « épées abandonnées et sanglantes », l. 3 ; texte 2 : « poison », v. 31 et 32, « mourant », v. 36 ; texte 3 : « mettrez à bas », v. 17, « entrerai chez Dieu », v. 20). De plus, les phrases exclamatives soulignent l'extrême douleur des mourants, qui sont si malheureux qu'ils attendent la mort comme une délivrance (« Ô heureux poignard ! », l. 24, dans *Roméo et Juliette* ; « Adieu ! », v. 39, « Merci ! », v. 40, dans *Ruy Blas*). Cyrano, pour sa part, est partagé entre tristesse et colère (« Oui, vous m'arrachez tout, le laurier et la rose ! », v. 19).

Ainsi ces documents offrent plusieurs éléments communs : ce sont des dénouements, entraînant la mort d'un personnage dans une mise en scène impressionnante, tant par la violence des images que par le pathétique du dialogue.

2. Les didascalies guident le metteur en scène dans sa conception de la scène et aident le lecteur à s'imaginer sa propre mise en scène. Nous allons étudier les indications qu'elles donnent sur la mise en scène de l'agonie. D'une part, elles permettent de visualiser une mort plus ou moins violente. Ainsi, dans Roméo et Juliette, les didascalies redoublent le texte (« [*Saisissant le poignard de Roméo*] Ô heureux poignard ! […] [*Elle se frappe*]. Rouille-toi là et laisse moi mourir ! [*Elle tombe sur le corps de Roméo et expire*] », l. 23-24) et ne laissent aucun doute sur l'extrême violence de l'acte de Juliette. La mort est ici exhibée dans toute sa cruauté. Par contre, dans *Ruy Blas*, la mort est moins spectaculaire. Le personnage boit un poison (« *Il prend la fiole posée sur la table, la porte à ses lèvres et la vide d'un trait* »), ce qui implique qu'il n'y a pas de sang sur scène, seulement la chute du personnage (« *Il tombe* »). On observe la même chose avec *Cyrano de Bergerac* : seule la défaillance du personnage indique qu'il meurt (« *Il tombe dans les bras de Le Bret et de Ragueneau* »).

D'autre part, les didascalies informent sur la modification que la mort apporte aux relations entre les personnages. Pour Juliette, la mort consacre son amour, et elle « tombe sur le corps de Roméo », s'unissant à nouveau à lui. Dans *Ruy Blas*, la mort du héros entraîne un complet revirement de situation : alors qu'au début il suppliait la reine de le pardonner (« *il tombe à deux genoux* », « *joignant les mains* »), à la fin, c'est elle qui vient à lui pour lui témoigner son amour, « *l'entourant de ses bras* », « *se jetant sur son corps* ». Cyrano, de même, finit par abandonner son audace légendaire qui suscite une peur mêlée d'admiration (« *tous reculent épouvantés* »), pour accepter le soutien et le réconfort de ses proches (« *dans les bras de Le Bret et de Ragueneau* », « *Se penchant sur lui et lui baisant le front* »).

Les didascalies ont donc un double rôle dans la mise en scène de l'agonie : elles indiquent le degré de violence des images scéniques de la mort et renseignent sur le rôle de la mort dans les rapports entre les personnages.

LE THÉÂTRE

> COMMENTAIRE

Le plan est rappelé entre crochets pour vous aider, mais il ne doit en aucun cas figurer sur votre copie. Il faudra donc soigner les introductions et les conclusions partielles ainsi que les transitions entre les différentes parties et sous-parties afin de guider le correcteur.

[Introduction]

Victor Hugo révolutionne la scène théâtrale dans les années 1830 en créant le drame romantique, dont *Ruy Blas* est un exemple des plus représentatifs. Dans le dénouement de cette pièce (V, 4), Ruy Blas, qui a trompé la reine en usurpant une fausse identité, cherche à obtenir son pardon. La reine semble refuser d'accorder son pardon et le héros décide de se donner la mort. Nous étudierons d'abord l'évolution des sentiments de la reine, puis nous montrerons la nature pathétique du dialogue.

[I – L'évolution des sentiments de la reine]

[A. Une reine déterminée à rester distante]

La reine apparaît d'abord très déterminée. Ruy Blas cherche à obtenir son pardon (« LA REINE : Que voulez-vous ? RUY BLAS, *joignant les mains* : Que vous me pardonniez, madame ! », v. 21) pour l'avoir trompée. On comprend que sa « faute » (v. 9) est d'avoir usurpé une fausse identité : en effet, la reine l'appelle « Don César » (v. 25) avant qu'il ne précise « je m'appelle Ruy Blas » (v. 29). La souveraine refuse sans hésitation ce pardon. Sa réponse est claire et répétée deux fois : « jamais » (v. 22). La seconde fois, le refus est souligné par l'exclamative et redoublé par l'ajout de la négation « non ». Sa décision semble sans appel et elle prend soin de limiter son dialogue avec Ruy Blas au strict minimum : ses répliques sont très brèves (« Monsieur… », v. 10 ; « Que voulez-vous ? », v. 21 ; « Jamais », v. 22). Les paroles de la reine également très froides : elle intervient pour empêcher Ruy Blas de rappeler leur amour passé (« RUY BLAS : […] C'est égal, voyez-vous, je vous ai bien aimée. LA REINE : Monsieur… », v. 10-11), elle vouvoie son ancien amant et le nomme « Monsieur », effaçant ainsi tout souvenir d'un sentiment amoureux. Ainsi, la reine semble d'abord résolue à rompre avec Ruy Blas et à le punir.

[B. Une reine bouleversée]

Pourtant, au moment où la reine découvre que Ruy Blas est « mourant » (v. 36), elle est bouleversée et ses sentiments l'emportent sur sa feinte froideur et toutes ses résolutions. Cette explosion de sentiments se lit d'abord dans l'abondance de phrases exclamatives et interrogatives qui traduisent son inquiétude (« Mais qu'avez-vous fait là ? Parle, je te l'ordonne ! / Ce n'est pas du poison, cette affreuse liqueur ? / Dis ? », v. 30-32). La reine perd ainsi toutes ses certitudes, tous ses repères. Son attitude à l'égard la faute commise par Ruy Blas est par conséquent modifiée. On observe un parallélisme entre sa première réponse à la demande de pardon de Ruy Blas, et la deuxième, elle aussi répétée deux fois : « Je te pardonne » (v. 28), et « je vous pardonne ! » (v. 29) font écho aux deux « jamais » qu'avait d'abord répondu la reine. La reine pardonne par amour, déclaration par deux fois réitérée (« Je [...] t'aime », v. 28 ; « Je t'aime ! », v. 37). Au moment où la reine laisse place à l'amour, où elle pardonne à Ruy Blas, elle cherche à renouer le dialogue avec lui. Le parallélisme entre les trois impératifs « Dis-moi ! Réponds-moi ! Parle-moi ! », (v. 27) et les trois verbes « Je te pardonne et t'aime, et te crois ! » montre que pardonner l'autre, c'est d'abord reconnaître la possibilité de parler avec lui, le reconnaître dans son discours. De plus, on note que la reine, qui semblait si froide au premier abord, ne sait plus si elle doit parler en souveraine ou en amante : elle oscille entre le « vous » et le « tu » (« Mais qu'avez-vous fait là ? Parle, je te l'ordonne ! », v. 30), entre l'ordre et la prière (« Dis-moi ! Réponds-moi ! Parle-moi ! », v. 27 ; « Parle, je te l'ordonne ! », v. 30). C'est également par ses gestes que la reine se rapproche de son amant : alors qu'elle était restée assise devant Ruy Blas lui demandant pardon à genoux, soudain cet éloignement lui paraît insupportable et elle se précipite sur lui pour le serrer dans ses bras et le soutenir (« *se levant et courant à lui* », « *l'entourant de ses bras* », « *la reine le soutient dans ses bras* », « *se jetant sur son corps* »). La reine ne sait que faire pour ramener à la vie celui qu'elle a le sentiment d'avoir assassiné (« c'est moi qui l'ai tué ! », v. 36) : l'assurer de son pardon et de son amour, le rassurer par des paroles et des caresses.

[**Conclusion partielle et transition**] On constate donc que le spectacle de l'agonie de Ruy Blas bouleverse totalement la reine, auparavant si distante et si ferme, et la laisse désemparée. Ce spectacle émeut également le spectateur, et fait de cette scène une scène pathétique.

[II – Une scène pathétique]

[A. Une situation douloureuse]

La relation entre les deux personnages est le premier élément qui contribue à émouvoir le spectateur. En effet, on sait que Ruy Blas et la reine se sont aimés, mais cet amour se conjugue désormais au passé : « Je vous ai bien aimé » (v. 10), rappelle Ruy Blas à la reine, ajoutant un peu plus tard, « Quand je pense, pauvre ange, / Que vous m'avez aimé ! » (v. 25-26). Pour Ruy Blas, seule la mort peut apporter quelque réconfort. C'est la perspective de le perdre qui fait comprendre à la reine son amour, mais il est trop tard. Au moment où les deux amants vont être séparés à jamais, ils réalisent tous deux qu'ils s'aiment d'un amour réciproque (« LA REINE, *se jetant sur son corps.* Ruy Blas ! RUY BLAS, *qui allait mourir, se réveille à son nom prononcé par la reine.* Merci ! », v. 40). Leur union apparaît donc dans toute sa clarté au moment de leur séparation. Une telle souffrance de part et d'autre touche le spectateur.

[B. Une parole pathétique]

L'échange entre les deux personnages est également pathétique. Le champ lexical du malheur parcourt l'ensemble du texte (« pitié », v. 20 et v. 36 ; « triste », v. 22 ; « maux », v. 23 ; « cœur crucifié », v. 35), relayé à la fin par celui de la mort (« Adieu ! », v. 39 ; « je meurs », v. 40). Chaque parole dans ce dialogue a pour but de rappeler la souffrance des deux protagonistes. De plus, les phrases exclamatives, rendues sur scène par l'intonation de la voix du comédien, traduisent une douleur exacerbée (« Ayez pitié de moi, mon Dieu ! mon cœur se rompt ! », v. 20 ou « Du poison ! Dieu ! c'est moi qui l'ai tué ! – Je t'aime ! », v. 37).

[C. Une image émouvante]

La scène propose une succession d'images susceptibles d'émouvoir le spectateur et de rester graver en lui au-delà du tomber du rideau. La première est celle de Ruy Blas, suppliant la reine de le pardonner. Il est à genoux, les mains jointes, en position de prière. Mais c'est surtout son visage qui est bouleversant. Le récit qu'il fait à la reine de son « délire » (v. 17) évoque « [les] gouttes de sueur qui tombaient de [son] front » (v. 19). On peut imaginer que, lors de son entrevue avec la reine, alors que son émotion est à son comble, ses traits sont encore plus décomposés. La seconde image frappante de cette scène est l'agonie de Ruy Blas, agonie lente, qui gagne progressivement le corps (« *défaillant* », « *il tombe* ») puis touche la voix (« *Sa voix s'éteignant* »). Comment ne pas être ému au spectacle de la mort ? Enfin, la douleur de la reine qui éclate à la fin de la scène suscite la sympathie du spectateur. La scène s'achève sur une image très forte : la reine, vivante mais terrassée par la douleur, se penche sur le corps de Ruy Blas, qui rend son dernier soupir. C'est d'ailleurs cette image qui a été choisie pour illustrer notre corpus.

[Conclusion partielle] La situation dans laquelle se trouvent les personnages, l'alliance d'une parole et d'une image pathétiques contribuent à émouvoir le spectateur et, dans une moindre mesure, le lecteur.

[Conclusion]

Ainsi nous avons montré que si la reine était bouleversée par le spectacle de la mort de Ruy Blas, le public ne sortait pas non plus tout à fait indemne de cette représentation pathétique de l'agonie. Moins célèbre que le dénouement de *Roméo et Juliette*, ce dénouement qui place les personnages face à l'irrémédiable séparation qu'entraîne la mort, n'en est pas moins émouvant.

> DISSERTATION (plan détaillé)

Introduction

Aujourd'hui, on assiste à une certaine désaffection des théâtres qui apparaissent de plus en plus souvent réservés à une élite. Pourtant, la représentation n'est-elle pas indispensable pour apprécier et comprendre pleinement une pièce de théâtre ? Peut-on se contenter d'une simple lecture ? Nous étudierons dans un premier temps le rôle essentiel de la représentation dans l'appréhension d'une pièce de théâtre, puis nous verrons que la lecture peut également ouvrir une voie d'accès au théâtre.

I – Certes, la représentation est indispensable pour apprécier et comprendre une pièce de théâtre

A. La représentation fournit plus d'informations

1. Sur l'époque et le lieu

Les costumes et les décors donnent des informations sur le cadre spatio-temporel. Ex. : dans *Ruy Blas*, le contexte est important (monarchie, importance de la hiérarchie sociale), mais le texte ne permet pas de définir l'époque.

2. Sur l'appartenance sociale des personnages

Les costumes, mais aussi la gestuelle, indiquent à quel rang social appartiennent les personnages. Ex. : dans *Ruy Blas*, le contraste entre la reine et son amant, simple laquais, est immédiatement perceptible.

B. La représentation fait naître davantage d'émotions chez le spectateur

1. Les pleurs

On s'identifie aux personnages, portés par des êtres de chair et de sang, on souffre avec eux. La combinaison de la parole, de la gestuelle, de l'intonation de la voix, agit sur tous nos sens et nous émeut. Ex. : la mort sur scène de Roméo et de Juliette.

2. Le rire

Les différentes formes de comiques sont immédiatement perceptibles dans une représentation, et donc plus efficaces. Ex. : la scène du sac dans *les Fourberies de Scapin* (III, 2) de Molière.

C. Les inconvénients d'une représentation théâtrale

1. Le prix élevé des places de théâtre

2. Le moment

Il faut parfois attendre de nombreuses années pour que la pièce que l'on souhaite voir soit représentée.

II – Mais la lecture permet également d'apprécier et de comprendre

A. La liberté de la lecture

1. On peut lire n'importe où

2. On peut lire n'importe quand

On peut s'interrompre, revenir en arrière… Ex. : pour mieux apprécier le « panache » de Cyrano au dénouement, on peut relire les scènes du début de la pièce, notamment la tirade du nez.

B. L'imagination comme metteur en scène

1. Une mise en scène sans restriction

Alors que le metteur en scène est obligé de concevoir sa mise en scène en fonction de son budget, de la taille du plateau, etc. le lecteur peut construire dans sa tête le décor qui correspond exactement à son idée de la scène. Ex. : le tombeau de *Roméo et Juliette*, à la fois grandiose et inquiétant.

2. Une mise en scène personnelle

On peut imaginer les décors et les costumes que l'on souhaite, sans se plier aux choix et aux goûts du metteur en scène.

C. L'utilisation d'outils pour mieux comprendre

Un dictionnaire des noms communs, un dictionnaire mythologique, une carte de géographie. Ex. : s'assurer du sens du mot « panache » pour *Cyrano de Bergerac*.

Conclusion

Ainsi, si la représentation offre de nombreux avantages pour apprécier et comprendre une pièce de théâtre, elle n'est pas l'unique voie pour accéder au texte théâtral : le lecture permet aussi d'appréhender les pièces de théâtre. On peut par ailleurs se demander si l'une comme l'autre ne seront pas bientôt dépassées par les mises en scène filmées, qui sembleraient à la fois agir sur les sens et être accessibles à tous.

> ÉCRIT D'INVENTION

Je m'enorgueillis aujourd'hui de vous présenter ma pièce, *la Faute d'Ariane*, dont la beauté ne réside certes pas dans l'originalité de l'intrigue – malheureusement, quoi de plus commun qu'une femme adultère ! –, mais dans l'application des règles qui font la grandeur de notre théâtre. Portées à un degré de perfection encore rarement atteint, elles ont emporté l'adhésion du public et sauront, je l'espère, séduire le lecteur. Parmi ces règles, revenons sur la plus noble et la plus essentielle, la règle des bienséances.

Lorsque mon héroïne meurt, elle se retire dans l'ombre de la coulisse et c'est son frère, le jeune Arcas, qui se présente sur scène pour faire le récit de sa mort à son mari et au public. Pourquoi une telle pudeur ? Pour ménager la sensibilité du public. Un ami, de retour de Londres, m'a raconté avoir assisté à une représentation théâtrale au cours de laquelle l'héroïne, presque une enfant encore, se poignardait, aveuglée d'amour et de chagrin. Mon ami était encore bouleversé par ces images. Sa voix tremblait à nouveau quand il a évoqué devant moi les quelques mots prononcés par la jeune fille, ivre du bonheur de retrouver son amant dans la mort – « Ô heureux poignard ! voici ton fourreau… » – s'exclamait-elle, l'expression de son visage, passant de l'horreur à l'apaisement, le ton de sa voix, résolue et sereine…Ces images portaient en elles une violence telle qu'elles se sont gravées dans l'esprit de mon ami et ne l'ont pas laissé indemne. Imaginez l'impact qu'elles auraient pu avoir sur l'imagination d'une de nos jeunes femmes, sensible et fragile ! Dieu merci, nous nous sommes battus pour qu'émerge du théâtre de nos pères, qui n'avaient pourtant jamais atteint un tel degré de violence, un théâtre épuré, où le spectateur peut suivre la scène sans risque.

De plus, retrancher la mort hors scène ouvre de nombreuses possibilités sur le plan poétique. Quoi de plus beau, de plus émouvant que l'harmonie rythmique de l'alexandrin ? La tirade d'Arcas, racontant la mort de sa sœur, est pleine de pathétique et a su émouvoir mes spectateurs aux larmes, plus que ne l'aurait pu faire le spectacle sanglant de la mort. Dès les premiers vers, jaillissaient les premières larmes :

> « J'arrivai tout tremblant, et l'âme terrifiée,
> J'aperçus au lointain le corps tout déchiré
> De ma sœur adorée, fautive et meurtrière,
> Expiant lentement son honteux adultère »

Enfin, et c'est là le plus important, notre esprit, libéré de la fascination morbide exercée par la mise en scène de la mort, peut se livrer à d'autres considérations. N'oublions pas que le théâtre doit être une école de vertu, qu'il doit instruire le spectateur comme il doit le distraire. Laissez-moi ici rendre hommage à Jean Racine, peut être le plus grand dramaturge de notre temps, qui, le premier, a compris tous les enjeux des bienséances. Pour la mort de Phèdre, il a choisi le poison, donc une agonie peu spectaculaire. Ainsi, le spectateur peut être attentif aux aveux de la fautive : peu importe la mort du corps, seul compte le rachat moral de la coupable. Je vais plus loin encore : mon héroïne meurt hors scène, c'est son frère qui fait le récit de son suicide. Dans son récit, il expose avec clarté les raisons du suicide, l'odieux adultère de sa sœur, qui ne peut laver son nom que par la mort, il met en lumière la faute et son rachat, la punition des vices.

Les vers que vous allez lire mêlent donc beauté musicale et édification morale, et j'ai l'intime conviction qu'il s'agit là de l'essence même du théâtre, conviction qu'ont partagée les spectateurs qui ont fait le succès de cette tragédie.

LE THÉÂTRE

Sujets non corrigés

8 LA SCÈNE DE SÉDUCTION AU THÉÂTRE

| **Objet d'étude : le théâtre, texte et représentation**

> CORPUS

1. MOLIÈRE, *Dom Juan*, acte II, scène 4, 1665.
2. P.-A. DE BEAUMARCHAIS, *Le Mariage de Figaro*, acte V, scène 7, 1781.
3. E. ROSTAND, *Cyrano de Bergerac*, acte III, scène 10, 1897.

▧ **Texte 1** : MOLIÈRE (1622-1673), *Dom Juan*, acte II, scène 4, 1665

Pour obtenir les faveurs d'une jeune paysanne, Charlotte, Dom Juan, un grand seigneur, lui a promis qu'il l'épouserait. Mais Mathurine, une autre paysanne à qui il a fait la même promesse, survient.

MATHURINE, *à Dom Juan.* – Monsieur, que faites-vous donc là avec Charlotte ? Est-ce que vous lui parlez d'amour aussi ?

DON JUAN, *bas à Mathurine.* – Non, au contraire, c'est elle qui me témoignait une envie d'être ma femme, et je lui répondais que j'étais engagé à
5 vous.

CHARLOTTE, *à Dom Juan.* – Qu'est-ce que c'est donc que vous veut Mathurine ?

DON JUAN, *bas à Charlotte.* – Elle est jalouse de me voir vous parler, et voudrait bien que je l'épousasse ; mais je lui dis que c'est vous que je veux.
10 MATHURINE. – Quoi ? Charlotte…

DON JUAN, *bas à Mathurine.* – Tout ce que vous direz sera inutile ; elle s'est mis cela dans la tête.

CHARLOTTE. – Quement donc ? Mathurine…

DON JUAN, *bas à Charlotte.* – C'est en vain que vous lui parlerez ; vous ne
15 lui ôterez point cette fantaisie.

MATHURINE. – Est-ce que… ?

DON JUAN, *bas à Mathurine*. – Il n'y a pas moyen de lui faire entendre raison.

CHARLOTTE. – Je voudrais…

20 DON JUAN, *bas à Charlotte*. – Elle est obstinée comme tous les diables.

MATHURINE. – Vraiment…

DON JUAN, *bas à Mathurine*. – Ne lui dites rien, c'est une folle.

CHARLOTTE. – Je pense…

DON JUAN, *bas à Charlotte*. – Laissez-la là, c'est une extravagante.

25 MATHURINE. – Non, non : il faut que je lui parle.

CHARLOTTE. – Je veux voir un peu ses raisons.

MATHURINE. – Quoi ?

DON JUAN, *bas à Mathurine*. – Gageons qu'elle va vous dire que je lui ai promis de l'épouser.

■ **Texte 2 :** BEAUMARCHAIS (1732-1799), *Le Mariage de Figaro*,
      acte V, scène 7, 1781

Suzanne, suivante de la comtesse Almaviva, va épouser le valet Figaro. Mais le comte Almaviva, qui la désire, veut obtenir ses faveurs. Suzanne avertit sa maîtresse et son fiancé. Pour ramener à elle son époux, la comtesse décide de prendre la place de Suzanne, lors d'un rendez-vous que le comte lui a fixé dans le jardin, à la tombée de la nuit. Figaro, mis au courant de la rencontre, assiste à la scène.

LE COMTE, *prend la main de la femme*. – Mais quelle peau fine et douce, et qu'il s'en faut que la Comtesse ait la main aussi belle !

LA COMTESSE, *à part*. – Oh ! la prévention !

LE COMTE. – A-t-elle ce bras ferme et rondelet ? ces jolis doigts pleins de
5 grâce et d'espièglerie ?

LA COMTESSE, *de la voix de Suzanne*. – Ainsi l'amour ?…

LE COMTE. – L'amour… n'est que le roman du cœur : c'est le plaisir qui en est l'histoire ; il m'amène à tes genoux.

LA COMTESSE. – Vous ne l'aimez plus ?

10 LE COMTE. – Je l'aime beaucoup ; mais trois ans d'union rendent l'hymen[1] si respectable !

LA COMTESSE. – Que vouliez-vous en elle ?

LE COMTE, *la caressant*. – Ce que je trouve en toi, ma beauté…

LA COMTESSE. – Mais dites donc…

15 LE COMTE. – Je ne sais : moins d'uniformité peut-être, plus de piquant dans les manières ; un je ne sais quoi, qui fait le charme ; quelquefois un refus, que sais-je ? Nos femmes croient tout accomplir en nous aimant ; cela dit une fois, elles nous aiment, nous aiment ! (quand elles nous

aiment.) Et sont si complaisantes, et si constamment obligeantes, et
20 toujours, et sans relâche, qu'on est tout surpris, un beau soir, de trouver la
satiété, où l'on recherchait le bonheur !

LA COMTESSE, *à part.* – Ah ! quelle leçon !

LE COMTE. – En vérité, Suzon, j'ai pensé mille fois que si nous poursuivons
ailleurs ce plaisir qui nous fuit chez elles, c'est qu'elles n'étudient pas assez
25 l'art de soutenir notre goût, de se renouveler à l'amour, de ranimer, pour
ainsi dire, le charme de leur possession, par celui de la variété.

LA COMTESSE, *piquée.* – Donc elles doivent tout ?…

LE COMTE, *riant.* – Et l'homme rien ? Changerons-nous la marche de la
nature ? Notre tâche à nous, fut de les obtenir : la leur…

30 LA COMTESSE. – La leur ?

LE COMTE. – Est de nous retenir : on l'oublie trop.

LA COMTESSE. – Ce ne sera pas moi.

FIGARO, *à part.* – Ni moi.

SUZANNE, *à part.* – Ni moi.

35 LE COMTE, *prend la main de sa femme.* – Il y a de l'écho ici ; parlons plus
bas.

1. Mariage.

▓ **Texte 3 :** Edmond ROSTAND (1868-1918), *Cyrano de Bergerac*, acte III, scène 10, 1897

La scène se passe à Paris au XVIIe siècle. Cyrano, aussi célèbre pour ses prouesses militaires que pour son physique disgracieux, aime sa cousine Roxane. Mais celle-ci lui a confié qu'elle aime le beau Christian et en est aimée. Elle reproche cependant à ce dernier de ne pas savoir lui parler d'amour. Prêt à se sacrifier, Cyrano, poète à ses heures, décide d'aider Christian. Ainsi, quand celui-ci, dissimulé avec Cyrano sous le balcon de Roxane, la désespère par la maladresse de son discours amoureux, Cyrano décide-t-il de venir en aide à son rival en se faisant passer pour lui.

ROXANE, *s'avançant sur le balcon.*

C'est vous ?
Nous parlions de… de… d'un…

CYRANO

Baiser. Le mot est doux !
Je ne vois pas pourquoi votre lèvre ne l'ose ;
5 S'il la brûle déjà, que sera-ce la chose ?
Ne vous en faites pas un épouvantement :
N'avez-vous pas tantôt, presque insensiblement,
Quitté le badinage est glissé sans alarmes

Du sourire au soupir, et du soupir aux larmes !
10 Glissez encore un peu d'insensible façon :
Des larmes au baiser il n'y a qu'un frisson !

ROXANE

Taisez-vous !

CYRANO

Un baiser, mais à tout prendre, qu'est-ce ?
Un serment fait d'un peu plus près, une promesse
15 Plus précise, un aveu qui veut se confirmer,
Un point rose qu'on met sur l'i du verbe aimer ;
C'est un secret qui prend la bouche pour oreille,
Un instant d'infini qui fait un bruit d'abeille,
Une communion ayant un goût de fleur,
20 Une façon d'un peu se respirer le cœur,
Et d'un peu se goûter, au bord des lèvres, l'âme !

ROXANE

Taisez-vous !

CYRANO

Un baiser, c'est si noble, Madame,
Que la reine de France, au plus heureux des lords,
25 En a laissé prendre un, la reine même !

ROXANE

Alors !

CYRANO, *s'exaltant.*

J'eus comme Buckingham[1] des souffrances muettes,
J'adore comme lui la reine que vous êtes,
Comme lui je suis triste et fidèle…

ROXANE

30 Et tu es
Beau comme lui !

CYRANO, *à part, dégrisé.*

C'est vrai, je suis beau, j'oubliais !

ROXANE

Eh bien ! montez cueillir cette fleur sans pareille…

CYRANO, *poussant Christian vers le balcon*

Monte !

ROXANE

35 Ce goût de cœur…

CYRANO

Monte !

ROXANE

Ce bruit d'abeille…

CYRANO

Monte !

CHRISTIAN, *hésitant*

Mais il me semble, à présent, que c'est mal !

ROXANE

40 Cet instant d'infini !…

CYRANO

Monte donc, animal !
Christian s'élance, et par le banc, le feuillage, les piliers, atteint les balustres qu'il enjambe.
CHRISTIAN
Ah ! Roxane !
Il l'enlace et se penche sur les lèvres.

CYRANO

Aïe ! au cœur, quel pincement bizarre !
– Baiser, festin d'amour dont je suis le Lazarre[2] !

1. Duc anglais, amant de la reine de France dans *les Trois Mousquetaires* d'Alexandre Dumas.
2. Personnage de l'Évangile, pauvre et malade, qui vivait des restes de festin de la table d'un riche.

> QUESTIONS [6 pts]

1. Quels sont les éléments communs aux trois textes (situation, personnages…) ?   [3 pts]
2. Comment s'établit dans chacun d'eux la complicité avec le spectateur ?
[3 pts]

> TRAVAIL D'ÉCRITURE [14 pts]

I – Commentaire

Vous commenterez le texte d'Edmond Rostand en vous aidant du parcours de lecture suivant :

– vous étudierez la stratégie de séduction déployée par Cyrano pour arriver à ses fins.

– vous montrerez, en vous appuyant sur des références précises, que le texte mêle étroitement les registres pathétique et comique.

II – Dissertation

À partir du corpus, de vos lectures et de votre expérience de spectateur, vous vous demanderez en quoi la mise en scène d'une œuvre théâtrale en constitue, à sa manière, une interprétation.

III – Écrit d'invention

Imaginez un monologue dans lequel un personnage prépare la déclaration d'amour mensongère qu'il s'apprête à faire à un autre. Il en juge, au fur et à mesure, la qualité et en prévoit les effets. Vous n'oublierez pas de donner, au fil du texte, les indications de mise en scène que vous jugez nécessaires.

COUP de POUCE

ANALYSE DU CORPUS

Pas d'unité chronologique dans ce corpus : les trois extraits proposés sont des extraits théâtraux qui datent de siècles différents. Le texte de Molière, tiré de la comédie *Dom Juan*, a été écrit au XVIIe siècle ; le texte de Beaumarchais, tiré lui aussi d'une comédie, un siècle plus tard. Enfin, l'extrait de *Cyrano de Bergerac*, drame de la toute fin du XIXe siècle. Cependant, un point commun réunit les trois textes : Molière, Beaumarchais et Rostand rédigent une scène de séduction à trois.

QUESTIONS

1. La question est une question comparatiste : elle invite à recenser les ressemblances entre les trois textes. Pensez que ces ressemblances peuvent être formelles ou thématiques. La question vous suggère des pistes de comparaison (situation, personnage…). Il faut adopter un plan synthétique pour la réponse. Chaque ressemblance doit être étudiée dans un paragraphe.

2. La seconde question est une question qui porte sur la réception du texte. Vous n'êtes plus convoqué en tant que lecteur mais en tant que spectateur. La complicité s'établit dans chaque texte entre un personnage (et donc l'auteur) et le spectateur, car le spectateur en sait plus que le personnage dupé. Il savoure donc la supériorité de sa situation.

TRAVAIL D'ÉCRITURE

■ Commentaire

Les axes proposés sont clairs et assez directifs. Ils doivent vous aider à trouver un plan détaillé assez facilement. Le premier axe impose une réflexion sur l'art de persuader à l'œuvre dans le discours de Cyrano. Puisque Roxane ne le voit pas, il séduit par les mots. Il faut donc étudier les images, le rythme, les sentiments convoqués pour voir comment Cyrano (en réalité Christian) parvient à obtenir un baiser. Le second axe porte sur les registres : il convient d'identifier, avec précision, les marques des registres pathétique et comique. Ces deux registres constitueront les deux sous-parties de votre second axe.

Plan du commentaire
I – Le discours de la séduction : un discours persuasif
II – Une scène pathétique et comique

■ Dissertation

– Mots clés : mise en scène (représentation scénique, avec des acteurs, des costumes, des décors) ; interprétation (interpréter, c'est lire la pièce en lui donnant un sens particulier : par exemple, quand Ariane Mnouchkine met en scène *Tartuffe* en demandant aux comédiens de s'habiller comme des intégristes musulmans et non comme des dévots du siècle de Louis XIV, elle fait de la comédie de Molière une pièce grave sur l'intégrisme religieux en général).
– Type de sujet : question ouverte (type 4).
– Reformulation de la problématique : comment le metteur en scène impose-t-il son point de vue sur une pièce ?

Plan de la dissertation
I – Le metteur en scène travaille préalablement le texte
II – Le metteur en scène choisit les comédiens, le décor et les costumes
III – Le metteur en scène dirige les comédiens

■ Écrit d'invention

Beaucoup de contraintes précises sont imposées par le sujet : il faut donc dresser rigoureusement la « feuille de route ».
– Forme : vous écrivez un monologue. On vous précise de ne pas oublier d'inclure des didascalies.
– Situation d'énonciation : qui parle ? à qui ? un seul personnage est sur scène. On peut cependant imaginer qu'il s'interpelle lui-même ; de quoi ? de la déclaration d'amour mensongère qu'il va faire et des effets qu'elle va produire.

– Registre : le registre lyrique va apparaître puisque le personnage déclare sa flamme. Il faut aussi qu'il juge son texte ; on peut donc imaginer un registre satirique ou polémique s'il n'est pas satisfait de la qualité de sa déclaration. De nouveau, le registre lyrique est à employer quand il est satisfait et se félicite de son discours.

– Pistes pour le monologue : vous êtes très libre du contenu du monologue. Voici donc seulement quelques pistes de réflexion. Le séducteur peut trouver un mot trop faible ou trop fort ; il peut imaginer les gestes qu'il va faire et les mimiques ou réactions du personnage séduit. De toute façon, il faut qu'il use du futur dans son monologue car il imagine l'avenir et de marques du jugement car il évalue son texte.

NON CORRIGÉ Séries STT-STI-STL-SMS, Sujet type

9 AMANTS ET TRAHISONS

| **Objet d'étude : le théâtre, texte et représentation**

> CORPUS

1. P. CORNEILLE, *La Place royale*, acte II, scène 4, 1634.
2. G. FEYDEAU, *La Puce à l'oreille*, acte I, scène 4, 1907.
3. J. TARDIEU, « Un mot pour un autre », *La Comédie du langage*, 1966.

■ **Texte 1** : Pierre CORNEILLE, *La Place royale*, acte II, scène 4, 1634

Alidor pour se libérer de son amour pour Angélique, qu'il trouve excessif, lui fait croire qu'il la trompe. Elle se confie à son amie Phylis, dont le frère, Doraste, est éperdument amoureux d'Angélique.

SCÈNE 4

ANGÉLIQUE, PHYLIS

ANGÉLIQUE

Le croirais-tu Phylis ? Alidor m'abandonne.

PHYLIS

Pourquoi ? je n'y vois rien du tout qui m'étonne,
Rien qui ne soit possible, et de plus fort commun,
La constance est un bien qu'on ne voit en pas un,
5 Tout se change ici-bas, mais par tout bon remède.

ANGÉLIQUE

Le ciel n'en a point fait au mal qui me possède.

PHYLIS

Choisis de mes amants sans t'affliger si fort,
Et n'appréhende pas de me faire grand tort,
J'en pourrais au besoin fournir toute la ville
10 Qu'il m'en demeurerait encore plus de mille.

ANGÉLIQUE

Tu me ferais mourir avec de tels propos,
Ah ! laisse-moi plutôt soupirer en repos,
Ma sœur…

PHYLIS

Plût au bon Dieu que tu voulusses l'être.

ANGÉLIQUE

15 Eh quoi, tu ris encor ! C'est bien faire paraître…

PHYLIS

Que je ne saurais voir d'un visage affligé
Ta cruauté punie, et mon frère vengé ;
Après tout, je connais quelle est ta maladie,
Tu vois comme Alidor est plein de perfidie,
20 Mais je mets dans deux jours ma tête à l'abandon ;
Au cas qu'un repentir n'obtienne son pardon.

ANGÉLIQUE

Après que cet ingrat me quitte pour Clarine !

PHYLIS

De le garder longtemps elle n'a pas la mine[1],
Et j'estime si peu ces nouvelles amours,
25 Que je te plege[2] encor son retour dans deux jours,
Et lors ne pense pas, quoi que tu te proposes,
Que de tes volontés devant lui tu disposes[3] :
Prépare tes dédains, arme-toi de rigueur,
Une larme, un soupir te perceront le cœur,
30 Et je serai ravie alors de voir vos flammes
Brûler mieux que devant, et rejoindre vos âmes ;
Mais j'en crains un progrès à ta confusion[4],
Qui change une fois, change à toute occasion[5],
Et nous verrons toujours, si Dieu le laisse vivre,
35 Un change, un repentir, un pardon s'entresuivre,
Ce dernier est souvent l'amorce d'un forfait,
Et l'on cesse de craindre un courroux sans effet.

ANGÉLIQUE

Sa faute a trop d'excès pour être rémissible,
Ma sœur, je ne suis pas de la sorte insensible,
40 Et si je présumais que mon trop de bonté
Pût jamais se résoudre à cette lâcheté,
Qu'un si honteux pardon pût suivre cette offense,
J'en préviendrais le coup, m'en ôtant la puissance.

Adieu, dans la colère où je suis aujourd'hui ;
J'accepterais plutôt un barbare que lui.

1. Elle n'a pas la mine : elle n'a pas l'air d'humeur – ou de taille ! – à le garder longtemps (« avoir la mine de… » : sembler, paraître).
2. Plege : garantis.
3. Ne compte pas rester maîtresse de ta volonté.
4. Je crains que ce pardon ne tourne à ton désavantage.
5. Occasion : en quatre syllabes (diérèse).

■ **Texte 2 :** Georges FEYDEAU, *La Puce à l'oreille*, acte I, scène 4, 1907

Raymonde est persuadée que son mari la trompe : elle demande à son amie Lucienne de l'aide.

RAYMONDE, *tout en retirant son chapeau qu'elle dépose sur le meuble à droite de la porte du fond.* – Je t'ai fait attendre.

Lucienne, moqueuse. – Crois-tu ?

RAYMONDE. – C'est que je viens de faire une course d'un loin !… Je t'expli-
5 querai ça. (*Brusquement, se rapprochant (2) de Lucienne (1).*) Lucienne, si je t'ai écrit de venir, c'est qu'il se passe une chose grave ! Mon mari me trompe.

LUCIENNE. – Hein ! Victor-Emmanuel ?

RAYMONDE. – Victor-Emmanuel, parfaitement.

10 LUCIENNE. – Ah ! Tu as une façon de vous coller ça dans l'estomac.

RAYMONDE. – Le misérable ! Oh ! mais je le pincerai !

Elle passe au 1.

LUCIENNE. – Comment, tu le pinceras ! Mais alors, tu n'as pas la preuve ?

RAYMONDE. – Eh ! non ! je ne l'ai pas ! Le lâche ! Oh ! mais je l'aurai.

LUCIENNE. – Ah ! Comment ?

15 RAYMONDE. – Je ne sais pas ! tu es là, tu me la trouveras.

Elle s'assied sur le canapé.

LUCIENNE, *debout tout près d'elle.* – Moi ?

RAYMONDE. – Oh ! si, si ! Ne dis pas non, Lucienne. Tu étais ma meilleure amie au couvent. Nous avons beau nous être perdues de vue pendant dix ans, il y a des choses qui ne s'effacent pas. Je t'ai quittée Lucienne
20 Vicard ; je t'ai retrouvée Lucienne Homenidès de Histangua ; ton nom a pu s'allonger, ton cœur est resté le même ; j'ai le droit de te considérer toujours comme ma meilleure amie.

LUCIENNE. – Ça, certes !

RAYMONDE. – C'est donc à toi que j'ai le droit d'avoir recours quand j'ai
25 un service à demander.

LUCIENNE, *sans conviction et tout en s'asseyant en face d'elle.* – Tu es bien bonne, je te remercie.

RAYMONDE, *sans transition.* – Alors, dis-moi ! Qu'est-ce que je dois faire ?

LUCIENNE, *ahurie.* – Hein ! pour ?…

30 RAYMONDE. – Pour pincer mon mari, donc !

LUCIENNE. – Mais est-ce que je sais, moi !… c'est pour ça que tu me fais venir ?

RAYMONDE. – Mais oui.

LUCIENNE. – Tu en as de bonnes ! D'abord, qui est-ce qui te dit qu'il est
35 pinçable, ton mari ? C'est peut-être le plus fidèle des époux.

RAYMONDE. – Lui ?

LUCIENNE. – Dame ! puisque tu n'as pas de preuves.

RAYMONDE. – Il y a des choses qui ne trompent pas.

LUCIENNE. – Justement ! ton mari est peut-être de celles-là !…

40 RAYMONDE. – Allons, voyons !… Je ne suis pas une enfant à qui on en conte. Qu'est-ce que tu dirais, toi, si brusquement ton mari, après avoir été un mari !… Enfin, un mari, quoi ! cessait brusquement de l'être, là, v'lan ! du jour au lendemain ?…

LUCIENNE, *avec délice.* – Ah ! je dirais ouf !

45 RAYMONDE. – Ah ! ouat ! Tu dirais « ouf »… ça se raconte avant, ces choses-là ! Moi aussi, cet amour continu, ce printemps partout, je trouvais ça fastidieux, monotone. Je me disais : « Oh ! un nuage ! une contrariété ! un souci ! quelque chose !… » J'en étais arrivée à songer à prendre un amant, rien que pour m'en créer, des soucis.

50 LUCIENNE. – Un amant, toi ?

RAYMONDE. – Ah ! dame ! tu sais, il y a des moments ! J'avais déjà jeté mon dévolu !… Tiens, monsieur Romain Tournel, pour ne pas le nommer, avec qui je t'ai fait dîner avant hier… Tu ne t'es pas aperçue qu'il me faisait la cour ? Ça m'étonne, toi, une femme ! Eh bien ! ç'a été à deux doigts, ma
55 chère !…

LUCIENNE. – Oh !

RAYMONDE. – N'est-ce pas, comme il disait : « C'est le plus intime ami de mon mari. Il se trouvait naturellement tout désigné pour… » (*Se levant.*) Oh ! mais maintenant, plus souvent… que je prendrai un amant !…
60 maintenant que mon mari me trompe !

LUCIENNE, *se levant également et gagnant la droite.* – Veux-tu que je te dise ?

RAYMONDE. – Quoi ?

LUCIENNE. – Toi, au fond, tu es folle de ton mari.

Raymonde. – Folle, moi ?

65 LUCIENNE. – Alors, qu'est-ce que ça te fait ?

RAYMONDE. – Tiens ! ça m'agace ! Je veux encore bien le tromper, mais qu'il me trompe, lui ! Ah ! non ! ça, ça dépasse !

LUCIENNE, *tout en retirant son manteau.* – Tu as une morale délicieuse.

▉ **Texte 3 :** Jean TARDIEU, « Un mot pour un autre »,
La Comédie du langage, 1966

Madame de Perleminouze est en visite chez une amie, qui lui confie ses problèmes avec son amant…

IRMA, *entrant. Bas à l'oreille de Madame
et avec inquiétude.*

C'est Madame de Perleminouze, je fris bien : Madame (*Elle insiste sur* « *Madame* »), Madame de Perleminouze !

MADAME, *un doigt sur les lèvres, fait signe à Irma de se taire,
puis, à voix haute et joyeuse.*

Ah ! Quelle grappe ! Faites-la vite grossir !

*Irma sort. Madame, en attendant la visiteuse, se met au piano et joue.
Il en sort un tout petit air de boîte à musique.
Retour d'Irma, suivie de Madame de Perleminouze.*

IRMA, *annonçant.*

Madame la Comtesse de Perleminouze !

MADAME, *fermant le piano
et allant au-devant de son amie.*

5 Chère, très chère peluche ! Depuis combien de trous, depuis combien de galets n'avais-je pas eu le mitron de vous sucrer !

MADAME DE PERLEMINOUZE, *très affectée.*

Hélas ! Chère ! J'étais moi-même très, très vitreuse ! Mes trois plus jeunes tourteaux ont eu la citronnade, l'un après l'autre. Pendant tout le début du corsaire, je n'ai fait que nicher des moulins, courir chez le ludion ou chez
10 le tabouret, j'ai passé des puits à surveiller leur carbure, à leur donner des pinces et des moussons. Bref, je n'ai pas eu une minette à moi.

MADAME

Pauvre chère ! Et moi qui ne me grattais de rien !

MADAME DE PERLEMINOUZE

Tant mieux ! Je m'en recuis ! Vous avez bien mérité de vous tartiner, après les gommes que vous avez brûlées ! Poussez donc : depuis le mou de
15 Crapaud jusqu'à la mi-Brioche, on ne vous a vue ni au « Waterproof », ni sous les alpagas du bois de Migraine ! Il fallait que vous fussiez vraiment gargarisée !

MADAME, *soupirant.*

Il est vrai !… Ah ! Quelle céruse ! Je ne puis y mouiller sans gravir.

MADAME DE PERLEMINOUZE

Pauvre chère petite tisane !... (*Rêveuse et tentatrice.*)
20 Si j'étais vous, je prendrais un autre lampion !

MADAME

Impossible ! On voit que vous ne le coulissez pas ! Il a sur moi un terrible
foulard ! Je suis sa mouche, sa mitaine, sa sarcelle ; il est mon rotin, mon
sifflet ; sans lui je ne peux ni coincer ni glapir ; jamais je ne le bouclerai !
(*Changeant de ton.*) Mais j'y touille, vous flotterez bien quelque chose : une
25 cloque de zoulou, deux doigt de loto ?

MADAME DE PERLEMINOUZE, *acceptant.*

Merci, avec grand soleil.

MADAME, *elle sonne, sonne en vain. Se lève et appelle.*

Irma !... Irma, voyons !... Oh cette biche ! Elle est courbe comme un
tronc... Excusez-moi, il faut que j'aille à la basoche, masquer cette
pantoufle. Je radoube dans une minette.

*Madame de Perleminouze, restée seule, commence par bâiller. Puis
elle se met de la poudre et du rouge. Va se regarder dans la glace. Bâille
encore, regarde autour d'elle, aperçoit le piano.*

MADAME DE PERLEMINOUZE

30 Tiens ! Un grand crocodile de concert ! (*Elle s'assied au piano, ouvre le couvercle, regarde le pupitre.*) Et voici naturellement le dernier ragoût des mas-
carilles à la mode !... Voyons ! Oh, celle-ci, qui est si « to-be-or-not-to-be » !

*Elle chante une chanson connue de l'époque 1900, mais elle en
change les paroles. Par exemple, sur l'air :*

« *Les petites Parisiennes Ont de petits pieds...* »
elle dit : « ...Les petites Tour-Eiffel Ont de petits chiens... », *etc.*

*À ce moment, la porte du fond s'entrouvre et l'on voit paraître dans
l'entrebâillement la tête de monsieur de Perleminouze, avec son haut-
de-forme et son monocle. Madame de Perleminouze l'aperçoit. Il est
surpris au moment où il allait refermer la porte.*

MONSIEUR DE PERLEMINOUZE, *à part.*

Fiel !... Ma pitance !

MADAME DE PERLEMINOUZE, *s'arrêtant de chanter.*

Fiel !... Mon zébu !... (*Avec sévérité*) Adalgonse, quoi, quoi, vous ici ?
35 Comment êtes-vous bardé ?

MONSIEUR DE PERLEMINOUZE, *désignant la porte.*

Mais par la douille !

MADAME DE PERLEMINOUZE

Et vous bardez souvent ici ?

MONSIEUR DE PERLEMINOUZE, *embarrassé.*

Mais non, mon amie, ma palme…, mon bizon. Je… j'espérais vous raviner…, c'est pourquoi je suis bardé ! Je…

MADAME DE PERLEMINOUZE

40 Il suffit ! Je grippe tout ! C'était donc vous, le mystérieux sifflet dont elle était la mitaine et la sarcelle ! Vous, oui, vous qui veniez faire ici le mascaret, le beau boudin noir, le joli-pied, pendant que moi, moi, en bien, je me ravaudais les palourdes à babiller mes pauvres tourtereaux… (*Les larmes dans la voix*) Allez !… Vous n'êtes qu'un…

© Éditions Gallimard

> QUESTIONS [6 pts]

1. Montrez que les trois extraits mettent en scène des épisodes similaires.
[3 pts]

2. À quel genre théâtral appartiennent les scènes réunies dans ce corpus ?
[3 pts]

> TRAVAIL D'ÉCRITURE [14 pts]

I – Commentaire

Vous ferez le commentaire de la scène de *la Place Royale* en vous appuyant sur le parcours d'étude suivant :
– analysez les deux visions de l'amour qui s'opposent dans le dialogue ;
– commentez l'attitude de Phylis à l'égard de son amie.

II – Dissertation

Peut-on s'identifier au personnage de comédie ? Vous répondrez à cette question en vous appuyant sur les textes du corpus, mais aussi sur les pièces que vous avez lues ou les représentations auxquelles vous avez assisté.

III – Écrit d'invention

Deux lycéens, qui viennent d'étudier un groupement de textes sur la comédie, débattent : l'un se plaint du manque d'originalité du théâtre, l'autre s'étonne au contraire du renouveau constant de la création théâtrale. Écrivez leur dialogue.

C O U P d e P O U C E

ANALYSE DU CORPUS

Le corpus est composé de trois textes de théâtre. Le premier est extrait d'une comédie de Corneille méconnue (une des rares pièces du dramaturge à n'avoir jamais été jouée à la Comédie-Française !). La seconde est extrait du vaudeville *la Puce à l'oreille*, de Feydeau.

> **Mémo** *Vaudeville*
>
> *À la fin du XVIIIᵉ siècle, il s'agit d'une comédie légère, riche en rebondissements, qui met en scène des couples bourgeois tentés par des infidélités. Ces comédies étaient jouées dans les théâtres des grands boulevards parisiens, on parle donc aussi de théâtre de boulevard.*

Le troisième extrait est écrit par Jean Tardieu, qui écrit aussi bien des poèmes graves (« Oradour »), que des satires pleines d'humour. Il se moque ici à la fois du manque d'originalité des vaudevilles, mais aussi de la vacuité des conversations mondaines : ces conversations sont toujours les mêmes, on peut les comprendre à demi mot ! Le point commun entre ces trois textes est que ce sont des dialogues qui mettent en scène au moins une femme trompée.

QUESTIONS

1. Cette première question vous interroge sur le point commun entre les trois extraits. La question est claire et directive : on vous invite à considérer la situation, la relation qui s'établit entre les personnages. Dans le texte 1, Angélique se plaint d'avoir été trompée par Alidor, et demande conseil à Phylis ; dans le texte 2, c'est Raymonde qui est persuadée que son mari la trompe et qui demande de l'aide à son amie Lucienne ; dans le texte 3, madame vit une relation tumultueuse avec son amant, elle se confie à madame de Perleminouze, la femme de ce dernier. La question n'est pas difficile, vous devez donc prendre un soin tout particulier à la rédaction de manière à obtenir le maximum de points. Veillez en particulier à justifier chacune de vos affirmations en vous appuyant sur le texte.

> **Mémo** *L'insertion des citations dans une réponse*
>
> *Il faut distinguer deux cas :*
> *– quand la citation est intégrée syntaxiquement à la phrase, c'est-à-dire qu'on ne peut pas la supprimer, la citation se place simplement entre guillemets. Si vous modifiez la citation, la modification doit être indiquée entre crochets. Ex. : Raymonde demande à « [s] a meilleure amie » de l'aider ;*
> *– quand la citation n'est pas intégrée syntaxiquement à la phrase, c'est-à-dire qu'elle peut être supprimée, elle se place entre guillemets*

et entre parenthèses. Ex. : Angélique exprime son désarroi grâce à un important champ lexical de la douleur (« mal », v. 6 ; « mourir », v. 12 ; « soupirer », v. 11).
Pensez à situer la citation dans le texte en indiquant le numéro de la ligne ou du vers.

2. La seconde question porte sur le genre. Vous devez identifier le genre de la comédie. Pour cela, il ne suffit pas d'affirmer de manière péremptoire que c'est drôle, mais de repérer des procédés comiques.

Mémo *Le comique au théâtre*

Il existe cinq formes de comiques au théâtre :
– comique de mots : jeux de mots, insultes, trait d'esprit, mélange des niveaux de langue, etc. ;
– comique de gestes : gifles, coups de bâtons, bousculades, grimaces, etc. ;
– comique de caractère : traits de caractère du personnage qui le rendent ridicule (vieux barbon, jeune premier naïf…) ;
– comique de situation : personnage caché sous une table, quiproquo, etc. ;
– comique de répétition : répétition d'un même mot ou d'une même réplique au fil d'une scène.

TRAVAIL D'ÉCRITURE

▧ Commentaire

La Place Royale a pour sous-titre « l'amoureux extravagant » : Alidor, le personnage principal de cette comédie, est en effet bien étrange. Lors de sa première apparition en scène, il se plaint d'aimer trop : Angélique est trop parfaite, il ne parvient donc pas à se libérer de cet amour et se sent prisonnier. Noble de naissance et de caractère, il voudrait se libérer de ces chaînes et redevenir un homme libre. Dans ce but, il décide de faire croire à Angélique qu'il la trompe. Il est ainsi sûr qu'elle s'enflammera de colère et le haïra ; dès lors, il pourra la détester en retour. La scène qui est soumise à notre étude met en scène la réaction d'Angélique, qui oscille entre désespoir et colère : femme d'un seul homme, elle a été trahie. Phylis, pour sa part, fait preuve d'un certain cynisme : les hommes sont inconstants, il n'y a donc rien de surprenant à ce qu'Alidor trompe Angélique… Angélique incarne la fidélité blessée, Phylis, l'inconstance triomphante. De plus, Phylis essaie aussi d'exploiter le malheur de son amie à son compte : elle attise la colère d'Angélique, en lui suggérant qu'Alidor pourrait revenir vers elle… pour mieux la tromper plus tard. Elle cherche ainsi à la persuader d'en épouser un autre, son frère.

Plan du commentaire
I – Deux visions de l'amour qui s'opposent
II – Phylis la manipulatrice

■ Dissertation

Pour réussir une dissertation, il est fondamental de commencer par analyser le sujet avec précision.

– Mots clés : s'identifier (se reconnaître dans, agir comme), le personnage de comédie (contrairement au héros tragique qui affronte son destin, il est confronté à des problèmes triviaux, de la vie quotidienne ; alors que le héros de tragédie est noble, le héros de comédie peut appartenir à n'importe quelle classe sociale ; toutefois, il n'est pas sûr qu'il s'exprime et qu'il agisse comme le spectateur).

– Type de sujet : le sujet invite à apprécier la pertinence d'une thèse (type 3).

– Reformulation de la thèse : dans la comédie, les personnages sont suffisamment réalistes pour que le spectateur s'identifie à eux.

– Formulation de la problématique : dans la comédie, les personnages sont-ils suffisamment réalistes pour que le personnage s'identifie à eux ou sont-ils théâtralisés ?

Plan de la dissertation
I – Certes, le personnage de comédie invite à l'identification
II – Mais il reste toujours une distance de soi au personnage

■ Écrit d'invention

Établissons la « feuille de route ».

– Forme : un dialogue entre deux lycéens (il serait bienvenu de le présenter sous une forme théâtrale ; n'oubliez pas de donner des noms à vos deux protagonistes).

– Situation d'énonciation : qui parle ? ; à qui ? deux lycéens (ils se tutoient mais emploient un niveau de langue familier qui ne bascule jamais dans la familiarité ou la vulgarité) ; de quoi ? de l'originalité de l'écriture théâtrale ; quand ? aujourd'hui.

– Registre : pour persuader son interlocuteur, chacun emploiera le registre lyrique ; occasionnellement, le registre polémique pourra apparaître pour critiquer l'opinion de l'autre. Toutefois souvenez-vous que le dialogue ne peut progresser que si chacun des intervenants écoute l'autre : le raisonnement concessif et donc plus efficace que le raisonnement par opposition.

– Arguments : pour le premier lycéen 1) les thèmes sont toujours les mêmes : intrigues amoureuses éculées ; 2) les formes théâtrales sont très codifiées : règles du théâtre classiques ; pour le deuxième 1) l'originalité réside dans des variations autour de thèmes communs (Tardieu qui réécrit le vaudeville) ; 2) une évolution complète des formes : la remise en cause du classicisme par les dramaturges romantiques ; 3) innovations scéniques (il n'y a pas qu'une seule façon de mettre en scène une pièce).

NON CORRIGÉ   Séries STT-STI-STL-SMS, Sujet type

10 QUAND LES MACHINES ENVAHISSENT LA SCÈNE

Objet d'étude : le théâtre, texte et représentation

> CORPUS

1. W. SHAKESPEARE, *Macbeth*, acte IV, scène 5, 1599, traduction Pierre-Jean Jouve.
2. P. CORNEILLE, *Médée*, acte V, scène 6, 1635.
3. MOLIÈRE, *Dom Juan*, acte V, scènes 5 et 6, 1665.

▓ Texte 1 : William SHAKESPEARE, *Macbeth*, acte IV, scène 5, 1599

Macbeth, conseillé par de mystérieuses sorcières, s'est emparé du pouvoir, au prix de nombreux meurtres. Inquiet, il demande aux sorcières de lui prédire l'avenir.

MACBETH

Je vous adjure, par l'art que vous professez
(Et de quelque façon que vous l'ayez appris),
Répondez-moi :
Dussiez-vous délier les vents, qu'ils frappent les églises,
5 Dussent les vagues écumant dévorer les navigateurs,
Le blé en herbe être couché et l'arbre être arraché,
Dussent les châteaux crouler sur la tête de leurs gardes
Et palais et pyramides plonger le front à leurs fondations,
Dût le trésor des germes de Nature
10 S'écraser dans un vomissement de destruction,
Répondez
À ce que je demande.

SORCIÈRE 1

Interroge.

SORCIÈRE 2

Questionne.

SORCIÈRE 3

15 Et nous répondrons.

SORCIÈRE 1

Dis si tu aimes mieux l'entendre de nos bouches,
Ou de celles de nos maîtres.

MACBETH

Appelez, que je les vois !

SORCIÈRE 1

Versez dedans le sang de truie qui a mangé ses neuf petits,
20 La graisse qui fut suée au gibet du meurtrier :
Dans la flamme, jetez, jetez.

TOUTES LES TROIS

Viens d'en bas ou viens d'en haut
Toi et ton pouvoir, il le faut.
                « Tonnerre. Première Apparition, une tête armée. »

MACBETH

Dis, pouvoir inconnu –

SORCIÈRE 1

25   Il connaît tes pensées :
Écoute ses paroles, toi ne parle pas.

APPARITION 1

Macbeth ! Macbeth ! Macbeth ! de Macduff te méfier,
Crains le sire de Fife. Et renvoie-moi. Assez.
                      L'Apparition « descend ».

MACBETH

Qui que tu sois, pour ton avis, merci.
30 Tu as touché ma crainte au point précis.
Un mot encore –

SORCIÈRE 1

Il ne reçoit pas d'ordres. En voici un autre
Plus puissant que le premier.
        « Tonnerre. Deuxième Apparition, un enfant sanglant ».

APPARITION 2

Macbeth ! Macbeth ! Macbeth !

MACBETH

35 Si j'avais trois oreilles, pour mieux t'écouter.

APPARITION 2

Sois sanguinaire hardi : et ris jusqu'au mépris
De la force de l'homme ; aucun né d'une femme
Ne pourra atteindre Macbeth

L'Apparition « descend ».

■ **Texte 2** : Pierre CORNEILLE, *Médée*, acte V, scène 6, 1635

Médée découvre que son amant, Jason, veut épouser la fille du roi, Créuse. Elle
se venge en tuant leurs enfants.

Scène VI : MÉDÉE, JASON

MÉDÉE, *en haut sur un balcon.*

Lâche, ton désespoir encore en délibère ?
Lève les yeux, perfide, et reconnais ce bras
Qui t'a déjà vengé de ces petits ingrats[1] :
Ce poignard que tu vois vient de chasser leurs âmes
3 Et noyer dans leur sang les restes de nos flammes.
Heureux père et mari, ma fuite et leur tombeau
Laissent la place vide à ton hymen nouveau.
Réjouis-t-en, Jason, va posséder Créuse :
Tu n'auras plus ici personne qui t'accuse
10 Ces gages de nos feux ne feront plus pour moi
De reproches secrets à ton manque de foi.

JASON

Horreur de la nature, exécrable tigresse !

MÉDÉE

Va, bienheureux amant, cajoler ta maîtresse :
À cet objet si cher tu fais tous tes discours.
15 Parler encore à moi, c'est trahir tes amours.
Va lui[2], va lui conter tes rares aventures
Et contre mes effets ne combats point d'injures.

JASON

Quoi ! tu m'oses braver et ta brutalité
Pense encore échapper à mon bras irrité ?
20 Tu redoubles ta peine avec cette insolence.

MÉDÉE

Et que peut contre moi ta débile vaillance ?
Mon art faisait ta force et tes exploits guerriers
Tiennent de mon secours ce qu'ils ont de lauriers.

JASON

Ah ! c'est trop en souffrir : il faut qu'un prompt supplice
25 De tant de cruautés à la fin te punisse.
Sus, sus, brisons la porte, enfonçons la maison,
Que des bourreaux soudain n'en fassent la raison,
Ta tête répondra de tant de barbaries.

MÉDÉE, *en l'air dans un char tiré par deux dragons.*

Que sert de t'emporter à ces vaines furies ?
30 Épargne, cher époux, des efforts que tu perds,
Vois les chemins de l'air qui me sont tous ouverts,
C'est par là que je fuis et que je t'abandonne.
Pour courir à l'exil que ton change m'ordonne.
Suis-moi, Jason, et trouve en ces lieux désolés
35 Des postillons pareils à mes dragons ailés.
Enfin je n'ai pas mal employé la journée
Que la bonté du Roi, de grâce, m'a donnée ;
Mes désirs sont contents. Mon père et mon pays,
Je ne me repens plus de vous avoir trahis ;
40 Avec cette douceur j'en accepte le blâme.
Adieu, parjure : apprends à connaître ta femme,
Souviens-toi de sa fuite et songe une autre fois
Lequel est plus à craindre ou d'elle ou de deux rois.

1. Corneille ne recherche pas le pathétique d'horreur de Sénèque. Contrairement à son modèle, il esquive le meurtre des enfants sur la scène, et tout commentaire déplacé.
2. Répétition pathétique, grammaticalement incorrecte.

■ **Texte 3 :** MOLIÈRE, *Dom Juan*, acte V, scènes 5 et 6, 1665

Dom Juan ne cesse de lancer des défis au Ciel : il blasphème, il séduit des religieuses… Il a également accepté de dîner avec la statue du Commandeur, qu'il a tué l'année précédente. Il se rend à cette invitation avec son valet Sganarelle.

Scène 5

DOM JUAN ; UN SPECTRE *en femme voilée* ; SGANARELLE

LE SPECTRE

Dom Juan n'a plus qu'un moment à pouvoir profiter de la miséricorde du Ciel ; et, s'il ne se repent ici, sa perte est résolue.

SGANARELLE

Entendez-vous, Monsieur ?

LE THÉÂTRE

DOM JUAN

Qui ose tenir ces paroles ? Je crois connaître cette voix.

SGANARELLE

5 Ah ! Monsieur, c'est un spectre : je le reconnais au marcher.

DOM JUAN

Spectre, fantôme, ou diable, je veux voir ce que c'est. *(Le Spectre change de figure, et représente le Temps avec sa faux à la main.)*

SGANARELLE

Ô Ciel ! voyez-vous, Monsieur, ce changement de figure ?

DOM JUAN

Non, non, rien n'est capable de m'imprimer de la terreur, et je veux éprouver avec mon épée si c'est un corps ou un esprit. *(Le Spectre s'envole dans le temps que Dom Juan le veut frapper.)*

SGANARELLE

10 Ah ! Monsieur, rendez-vous à tant de preuves, et jetez-vous vite dans le repentir.

DOM JUAN

Non, non, il ne sera pas dit, quoi qu'il arrive, que je sois capable de me repentir. Allons, suis-moi.

Scène 6

LA STATUE, DOM JUAN, SGANARELLE

LA STATUE

Arrêtez, Dom Juan. Vous m'avez hier donné parole de venir manger avec
15 moi.

DOM JUAN

Oui. Où faut-il aller ?

LA STATUE

Donnez-moi la main.

DOM JUAN

La voilà.

LA STATUE

Dom Juan, l'endurcissement au péché traîne[1] une mort funeste, et les
20 grâces du Ciel que l'on renvoie ouvrent un chemin à sa foudre.

LE THÉÂTRE

DOM JUAN

Ô Ciel ! que sens-je ? Un feu invisible me brûle, je n'en puis plus, et tout mon corps devient un brasier ardent. Ah !

(Le tonnerre tombe avec un grand bruit et de grands éclairs sur Dom Juan ; la terre s'ouvre et l'abîme ; et il sort de grands feux de l'endroit où il est tombé.)

SGANARELLE

[Ah ! mes gages ! mes gages !][2] Voilà par sa mort un chacun satisfait : Ciel offensé, lois violées, filles séduites, familles déshonorées, parents outragés,
25 femmes mises à mal, maris poussés à bout, tout le monde est content. Il n'y a que moi seul de malheureux[3]. [Mes gages, mes gages, mes gages !]

1. Entraîne.
2. Cette exclamation entre crochets ainsi que la dernière de la réplique étaient présentes dans la première version écrite et jouée par Molière mais elles furent censurées dès les premières représentations.
3. Cette phrase a été complétée dès les premières représentations par : « qui, après tant d'années de services, n'ai point d'autre récompense que de voir à mes yeux l'impiété de mon maître punie par le plus épouvantable châtiment du monde. » Cette fin de phrase est venue remplacer la dernière exclamation de Sganarelle, censurée car jugée impie dans les circonstances dramatiques de la fin de la pièce.

> QUESTIONS [6 pts]

1. Quel est l'effet produit par l'utilisation de machines de théâtre dans ces trois extraits ?   **[3 pts]**

2. Les extraits sont-ils tragiques ou comiques ?   **[3 pts]**

> TRAVAIL D'ÉCRITURE [14 pts]

I – Commentaire

Vous ferez le commentaire des deux scènes de *Dom Juan* en vous appuyant sur le parcours d'étude suivant :
– montrez qu'il s'agit de scènes de dénouement ;
– analysez le mélange des registres.

II – Dissertation

« Le théâtre, avant tout, c'est le développement d'une action […]. Je sais bien qu'aujourd'hui la tendance serait de faire du théâtre une chaire. Mais, du moment qu'il devient une chaire, ce n'est plus du théâtre. » Vous commenterez cette réflexion d'un dramaturge du XIXᵉ siècle, en vous appuyant sur les textes du corpus, mais aussi sur les pièces que vous avez lues ou les représentations auxquelles vous avez assisté.

III – Écrit d'invention

Metteur en scène, vous décidez de monter *Dom Juan*. Vous écrivez une lettre au directeur d'un théâtre pour expliquer l'intérêt de mettre en scène cette pièce. Votre écrit sera argumenté et fera au moins deux pages.

COUP de POUCE

ANALYSE DU CORPUS

Les trois textes du corpus sont des extraits de pièces de théâtre. Shakespeare est un dramaturge élisabéthain, dont vous connaissez certaines œuvres comme *Roméo et Juliette*. Corneille et Molière sont des dramaturges français du XVIIe siècle, le premier est surtout connu pour ses tragédies (*Horace*, *Cinna*), le second pour ses comédies (*Le Malade imaginaire*). Le texte de Corneille est une tirade, mais les deux textes de Shakespeare et de Molière sont des dialogues. Cette différence ne doit pas vous arrêter : ce qui réunit ces trois documents, c'est la nécessité d'utiliser des machines de théâtre pour représenter ces scènes. Pour faire apparaître des têtes ou des fantômes, pour élever un personnage dans les airs, il faut une machinerie efficace.

QUESTIONS

1. Cette première question porte sur la représentation de ces trois scènes, et plus précisément sur l'effet produit par l'utilisation de machines de théâtre. Vous devez donc vous imaginer que vous assistez à une représentation. Il serait maladroit d'adopter un plan analytique ; dans la mesure où l'on vous interroge sur un point commun entre les scènes, il faut proposer un plan synthétique. Consacrez un paragraphe par effet produit : forte impression sur le spectateur (caractère spectaculaire des apparitions, effet de surprise), progression dans l'action (dénouement pour *Dom Juan*, accélération de l'action pour *Macbeth* qui va agir en fonction des prophéties).

2. La question porte sur le registre des extraits, donc davantage sur le texte que sur la représentation. Vous pouvez aisément démontrer que les deux premiers extraits appartiennent au registre tragique ; par contre il est plus difficile de trancher pour l'extrait de *Dom Juan*, à la fois comique et tragique.

Mémo *Le registre tragique*

Il vise à susciter la pitié du lecteur ou du spectateur pour un héros écrasé par son destin. Le registre tragique se reconnaît à :
– un champ lexical de la mort ;
– un champ lexical de la fatalité et l'intervention des dieux ou d'une force transcendante ;
– une ponctuation expressive (phrases interrogatives qui traduisent le désarroi et phrases exclamatives qui soulignent la souffrance) ;
– un langage soutenu (métaphores, périphrases…)

TRAVAIL D'ÉCRITURE

■ Commentaire

Le commentaire proposé demande de développer deux axes. Le premier vous demande de démontrer qu'il s'agit d'une scène de dénouement.

La seconde vous invite à développer un point que vous avez déjà envisagé dans la seconde question (le commentaire invite souvent à approfondir les questions, c'est pourquoi il est important de traiter les questions avant de se lancer dans le travail d'écriture). Les éléments comiques : comique de caractère (peur de Sganarelle), comique de situation (regrets de Sganarelle qui n'a pas été payé) ; les éléments tragiques : mort de Dom Juan, référence au Ciel et au destin. N'oubliez pas non plus le registre fantastique, présent dans les apparitions mystérieuses qui peuplent la scène.

Plan du commentaire
I – Deux scènes de dénouement
II – Le mélange des registres

■ Dissertation

Pour réussir une dissertation, il est fondamental de commencer par analyser le sujet avec précision.

– Mots clés : théâtre (ici, il s'agit des dialogues et des didascalies), action (à la fois au sens structurel d'une intrigue, mais aussi au sens concret de successions d'actions sur scène), chaire (lieu où l'on parle).

– Type de sujet : le sujet invite à apprécier la pertinence d'une thèse (sujet 3).

– Reformulation de la thèse : le théâtre n'est pas seulement un art du discours, mais un art scénique, visuel et dynamique.

– Formulation de la problématique : dans une pièce de théâtre, doit-on privilégier l'art du discours ou le caractère visuel et dynamique du spectacle ?

Plan de la dissertation
I – Certes, le théâtre est un art de la parole
II – Mais la parole théâtrale doit s'intégrer dans une action scénique

LE THÉÂTRE

■ Écrit d'invention

Établissons la « feuille de route ».
– Forme : une lettre (n'oubliez pas l'en-tête et les formules de politesse).
– Situation d'énonciation : qui parle ? vous, metteur en scène (« je ») ; à qui ? au directeur d'un théâtre, susceptible d'acheter votre spectacle ; de quoi ? de l'intérêt de jouer Dom Juan ; quand ? aujourd'hui.
– Registre : pour persuader votre interlocuteur, vous devez lui faire partager votre enthousiasme, pour cela le registre lyrique s'impose.
– Arguments : 1) c'est une pièce spectaculaire, qui peut impressionner tous les spectateurs ; 2) c'est une pièce à la fois comique et tragique, qui fera rire et pleurer le public ; 3) la pièce met en scène un homme d'exception qui n'hésite pas à défier le ciel et les règles de la société.

Convaincre, persuader, délibérer

Sujets corrigés

CORRIGÉ   Séries STT-STI-STL-SMS, Antilles-Guyane, juin 2004

11 L'APOLOGUE

| Objet d'étude : convaincre, persuader, délibérer

> CORPUS

1. J. DE LA FONTAINE, « À Monseigneur le Dauphin », préface aux *Fables*, 1668.
2. Ch. PERRAULT, préface des *Contes en vers*, 1695.
3. Ch. PERRAULT, « Les Fées », *Histoires ou Contes du temps passé avec des moralités*, 1697.

■ Texte 1 : Jean DE LA FONTAINE, « À Monseigneur le Dauphin », préface aux *Fables*, 1668

MONSEIGNEUR,

S'il y a quelque chose d'ingénieux dans la république des lettres, on peut dire que c'est la manière dont Ésope[1] a débité sa morale. Il serait véritablement à souhaiter que d'autres mains que les miennes y eussent
5 ajouté les ornements de la poésie, puisque le plus sage des anciens a jugé qu'ils n'y étaient pas inutiles. J'ose, MONSEIGNEUR, vous en présenter quelques essais. C'est un entretien convenable à vos premières années. Vous êtes en un âge où l'amusement et les jeux sont permis aux princes ; mais en même temps vous devez donner quelques-unes de vos pensées à des
10 réflexions sérieuses. Tout cela se rencontre aux fables que nous devons à Ésope. L'apparence en est puérile, je le confesse ; mais ces puérilités servent d'enveloppe à des vérités importantes.

Je ne doute point, MONSEIGNEUR, que vous ne regardiez favorablement des inventions si utiles et tout ensemble si agréables, car peut-on
15 souhaiter davantage que ces deux points ? Ce sont eux qui ont introduit les

sciences parmi les hommes. Ésope a trouvé un art singulier de les joindre l'un avec l'autre. La lecture de son ouvrage répand insensiblement dans une âme les semences de la vertu, et lui apprend à se connaître sans qu'elle s'aperçoive de cette étude, et tandis qu'elle croit faire toute autre chose.
20 C'est une adresse dont s'est servi très heureusement celui sur lequel Sa Majesté a jeté les yeux pour vous donner des instructions. Il fait en sorte que vous appreniez sans peine, ou, pour mieux parler, avec plaisir, tout ce qu'il est nécessaire qu'un prince sache.

1. *Ésope* : fabuliste grec dont s'est inspiré La Fontaine.

■ **Texte 2** : Charles PERRAULT, préface des *Contes en vers*, 1695

[Les gens de bon goût] ont été bien aise de remarquer que ces bagatelles n'étaient pas de pures bagatelles, qu'elles renfermaient une morale utile, et que le récit enjoué[1] dont elles étaient enveloppées n'avait été choisi que pour les faire entrer plus agréablement dans l'esprit et d'une manière qui
5 instruisît et divertît tout ensemble. [...] La plupart de celles [des fables] qui nous restent des anciens n'ont été faites que pour plaire, sans égard aux bonnes mœurs qu'ils négligeaient beaucoup. Il n'en est pas de même pour les contes que nos aïeux ont inventés pour leurs enfants. Ils ne les ont pas contés avec l'élégance et les agréments dont les Grecs et les Romains ont
10 orné leurs Fables ; mais ils ont toujours eu un très grand soin que leurs contes renfermassent une moralité louable et instructive.

1. Récit enjoué : récit gai et divertissant.

■ **Texte 3** : Charles PERRAULT, « Les Fées », *Histoires ou Contes du temps passé avec des moralités*, 1695

Il était une fois une veuve qui avait deux filles ; l'aînée lui ressemblait si fort et d'humeur et de visage, que qui la voyait voyait la mère. Elles étaient toutes deux si désagréables et si orgueilleuses qu'on ne pouvait vivre avec elles. La cadette, qui était le vrai portrait de son Père pour la douceur
5 et pour l'honnêteté, était avec cela une des plus belles filles qu'on eût su voir. Comme on aime naturellement son semblable, cette mère était folle de sa fille aînée, et en même temps avait une aversion effroyable pour la cadette. Elle la faisait manger à la cuisine et travailler sans cesse.
Il fallait entre autres choses que cette pauvre enfant allât deux fois le
10 jour puiser de l'eau à une grande demi-lieue du logis, et qu'elle en rapportât plein une grande cruche. Un jour qu'elle était à cette fontaine, il vint à elle

une pauvre femme qui la pria de lui donner à boire. « Oui-da, ma bonne mère », dit cette belle fille ; et rinçant aussitôt sa cruche, elle puisa de l'eau au plus bel endroit de la fontaine, et la lui présenta, soutenant toujours la
15 cruche afin qu'elle bût plus aisément. La bonne femme, ayant bu, lui dit : « Vous êtes si belle, si bonne, et si honnête, que je ne puis m'empêcher de vous faire un don (car c'était une fée qui avait pris la forme d'une pauvre femme de village, pour voir jusqu'où irait l'honnêteté de cette jeune fille). Je vous donne pour don, poursuivit la fée, qu'à chaque parole que vous
20 direz, il vous sortira de la bouche ou une fleur, ou une pierre précieuse. » Lorsque cette belle fille arriva au logis, sa mère la gronda de revenir si tard de la fontaine. « Je vous demande pardon, ma mère, dit cette pauvre fille, d'avoir tardé si longtemps » ; et en disant ces mots, il lui sortit de la bouche deux roses, deux perles, et deux gros diamants. « Que vois-je là ! dit sa mère
25 tout étonnée ; je crois qu'il lui sort de la bouche des perles et des diamants ; d'où vient cela, ma fille ? » (ce fut là la première fois qu'elle l'appela sa fille). La pauvre enfant lui raconta naïvement tout ce qui lui était arrivé, non sans jeter une infinité de diamants. « Vraiment, dit la mère, il faut que j'y envoie ma fille ; tenez, Fanchon, voyez ce qui sort de la bouche de votre sœur
30 quand elle parle ; ne seriez-vous pas bien aise d'avoir le même don ? Vous n'avez qu'à aller puiser de l'eau à la fontaine, et quand une pauvre femme vous demandera à boire, lui en donner bien honnêtement. – Il me ferait beau voir, répondit la brutale, aller à la fontaine. – Je veux que vous y alliez, reprit la mère, et tout à l'heure[1]. » Elle y alla, mais toujours en grondant.
35 Elle prit le plus beau flacon d'argent qui fût dans le logis. Elle ne fut pas plus tôt arrivée à la fontaine qu'elle vit sortir du bois une dame magnifi-quement vêtue qui vint lui demander à boire : c'était la même fée qui avait apparu à sa sœur, mais qui avait pris l'air et les habits d'une princesse, pour voir jusqu'où irait la malhonnêteté de cette fille. « Est-ce que je suis ici
40 venue, lui dit cette brutale orgueilleuse, pour vous donner à boire ? Juste-ment j'ai apporté un flacon d'argent tout exprès pour donner à boire à Madame ! J'en suis d'avis, buvez à même si vous voulez. – Vous n'êtes guère honnête, reprit la fée, sans se mettre en colère. Eh bien ! puisque vous êtes si peu obligeante, je vous donne pour don qu'à chaque parole que vous
45 direz, il vous sortira de la bouche un serpent ou un crapaud. » D'abord que sa mère l'aperçut, elle lui cria : « Eh bien, ma fille ! – Eh bien ma mère ! lui répondit la brutale, en jetant deux vipères, et deux crapauds. – Ô ciel ! s'écria la mère, que vois-je là ? C'est sa sœur qui est en cause, elle me le paiera » ; et aussitôt elle courut pour la battre. La pauvre enfant s'enfuit, et
50 alla se sauver dans la forêt prochaine. Le fils du roi qui revenait de la chasse la rencontra et la voyant si belle, lui demanda ce qu'elle faisait là toute seule et ce qu'elle avait à pleurer. « Hélas ! Monsieur, c'est ma mère qui m'a chas-sée du logis. » Le fils du roi, qui vit sortir de sa bouche cinq ou six perles, et autant de diamants, la pria de lui dire d'où cela lui venait. Elle lui conta

55 toute son aventure. Le fils du roi en devint amoureux, et considérant qu'un
tel don valait mieux que tout ce qu'on pouvait donner en mariage à une
autre, l'emmena au palais du roi son père, où il l'épousa. Pour sa sœur, elle
se fit tant haïr, que sa propre mère la chassa de chez elle ; et la malheureuse,
après avoir bien couru sans trouver personne qui voulût la recevoir, alla
60 mourir au coin d'un bois.

MORALITÉ
Les diamants et les pistoles[2],
Peuvent beaucoup sur les esprits ;
Cependant les douces paroles
65 Ont encore plus de force,
Et sont d'un plus grand prix.
AUTRE MORALITÉ
L'honnêteté coûte des soins,
Et veut un peu de complaisance,
70 Mais tôt ou tard elle a sa récompense,
Et souvent dans le temps qu'on y pense le moins.

1. Tout à l'heure : tout de suite.
2. Pistoles : ancienne monnaie d'or.

> QUESTIONS [6 pts]

1. La préface de La Fontaine et celle de Perrault défendent une même idée
sur la manière d'instruire les lecteurs. Précisez laquelle.   **[3 pts]**
2. Dites si la moralité du conte est nécessaire. Justifiez votre réponse.
      [3 pts]

> TRAVAIL D'ÉCRITURE [14 pts]

I – Commentaire

Vous commenterez l'extrait du conte de Charles Perrault « Les Fées » de
« Vraiment, dit la mère… » à « au coin d'un bois » (l. 28 à 56).
Vous vous inspirerez notamment du parcours de lecture suivant :
– vous vous interrogerez sur ce qu'apporte le dialogue dans ce passage ;
– vous étudierez en quoi les personnages sont révélés par le don.

II – Dissertation

Charles Perrault a déclaré à propos des Contes « que ces bagatelles n'étaient
pas de pures bagatelles, qu'elles renfermaient une morale utile et que le récit

CONVAINCRE…

enjoué dont elles étaient enveloppées n'avait été choisi que pour les faire entrer plus agréablement dans l'esprit et d'une manière qui instruisît et divertît tout ensemble » (l. 1 à 4).

Vous direz comment les apologues que vous avez lus et étudiés illustrent ce jugement. Vous vous appuierez, pour traiter le sujet, sur les textes du corpus ainsi que sur vos lectures personnelles et les œuvres étudiées au cours de l'année.

III – Écrit d'invention

L'un de vos proches est sur le point de commettre une erreur grave. Dans une lettre, vous essayez de l'en dissuader, en ayant recours à une narration à valeur d'apologue.

En aucun cas vous ne signerez cette lettre.

COUP de POUCE

ANALYSE DU CORPUS

Le corpus est hétérogène d'un point de vue formel : il est en effet composé de deux textes théoriques (textes 1 et 2), l'un signé de La Fontaine, l'autre de Perrault, et d'une œuvre intégrale, un des contes en prose de Perrault intitulé « Les Fées » (texte 3). Une forte unité thématique structure ce corpus, articulé autour de la problématique de l'apologue et de son efficacité argumentative et morale. Les extraits de la préface aux *Fables* de La Fontaine et de la préface des *Contes en vers* de Perrault sont des textes théoriques qui définissent la forme et les fonctions de l'apologue. Le texte 3 est un exemple d'apologue et vient illustrer les dires théoriques du fabuliste et du conteur classiques.

> **Mémo** *Le conte*
>
> *Le conte est une forme particulière d'apologue*
> **Formes du conte**
> *Deux types de contes existent :*
> *– le conte merveilleux. Il présente : 1) des personnages allégoriques stéréotypés (marâtre, prince charmant…), investis de pouvoirs extraordinaires (fée, baguette magique, transformations prodigieuses) qui fondent le merveilleux ; 2) une intrigue simple (principe de concentration) ; 3) une moralité manichéenne ;*

– le conte philosophique. Il présente les mêmes caractéristiques que le conte merveilleux sauf que les personnages symbolisent une doctrine philosophique (Pangloss est un optimiste dans Candide*) et que l'intrigue est souvent plus développée que celle du conte merveilleux.*

Fonctions du conte

Il a plusieurs fonctions : 1) plaire (charmer le lecteur) ; 2) instruire (donner une leçon morale) ; 3) critiquer (présenter une vision satirique de la société).

QUESTIONS

1. La première question n'est pas difficile. Elle demande de dégager et de reformuler la thèse commune aux textes théoriques de La Fontaine (texte 1) et de Perrault (texte 2). On vous aide en vous précisant que cette thèse porte sur la « manière d'instruire le lecteur ». À vous de reformuler cette thèse de la façon la plus précise possible et d'appuyer votre reformulation sur des citations significatives tirées des deux textes.

2. La seconde question porte sur le problème de la moralité du conte. La moralité est la formulation explicite de la leçon à tirer de l'anecdote narrée. Quand on vous demande si elle est « nécessaire », on vous demande de réfléchir en fait au problème de l'argumentation directe ou indirecte. Vaut-il mieux formuler clairement la leçon (et donc l'imposer au lecteur) ou au contraire se contenter de relater une anecdote (et donc de laisser au lecteur la tâche de déduire la leçon du récit et de la formuler) ?

TRAVAIL D'ÉCRITURE

■ Commentaire

Le commentaire porte sur la fin de l'extrait du texte de Perrault (texte 3) : c'est donc un passage narratif que vous devez commenter. Le sujet impose de développer deux axes. Le premier vous demande de vous interroger sur les fonctions du « dialogue » dans le récit.

> **Mémo** *Le dialogue : formes et fonctions*
>
> *– Formes du dialogue : il est soit romanesque (guillemets au début et à la fin du dialogue, chaque nouvelle prise de parole indiquée par un tiret, verbe de parole en incise) ; soit théâtral (pas de guillemets, nom de chaque intervenant indiqué en majuscules avant la réplique, didascalies brèves entre parenthèses).*
> *– Fonctions du dialogue : 1) donner l'impression d'entendre parler les personnages ; 2) informer ou débattre ; 3) révéler le caractère des personnages.*

Pensez bien qu'il est un moyen d'animation du récit et qu'il en fonde l'efficacité. Le second axe vous invite à une réflexion sur les personnages et leur fonction allégorique. Si les personnages sont « révélés par le don », c'est qu'ils révèlent les valeurs, les vertus dont ils sont porteurs (gentillesse, bonté, méchanceté…) une fois que la fée leur a fait un don. À vous donc d'effectuer la transposition allégorique dans cet axe de commentaire.

Plan du commentaire
I – Les vertus du dialogue
II – Des personnages allégoriques

■ Dissertation

Analysons de façon rigoureuse le sujet proposé.

– Mots clés : « morale utile », le conte est porteur d'une leçon, il n'est pas gratuit ; « récit enjoué », art du récit et moyens de l'animer (dialogue, présent de narration, ellipses…) ; divertir le lecteur ; « instruisît », donner une leçon, fonction morale et moralisatrice du conte ; « divertît », amuser, plaire, séduire le lecteur.

Attention ! Perrault ne parle dans sa citation que des contes mais l'énoncé de dissertation vous demande d'élargir la réflexion à l'ensemble des apologues (conte, fable, utopie, parabole…).

– Type de sujet : citation à commenter (type 3). Attention de nouveau ! Le libellé ne vous demande pas de discuter la thèse mais seulement de l'« illustrer ».

– Reformulation de la thèse : La leçon de l'apologue sera d'autant mieux reçue par le lecteur qu'elle sera donnée de façon plaisante.

– Formulation de la problématique : grâce à quelles ressources narratives l'apologue instruisit-il en divertissant ?

Plan de la dissertation
I – L'apologue recourt à des personnages allégoriques
II – L'apologue recourt à des procédés d'animation du récit

■ Écrit d'invention

Établissons la « feuille de route » pour ce sujet dont la formulation est claire et simple

– Forme : lettre.

– Situation d'énonciation : qui parle ? vous (« je ») ; à qui ? à un proche (« tu ») ; de quoi ? de l'erreur grave (arrêter ses études) qu'il envisage de commettre ; quand ? aujourd'hui.

– Registre : aucun registre n'est spécifié mais on peut penser au polémique dans le contenu de la lettre qui encadre la narration à valeur d'apologue. Dans votre narration, le ton peut éventuellement être comique ou satirique. Le sujet vous laisse assez libre.

– Idées : votre ami s'apprête à arrêter ses études. Vous lui racontez l'histoire d'un baudet paresseux, qui rêvait d'être cheval de course.

11 CORRIGÉ

> QUESTIONS

1. La Préface aux *Fables* et la préface aux *Contes en vers* de La Fontaine et de Perrault ont toutes deux une visée argumentative. En effet, le fabuliste et le conteur défendent une même idée sur la manière d'instruire les lecteurs.

Pour eux, le seul moyen de donner une leçon de façon efficace est de divertir le lecteur, de lui plaire. Il faut donc instruire en divertissant, corriger les mœurs en restant plaisant. Ainsi, deux champs lexicaux se côtoient dans les préfaces de La Fontaine et de Perrault : celui du jeu, de la gratuité et du plaisir (texte 1 : « amusement, jeux, puérile, puérilités, agréables, plaisir » ; texte 2 : « bagatelles, agréablement, divertît, plaire, élégance, agrément »), et celui de la morale et de la vertu (texte 1 : « morale, sage, réflexions sérieuses, vertu, instructions » ; texte 2 : « morale utile, instruisît, bonnes mœurs, moralité louable et instructive »). Loin de s'opposer, ces deux champs lexicaux sont complémentaires. L'art du récit ne doit pas être gratuit pour La Fontaine et Perrault ; l'agrément doit toujours servir à la moralisation du lecteur.

2. La moralité du conte est à la fois nécessaire et superflue.

Superflue, car la leçon à tirer de l'apologue doit pouvoir se déduire de l'anecdote narrée. Ainsi, le lecteur doit pouvoir formuler lui-même la morale qu'il aura dégagée de la lecture du conte. Ici, il pourrait être tenté de formuler une morale du type : « La gentillesse est toujours récompensée et la méchanceté est toujours punie. » C'est, en gros, ce que dit la moralité en vers que propose Perrault (« L'honnêteté coûte des soins, […]/Mais tôt ou tard elle a sa récompense ». Sur le fond, la moralité n'est donc que l'expression explicite et redondante de la leçon contenue dans le « corps du récit », c'est-à-dire l'anecdote. Elle aide le lecteur mais ne lui apporte nul complément discursif.

Nécessaire, la moralité l'est en terme d'efficacité. En effet, elle est l'expression synthétique et claire de l'enseignement à retenir du conte : en cela, elle empêche le lecteur de se fourvoyer sur le sens de l'anecdote relatée. N'oublions pas que les premiers destinataires des *Contes* sont des enfants, dont l'esprit n'est pas encore pleinement formé. De plus, formulée comme une vérité générale (article défini à valeur généralisante [« L'honnêteté »] et présent de vérité générale [« coûte »]), elle s'imprime plus aisément dans l'esprit du lecteur. Enfin, la moralité est nécessaire sur un plan esthétique. Perrault parlait de faire entrer « agréablement dans l'esprit » les leçons

CONVAINCRE...

morales. Ainsi, les octosyllabes et les alexandrins alternent, les rimes suivent un schéma régulier (rimes plates, rimes embrassées) pour créer une musicalité plaisante à l'oreille du lecteur.

Ainsi, la moralité peut être perçue comme superflue et nécessaire à la fois.

> COMMENTAIRE (plan détaillé)

Le plan détaillé est rappelé entre crochets pour vous aider, mais il ne doit en aucun cas figurer sur votre copie. Il faudra donc soigner les introductions et les conclusions partielles ainsi que les transitions entre les différentes parties et sous-parties afin de guider le correcteur.

[Introduction]

En 1697, Charles Perrault fait paraître ses *Histoires ou Contes du temps passé avec des moralités*. En moderne, il s'inspire de récits médiévaux français pour donner, de façon ludique et agréable, des leçons de morale, destinées, au premier chef, aux enfants. « Les fées », bref apologue en prose, met en scène une jeune fille innocente et bonne, houspillée par sa mère et son aînée, mais finalement récompensée par le Ciel. Dans notre extrait, la sœur aînée, Fanchon, est envoyée par sa mère à la fontaine pour puiser de l'eau : elle doit y croiser une fée, qui lui fera sortir de la bouche des fleurs et des perles, comme elle l'a fait pour la cadette. Dans une première partie, nous nous interrogerons sur les fonctions du dialogue, pour ensuite voir en quoi les personnages sont révélés par le don.

[I – Les vertus du dialogue]

[A. Créer un effet de réel]

Le conte « Les Fées » de Perrault fait alterner voix du narrateur et voix des personnages. Ainsi, l'insertion de dialogues est fréquente afin de donner au récit merveilleux une authenticité, un gage de réalité. En faisant parler ses personnages, le conteur donne l'illusion du réel puisqu'il semble rapporter des paroles qui auraient été prononcées. La fée, personnage fabuleux par excellence, s'exprime directement dans le récit (l. 16). De même, la mère et les deux sœurs, se voient attribuer des répliques au discours direct. On note que Perrault recherche dans ses dialogues le naturel de l'oralité. En effet, les phrases sont souvent brèves, parfois nominales (l. 12, 13) et exhibent des interjections ou des tournures présentatives propres à la langue parlée (« Eh bien ! », l. 46 ; « C'est sa sœur qui est en cause », l. 48). Ainsi, voix des personnages merveilleux et voix de personnages réalistes se mêlent avec naturel afin de donner au conte des allures de récit fondé et véridique. Pour le lecteur, le conte doit rester vraisemblable et le dialogue y contribue.

[B. Dynamiser le récit]

Le dialogue ne construit pas seulement un effet de réel ; il contribue également à dynamiser le récit. En effet, nulle monotonie ne s'installe car la polyphonie triomphe : voix du narrateur, voix de la mère, voix des deux sœurs se relaient et rendent le récit vivant. Grâce à la ponctuation exclamative ou interrogative, aux interjections orales (« O Ciel », l. 47 ; « Hélas ! », l. 52), la parole se fait expressive et contraste avec la parole plus neutre et plus notative du narrateur. L'alternance des passages dialogués et des passages narratifs assure une variété rythmique au conte : les dialogues sont le lieu du déploiement verbal – le conteur prend le temps de laisser ses personnages s'exprimer – les passages narratifs accélèrent au contraire le tempo de l'apologue (« Elle lui conta toute son aventure », l. 54-55). Variété phonique et variété rythmique offrent donc dynamisme et vivacité au conte de Perrault : l'attention du lecteur ne peut qu'être accrochée.

[C. Révéler le caractère et l'importance des personnages]

Si les passages dialogués assurent la crédibilité ainsi que l'efficacité narratives du conte, ils ont enfin pour fonction de donner une épaisseur psychologique aux protagonistes. Doté d'une « parlure » qui lui est propre, chacun des protagonistes de l'apologue use d'un lexique et d'une parole qui reflètent son caractère. Ainsi, chaque personnage déploie un langage spécifique. La mère, autoritaire et acariâtre, use essentiellement du mode impératif (« tenez, l. 29 ; voyez, l. 29), de tours injonctifs (« il faut que », l. 38 ; « lui en donner bien honnêtement », l. 32) ou de paroles accusatrices (« C'est sa sœur qui en est la cause », l. 48). Fanchon, l'aînée, ne sait parler que sur le mode de l'agressivité : elle ne cesse d'interroger (« Est-ce que je suis venue ici […] pour vous donner à boire ? », l. 39-40) ou d'interpeller (« Eh bien ma mère ! », l. 46) et instaure un rapport toujours conflictuel à l'autre. La fée, à l'inverse, emploie une rhétorique calculée et apaisée. En effet, la subordination (« puisque… », l. 43) ainsi que les futurs à valeur programmatique (« direz, sortira », l. 45) soulignent sa maîtrise de la situation ; c'est elle qui a le destin des personnages en main. Enfin, la cadette n'a qu'une seule réplique pathétique à prononcer (l. 32). La brièveté de cette parole ainsi que l'interjection déplorative « Hélas » suffisent à camper le personnage : totalement démunie, la cadette est une victime qui mérite, par sa bonté et son innocence, de toucher les cœurs. Il est enfin intéressant de s'interroger sur la répartition de la parole dans l'extrait : l'aînée et la mère parlent beaucoup mais de façon peu efficace ; leur parole est gaspillage. À l'opposé, la fée et la cadette parlent peu mais leur parole est rentable ; elles récompensent « Je vous donne pour don […] » ou sont récompensées (« il l'épousa »). Enfin, le prince est totalement privé de discours direct, ce qui dit bien son statut accessoire et secondaire dans le récit. Par conséquent, les passages dialogués

CONVAINCRE…

permettent non seulement de révéler mais aussi de hiérarchiser les protagonistes.

[**Conclusion partielle et transition**] Perrault manie avec habileté l'art du récit : il sait recourir au dialogue afin de ne jamais lasser le lecteur et de soutenir sans relâche son intérêt.

II – Des personnages allégoriques

[A. Le don, ou la perturbation]

Le don effectué par la fée à la sœur cadette est l'élément perturbateur du récit. Avant le don, l'équilibre existait : précaire et injuste certes, puisque la cadette subissait les sarcasmes et les humiliations de sa mère et de son aînée (« Elle la faisait manger à la cuisine et travailler sans cesse ») mais l'ordre régnait dans la famille. Le don de la fée vient rompre cet équilibre : la cadette devient un centre d'intérêt, susceptible de concurrencer l'aînée (« d'où vient cela, ma fille ? »). La mère est alors amenée à mettre en balance les deux sœurs : centre des regards (« voyez ce qui sort de la bouche de votre sœur »), modèle à imiter (« ne seriez-vous pas bien aise d'avoir le même don ? »), la cadette se met à exister dans la bouche maternelle. Métamorphosée par la fée, elle métamorphose aussi la configuration du récit : d'objet de manipulation, elle devient sujet des conversations et centre de la narration. Le don est donc l'élément perturbateur du récit et vient révéler chacun des personnages en un schéma manichéen.

[B. L'axe du Bien]

Le Bien, ce sont la cadette et le prince qui l'incarnent. La cadette, en ce qu'elle voit sortir des roses et des pierres précieuses de sa bouche. Symboles de beauté, d'éclat et de valeur, ces présents de la fée soulignent que la cadette est l'incarnation de la pureté tant morale que physique. Le don est à l'image de son âme : pur. Ainsi, il est souligné que cette jeune fille est « belle » (l. 16). De plus, elle incarne la soumission et l'innocence persécutée. Alors qu'elle n'a rien fait, elle est « batt[ue] » et obligée de « s'enfui[r] ». L'adjectif axiologique « pauvre » (« La pauvre enfant », l. 49) insiste sur le statut de victime de la cadette : elle n'a ni allié ni discours pour la défendre dans un premier temps. Ses larmes (« ce qu'elle avait à pleurer ») et son isolement (« toute seule ») disent sa vulnérabilité et sa détresse. Au lieu de se révolter contre un ordre injuste, la cadette le subit en victime pitoyable… avant d'incarner la vertu récompensée. Le mariage princier (« il l'épousa ») couronne la bonté. La fée a révélé la bonté, la patience et la vertu de la cadette ; le prince se contente de les couronner.

[C. L'axe du Mal]

À l'opposé, la mère et la sœur aînée sont des symboles maléfiques. Le don de la fée révèle, plus encore, exacerbe la cruauté de la marâtre. Si elle humiliait déjà sa fille cadette, c'était sans néanmoins l'exclure de la cellule familiale (« elle la faisait manger à la cuisine et travailler sans cesse »). Le don radicalise sa haine : les verbes d'action (« aller à la fontaine », « courut », « chassa ») montrent qu'elle devient un bourreau agissant. Après avoir dissimulé sa rage sous le masque de l'hypocrisie, elle la laisse exploser : la ponctuation expressive (« Que vois-je là ! » ; « Ô ciel ! ») rythme les répliques maternelles et laissent résonner sa hargne et son dépit. Femme intéressée (notez qu'elle veut faire « pa[yer] » sa fille cadette) et dénuée de cœur, elle est l'exacte antithèse de l'archétype maternel. Enfin, la sœur aînée laisse éclater au grand jour ses défauts lors de cet épisode du don. Le don de la fée (elle lui offre de cracher des « vipères et des crapauds ») est symbolique. Images de la laideur et de la méchanceté, ces bêtes ne sont que le reflet, l'extériorisation de l'âme de l'aînée. Mal élevée (« il me ferait beau voir […] aller à la fontaine »), peu charitable (« Est-ce que je suis venue ici […] pour vous donner à boire ? ») et dédaigneuse (« tout exprès pour donner à boire à Madame »), voilà le portrait peu élogieux que l'on peut dégager de l'anecdote. D'ailleurs, le conteur lui-même aide le lecteur à effectuer le déchiffrement allégorique : les termes à valeur dépréciative foisonnent (« brutale, orgueilleuse, malhonnêteté, guère honnête ») dévalorise son personnage, dont la méchanceté est finalement punie de mort (« après avoir bien couru sans trouver personne qui voulût la recevoir, alla mourir au coin d'un bois »). Le don n'a fait qu'exacerber sa méchanceté et sa mesquinerie et précipite sa chute funeste.

[**Conclusion partielle**] Élément perturbateur du récit, le don accélère le tempo narratif puisqu'il précipite la catastrophe (le mariage de la cadette, la mort de l'aînée) mais surtout il révèle les personnages en exacerbant leur caractéristiques propres. Bonté et cruauté s'affrontent en choc frontal, dont la Vertu sortira vainqueur !

[Conclusion]

Art de plaire et art d'instruire se mêlent étroitement et habilement dans ce bref apologue de Perrault. Il sait donner en un trait de plume une épaisseur et une consistance psychologique à ses personnages en les dotant d'une « parlure » propre. il existe ainsi dans toute leur concrétude ; en même temps, il réussit à en faire des types moraux (bonté, méchanceté, cruauté) à imiter. Tout comme La Fontaine, Perrault sait l'art de l'apologue : brièveté et profondeur se réconcilient en une anecdote plaisamment instructive.

CONVAINCRE...

> DISSERTATION (plan détaillé)

Introduction

L'esprit des enfants est à forger ! Amour du bien et de la vertu doivent pénétrer les âmes de ces êtres encore malléables. C'est pourquoi fabulistes et conteurs déploient leur talent et rédigent des apologues moralisateurs. Ainsi, Charles Perrault déclare à propos de ses *Contes* : « que ces bagatelles n'étaient pas de pures bagatelles, qu'elles renfermaient une morale utile et que le récit enjoué dont elles étaient enveloppées n'avait été choisi que pour les faire entrer plus agréablement dans l'esprit et d'une manière qui instruisît et divertît tout ensemble ». Ainsi, pour Perrault, la leçon de l'apologue sera d'autant mieux reçue par le lecteur qu'elle sera donnée de façon plaisante. Grâce à quelles ressources narratives l'apologue instruit-il en divertissant ? Nous verrons tout d'abord que l'apologue recourt à des personnages allégoriques, puis qu'il recourt à des procédés d'animation du récit qui mettent en valeur la moralité.

I – L'apologue recourt à des personnages allégoriques

A. Un personnel fantaisiste

Les apologues mettent en scène des animaux (les fables) ou des personnages merveilleux (les contes) qui séduisent le lecteur par leur caractère extraordinaire (ils parlent ou ont des pouvoirs magiques). Ex. : La Fontaine fait parler des coqs, des lions, des renards au même titre que les humains. Les personnages de *Candide* de Voltaire sont immortels.

B. Universalité des types

Les personnages ont une valeur symbolique. Il faut une transposition pour bien comprendre les valeurs qu'ils représentent. Ils sont en fait l'incarnation de grands types moraux éternels que le lecteur doit admirer ou rejeter. Ex. : le lion symbolise le pouvoir ; le renard, la ruse ; l'âne, l'innocence, etc.

C. Invitation à une lecture participative

Pour bien comprendre le sens caché des apologues, le lecteur est invité à réfléchir car il doit faire une transposition et lever le voile de l'allégorie. Il est donc actif et participe à la construction du sens. Ex. : dans « La cigale et la fourmi », le lecteur doit comprendre que la cigale est un poète et que la fourmi incarne le matérialisme.

II – L'apologue recourt à des procédés d'animation du récit

A. Actualisation du récit

1. Des dialogues dynamisent le récit et rendent concrets les personnages

Les personnages des apologues sont rendus réels et vivants parce qu'ils sont dotés d'une « parlure », qui leur donne une épaisseur psychologique et les rendent concrets. Ex. : dans « Les animaux malades de la peste », l'âne use d'une rhétorique de la sincérité (P1, champ lexical des sentiments…) qui montre sa pureté et son innocence ; le loup use au contraire d'une rhétorique artificielle (P4, questions rhétoriques, flatteries…) qui souligne son caractère fourbe et courtisan.

2. Le présent de narration rend la leçon intemporelle.

L'actualisation du récit passe par l'usage du présent de narration, qui actualise les faits. Les vices dépeints apparaissent alors comme intemporels. Ex. : Dans « Les deux pigeons » de La Fontaine, passé simple et présent de narration alternent pour marquer les accélérations du tempo narratif et montrer l'acuité de la critique de la curiosité.

B. La variété des registres invite le lecteur à prendre parti

1. Le comique

Usage du comique, qui invite à la distanciation et à la condamnation. Ex. : jeu de mots sur le nom de l'esclavagiste Vanderdendur dans *Candide*.

2. Le satirique

Usage du registre satirique pour dire sa désapprobation du vice et mettre le lecteur de son côté. Ex. : dans « Les animaux malades de la peste », le fabuliste s'exprime à la première personne et use d'un vocabulaire dépréciatif pour désigner les courtisans.

3. Le pathétique

Usage du pathétique, qui invite le lecteur à la compassion. La proximité des cœurs est créée. Ex. : dans « Les Fées », le lecteur compatit à la souffrance de la cadette (« pauvre enfant, pauvre fille »).

Conclusion

Rien de plus indigeste qu'un long discours moralisateur ; rien de plus léger qu'une anecdote plaisante, où merveilleux et péripéties se mêlent, afin d'éduquer les cœurs à la vertu. Recourir à l'apologue pour donner une leçon, c'est choisir la voie de l'efficacité. Les moralistes classiques ne s'y sont pas trompés : La Fontaine, Perrault, La Bruyère, tous donnent, dans leurs apologues, à la gravité le tour de la badinerie.

CONVAINCRE…

> ÉCRIT D'INVENTION

Paris, le 28 juin 2004

Bonjour Aymeric,

Je ne devrais même pas prendre le temps de te saluer ! Il m'est arrivé aux oreilles un conte que je ne parviens pas à croire : on m'a dit, une folle rumeur devrais-je plutôt dire, affirme que tu serais sur le point d'abandonner tes études. Et pourquoi ? Parce que tu trouves que le lycée c'est contraignant et qu'il faut obéir ! Parce que c'est fatigant ! Mais quelle immaturité ! Quel comportement inepte et myope ! Comment ne peux-tu ne pas voir que c'est tout ton avenir que tu compromets ? Comment peux-tu envisager de gâcher toute ta vie simplement parce que tu recules devant un petit obstacle à franchir aujourd'hui ? Non, je ne peux y croire… C'est de l'inconscience pure et simple ! Et ton baccalauréat ? Et ta situation à venir ? Tu crois vraiment que tu pourras vivre d'eau fraîche ! Et puis songe…

Non, j'arrête, me voilà en train de te sermonner comme doivent le faire tes parents ! Ces arguments moralisateurs, tu as dû les entendre vingt fois et je vois que cela n'a eu aucun effet sur toi. Alors, laisse-moi te raconter une petite histoire puis je me tairai, c'est promis.

Il était une fois un baudet nommé Traîne-la-Patte. Pourquoi ce surnom ? Non parce que Traîne-la-Patte était boiteux ou bossu. Non, simplement parce que Traîne-la-Patte était paresseux. Tirer la charrette ? C'était trop fatigant ! Faire partie d'un attelage ? C'étaient trop de contraintes ! Porter un cavalier ? C'était user ses os pour un autre en se pliant à des horaires qui n'étaient pas siens ! Non vraiment, pourquoi mener cette vie de chien alors que la douceur de vivre est si plaisante ? « Dormir, puis se lever, puis faire une sieste, puis se relever, puis… dormir… Voilà une vie saine et bien réglée », ne cessait de clamer Traîne-la-Patte. Rien ni personne ne pouvait le détourner de cette pensée. Rien ni personne ne parvenait à lui faire rompre le cycle de ses journées. Traîne-la-Patte, pour toutes actions, n'avait qu'un projet : celui de devenir, un jour, cheval de course. « Un jour, vous verrez, criait-il avec une arrogante conviction à l'écurie toujours en ébullition, je serai le roi de la piste. Foulées royales, accélérations mythiques, crinière lissée, telles seront mes qualités. » Et l'écurie de ricaner… « Riez, mais vous verrez, votre travail reste vain et infructueux ! Depuis des années, vous peinez pour ne pas progresser. Que connaissez-vous à part cette écurie ? Le bout du pré, le bout du champ, le bout de la route, le bout du village pour les meilleurs d'entre vous ! Que d'énergie gaspillée ! »

Un jour, Traîne-la-Patte rencontra un brillant étalon, à la vaillante et fière allure, nommé Lève-la-Patte. Et la curiosité de notre baudet d'être piquée : « Alors ? lança-t-il. C'est vrai ? Quand tu cours et que tu gagnes, le public est debout, il scande ton nom, jette des fleurs, se bat pour venir te caresser ! Raconte vite que je puisse me préparer à ma nouvelle vie ! » Lève-la-Patte se lance alors avec ardeur dans un long récit détaillé : foulées majestueuses, jockey élégant, hippodrome bondé, avoine de première qualité, la vie de cheval de course était tout simplement la vie la plus parfaite, la plus exquise dont on pouvait rêver ! Lève-la-Patte n'omet aucun détail, gesticule, hennit, jette sa crinière au vent, prend la pose, fait le beau. Traîne-la-Patte n'omet aucune question, trépigne, acquiesce, tape du sabot, hennit d'admiration :

– « Et moi, comment puis-je faire de même ? J'en rêve depuis toujours, je me ménage depuis toujours pour accomplir ce rêve !

– Quel âge as-tu ?, demande négligemment Lève-la-Patte. Sept ans ? Mais il est bien trop tard, à quatre ans tu dois déjà avoir fait tes preuves. Tu vois, rien ne sert de dormir, il faut partir à temps ! »

Et Lève-la-Patte de détourner son regard avec dédain et de continuer son chemin. Et Traîne-la-Patte de se tasser et de voir ses perspectives d'avenir se boucher. Adieu étalons, chapeaux et fleurs. Bonjour baudets, harnais et avoine bon marché.

Moralité : Mieux vaut courir que dormir.

Autre moralité : La chance ne sourit jamais aux paresseux.

Je crois que tout est dit, à toi de méditer à présent cette modeste anecdote. Moi je suis désarmé, je suis affligé, je suis consterné. À bientôt et bonne réflexion. Sache me rappeler, s'il te plaît, que tu es intelligent.

Gaspard

CORRIGÉ   Séries STT-STI-STL-SMS, Polynésie, septembre 2003

12 VANITÉ DES VANITÉS

| Objet d'étude : convaincre, persuader, délibérer

> CORPUS

1. J. DE LA BRUYÈRE, *Les Caractères*, 1688.
2. MONTESQUIEU, *Lettres persanes*, n° 74, 1721.
3. VOLTAIRE, *Lettres philosophiques*, 10ᵉ lettre sur le commerce, 1734.
4. D. DIDEROT, *L'Encyclopédie*, 1751-1780.

■ **Texte 1 :** LA BRUYÈRE, *Les Caractères*, 1688

La Bruyère propose une galerie de portraits.

Un Pamphile est plein de lui-même, ne se perd pas de vue, ne sort point de l'idée de sa grandeur, de ses alliances, de sa charge, de sa dignité ; il ramasse, pour ainsi dire, toutes ses pièces[1], s'en enveloppe pour se faire valoir ; il dit : *Mon ordre, mon cordon bleu*[1]. Il l'étale ou il le cache par
5 ostentation[2]. Un Pamphile en un mot veut être grand, il croit l'être ; il ne l'est pas, il est d'après un grand. Si quelquefois il sourit à un homme du dernier ordre, à un homme d'esprit, il choisit son temps si juste, qu'il n'est jamais pris sur le fait : aussi la rougeur lui monterait-elle au visage s'il était malheureusement surpris dans la moindre familiarité avec quelqu'un qui
10 n'est ni opulent[3], ni puissant, ni ami d'un ministre, ni son allié, ni son domestique. Il est sévère et inexorable à qui n'a point encore fait sa fortune. Il vous aperçoit un jour dans une galerie et il vous fuit ; et le lendemain, s'il vous trouve en un endroit moins public, ou s'il est public, en la compagnie d'un grand, il prend courage, il vient à vous, et il vous dit : *Vous ne*
15 *faisiez pas hier semblant de nous voir.* Tantôt il vous quitte brusquement pour joindre un seigneur ou un premier commis ; et tantôt s'il les trouve avec vous en conversation, il vous coupe et vous les enlève. Vous l'abordez, une autre fois, et il ne s'arrête pas ; il se fait suivre, vous parle si haut que

c'est une scène pour ceux qui passent. Aussi les Pamphiles sont-ils toujours
20 comme sur un théâtre : gens nourris dans le faux, et qui ne haïssent rien
tant que d'être naturels ; vrais personnages de comédie, des *Floridors*, des
Mondoris.

1. Ses pièces, mon ordre, mon cordon bleu : il s'agit des titres du personnage.
2. Il l'étale ou il le cache par ostentation : il l'étale ou le cache pour se faire remarquer.
3. Opulent : très riche.

■ **Texte 2** : MONTESQUIEU, *Lettres persanes*, 1721

Dans cet extrait des Lettres persanes, *roman par lettres, Usbek écrit à Rica
pour lui faire part de ses impressions sur les mœurs des Français qu'il
découvre.*

Usbek à Rica, à ****

Il y a quelques jours qu'un homme de ma connaissance me dit : « Je vous
ai promis de vous produire[1] dans les bonnes maisons de Paris ; je vous mène
à présent chez un grand seigneur qui est un des hommes du royaume qui
5 représente le mieux[2]. »

« Que veut dire cela, Monsieur ? Est-ce qu'il est plus poli, plus affable que
les autres ? – Non, me dit-il. – Ah ! j'entends ; il fait sentir à tous les instants
la supériorité qu'il a sur tous ceux qu'il l'approchent. Si cela est, je n'ai que
faire d'y aller : je la lui passe tout entière et je prends condamnation. »

10 Il fallut pourtant marcher, et je vis un petit homme si fier, il prit une prise
de tabac avant tant de hauteur, il se moucha si impitoyablement, il cracha
avec tant de flegme, il caressa ses chiens d'une manière si offensante pour
les hommes, que je ne pouvais me lasser de l'admirer. « Ah ! bon Dieu !
dis-je en moi-même, si, lorsque j'étais à la cour de Perse, je représentais
15 ainsi, je représentais un grand sot ! » Il aurait fallu, Rica, que nous eussions
eu un bien mauvais naturel pour aller faire cent petites insultes à des gens
qui venaient tous les jours chez nous nous témoigner leur bienveillance :
ils savaient bien que nous étions au-dessus d'eux, et, s'ils l'avaient ignoré,
nos bienfaits le leur auraient appris chaque jour. N'ayant rien à faire pour
20 nous faire respecter, nous faisions tout pour nous rendre aimables : nous
nous communiquions[3] aux plus petits ; au milieu des grandeurs, qui
endurcissent toujours, ils nous trouvaient sensibles ; ils ne voyaient que
notre cœur[4] au-dessus d'eux : nous descendions jusqu'à leurs besoins.
Mais, lorsqu'il fallait soutenir la majesté du Prince dans les cérémonies
25 publiques ; lorsqu'il fallait faire respecter la Nation aux étrangers ; lorsque,

enfin, dans les occasions périlleuses, il fallait animer les soldats, nous remontions cent fois plus haut que nous n'étions descendus : nous ramenions la fierté sur notre visage, et l'on trouvait quelquefois que nous représentions assez bien.

De Paris, le 10 de la lune de Saphar, 1715.

1. Produire : introduire.
2. Qui représente le mieux : qui est le plus représentatif.
3. Nous nous communiquions : nous réservions un accueil aimable.
4. Cœur : bonté.

■ **Texte 3** : VOLTAIRE, *Lettre philosophiques*, 1734

Dans les Lettres philosophiques, *Voltaire fait l'éloge de la société anglaise.*

Le cadet d'un pair du royaume[1] ne dédaigne point le négoce. Milord Townshend, ministre d'État, a un frère qui se contente d'être marchand dans la Cité. Dans le temps que milord Oxford gouvernait l'Angleterre, son cadet était facteur à Alep[2] d'où il ne voulut pas revenir et où il est
5 mort.

Cette coutume, qui pourtant commence trop à se passer, paraît monstrueuse à des Allemands entêtés dans leurs quartiers[3] ; ils ne sauraient concevoir que le fils d'un pair d'Angleterre ne soit qu'un riche et puissant bourgeois, au lieu qu'en Allemagne tout est prince ; on a vu jusqu'à trente
10 altesses du même nom n'ayant pour tout bien que des armoiries[3] et de l'orgueil.

En France est marquis qui veut ; et quiconque arrive à Paris du fond d'une province avec de l'argent à dépenser, et un nom en *ac* ou en *ille*, peut dire : « un homme comme moi, un homme de ma qualité », et mépriser souve-
15 rainement un négociant. Le négociant entend lui-même parler si souvent avec mépris de sa profession, qu'il est assez sot pour en rougir ; je ne sais pourtant lequel est le plus utile à un État, ou un seigneur bien poudré qui sait précisément à quelle heure le roi se lève, à quelle heure il se couche, et qui se donne des airs de grandeur en jouant le rôle d'esclave dans l'anti-
20 chambre d'un ministre, ou un négociant qui enrichit son pays, donne de son cabinet des ordres à Surate[4] et au Caire, et contribue au bonheur du monde.

1. Un pair du royaume : un noble anglais.
2. Facteur à Alep : directeur du bureau d'une compagnie de commerce à l'étranger.
3. Quartiers, armoiries : ensemble de signes attestant la noblesse d'une famille.
4. Surate : port de l'Inde.

■ **Texte 4** : Denis DIDEROT, *L'Encyclopédie*, 1751-1780

Extrait de l'article Cour.

COUR (*histoire moderne et anc.*), c'est toujours le lieu qu'habite un souverain ; elle est composée des princes, des princesses, des ministres, des grands, et des principaux officiers. Il n'est donc pas étonnant que ce soit le centre de la politesse d'une nation. [...] J'oserais presque assurer qu'il n'y
5 a point d'endroit où la délicatesse dans les procédés soit mieux connue, plus rigoureusement observée par les honnêtes gens, et plus finement affectée par les courtisans. L'auteur de l'*Esprit des Lois*[1] définit l'air de *cour*, l'échange de sa grandeur naturelle contre une grandeur empruntée[2]. Quoi qu'il en soit de cette définition, cet air, selon lui, est le vernis séduisant sous lequel
10 se dérobent l'ambition dans l'oisiveté, la bassesse dans l'orgueil, le désir de s'enrichir sans travail, l'aversion pour la vérité, la flatterie, la trahison, la perfidie, l'abandon de tout engagement, le mépris des devoirs du citoyen, la crainte de la vertu du prince, l'espérance sur ses faiblesses, etc., en un mot la malhonnêteté avec tout son cortège, sous les dehors de l'honnêteté la plus
15 vraie ; la réalité du vice toujours derrière le fantôme de la vertu. Le défaut de succès fait seul dans ce pays donner aux actions le nom qu'elles méritent ; aussi n'y a-t-il que la maladresse qui y ait des remords.

1. L'auteur de *l'Esprit des Lois* : Montesquieu.
2. Empruntée : artificielle.

> **QUESTIONS** [6 pts]

1. Quel groupe social est évoqué dans les quatre extraits ? Quel est l'objectif des quatre auteurs ?   **[3 pts]**
2. Pourquoi peut-on dire que les textes du corpus argumentent de manière explicite ou implicite ?   **[3 pts]**

> **TRAVAIL D'ÉCRITURE** [14 pts]

I – Commentaire

Vous commenterez l'extrait des *Lettres persanes* de Montesquieu à partir du parcours de lecture suivant.
– Quel personnage est mis en scène dans la lettre ? Comment Montesquieu le présente-t-il ? Dans quel but ?
– Vous montrerez comment le genre et l'organisation du texte sont au service d'une argumentation.

CONVAINCRE...

II – Dissertation

Vous vous interrogerez sur l'efficacité des différentes formes que peut prendre l'argumentation. Vous vous appuierez pour traiter cette question sur les textes du corpus ainsi que sur vos lectures personnelles et les œuvres étudiées dans l'année.

III – Écrit d'invention

Dans un récit vous mettrez en scène un personnage incarnant un défaut caractéristique de la société actuelle. Vous devrez utiliser certains des procédés présents dans des textes du corpus (par exemple, l'accumulation, l'hyperbole, l'image, les procédés de l'ironie…)

COUP de POUCE

ANALYSE DU CORPUS

Le corpus réunit des textes au thème similaire mais d'époques et de formes différentes. En effet, les quatre textes proposent des portraits d'orgueilleux ou des peintures de l'orgueil, datant des XVIIe (texte 1) ou XVIIIe siècles (textes 2, 3, 4). Les textes de La Bruyère et de Montesquieu sont des apologues (forme d'argumentation indirecte) tandis que ceux de Voltaire et de Diderot sont des essais (argumentation directe). Les stratégies persuasives usitées pour dénoncer la vanité sont donc variées.

> **Mémo** *L'essai*
>
> *Il traite soit d'un thème universel (l'amitié, l'amour), soit d'un thème d'actualité (la guerre). Il a une double fonction : convaincre et persuader.*
> *– Convaincre, c'est faire appel à la raison du lecteur, par un raisonnement structuré et une argumentation explicite (thèse, arguments, exemples).*
> *– Persuader, c'est séduire le lecteur, faire appel à ses sentiments. Pour cela, le locuteur doit : 1) s'engager pour montrer qu'il croit en son discours : « je », phrases exclamatives et termes modalisateurs (qui soulignent l'opinion du locuteur) ; 2) impliquer le destinataire pour qu'il se sente concerné : « vous, tu », apostrophes (qui interpellent le lecteur), questions rhétoriques (qui invitent le lecteur à participer à la réflexion).*

QUESTIONS

1. La première question comporte deux parties : tout d'abord, il vous faut identifier « le groupe social évoqué » dans les textes. La seconde partie de la question demande d'étudier non plus le thème mais la visée des textes.

2. La seconde question nécessite une connaissance précise des différentes formes argumentatives au programme : vous devez identifier en effet dans le corpus les textes qui relèvent de l'apologue (argumentation implicite ou indirecte) ou de l'essai (argumentation explicite ou directe).

TRAVAIL D'ÉCRITURE

◼ Commentaire

Le commentaire proposé impose de développer deux axes. Le premier prolonge la première question. Vous devez identifier le protagoniste moqué dans la lettre de Usbek, analyser ses caractéristiques et voir que Montesquieu en fait le blâme.

> **Mémo** *Blâme : procédés rhétoriques*
>
> *Blâmer, c'est critiquer de façon plus ou moins violente et directe quelqu'un ou quelque chose. Les procédés d'écriture du blâme sont proches de ceux des registres polémique ou satirique. Le blâme présente donc plusieurs caractéristiques :*
> *– une cible, dénoncée par le biais d'un vocabulaire dépréciatif ;*
> *– une ponctuation expressive, qui dit la véhémence de la parole ;*
> *– une prise à partir, directe ou indirecte, de la cible (P2 ou P5, apostrophes…).*

Le premier axe invite donc à une réflexion sur le contenu et la visée argumentatifs. En revanche, dans le second axe, ce sont les procédés rhétoriques de la persuasion que vous devez relever et commenter (deux pistes vous sont données : le genre du texte = apologue ; son organisation = alternance discours/récit).

Plan du commentaire
I – La vanité moquée
II – L'art de persuader

◼ Dissertation

Commençons par une analyse rigoureuse du sujet posé.
– Mots clés : « efficacité » : impact sur le lecteur ; « différentes formes que peut prendre l'argumentation » : il faut opposer l'essai, le dialogue, qui relèvent de l'argumentation directe, à l'apologue (fable, conte, philosophique, parabole…), qui relève de l'argumentation indirecte.

– Type de sujet : question ouverte (type 4).
– Formulation de la problématique : de l'argumentation directe ou indirecte, quelle est la forme argumentative la plus apte à toucher le lecteur ?

Plan de la dissertation
I – Argumenter directement présente de nombreux avantages
II – Mais l'argumentation indirecte est plus efficace encore

■ Écrit d'invention

Établissons la « feuille de route » même si une très grande latitude vous est donnée dans ce sujet.
– Forme : un apologue.
– Situation d'énonciation : qui parle ? à qui ? à vous d'imaginer le récit, rien ne peut donc vous être imposé ; de quoi ? à vous de le définir en fonction du défaut choisi ; quand ? aujourd'hui (« défaut caractéristique de la société actuelle »).
– Registre : rien n'est imposé par le sujet. Cependant, puisque votre récit doit souligner un défaut, on peut imaginer que le registre ironique apparaisse, mais aussi éventuellement le polémique. Nul registre imposé mais l'utilisation de procédés d'écriture et de figures de style (accumulation, hyperbole, image, ironie…).
– Schéma narratif et morale : vous devez commencer par choisir un défaut puis imaginer un récit. Pensez bien à passer d'une situation initiale à une situation finale qui permette de blâmer, de condamner le défaut choisi, d'user des temps du récit, de connecteurs temporels, etc.

12 CORRIGÉ

> QUESTIONS

1. Dans les quatre extraits, un même groupe social est évoqué : celui de la noblesse. La Bruyère affirme que Pamphile « ne sort point de l'idée de sa grandeur » et qu'il recherche sans cesse la compagnie des « puissant[s] ». De même, dans la lettre 74 des *Lettres persanes*, Montesquieu peint, à travers le discours d'Usbek à Rica, « un grand seigneur qui est un des hommes du royaume qui représente le mieux ». Dans sa 10e lettre philosophique (texte 3), Voltaire compare la noblesse anglaise (« milord Townsend ») aux noblesses allemande (« Allemands entêtés de leurs quartiers ») et française (« En France est marquis qui veut »). Enfin, Diderot, dans l'article « Cour » de *L'Encyclopédie*, décrit les comportements des « princes, princesses, ministres », et autres « grands ».

Si un thème réunit donc nos quatre extraits (la peinture des puissants), une même visée les unit également. En effet, les quatre auteurs stigmatisent la hauteur et le dédain dont font preuve les aristocrates européens. Les quatre extraits usent d'un vocabulaire dépréciatif (texte 1 : « plein de lui-même » ; texte 2 : « un petit homme si fier » ; texte 3 : « orgueil, grandeur » ; texte 4 : « grandeur empruntée ») pour qualifier le comportement des nobles. Leurs rapports aux autres sont placés sous le signe du « mépris » et de la « hauteur » ; ennemis du « naturel », ces aristocrates sont des « personnages de comédie », avides d'être « admir[és] ». Êtres en perpétuelle « représenta- tion », ils paradent oisivement sur la scène sociale au lieu de l'habiter.

Ainsi, une forte unité traverse le corpus : une unité thématique et une unité d'objectifs. C'est, dans les quatre extraits, la vaniteuse aristocratie qui est stigmatisée.

2. Deux formes d'argumentation apparaissent dans le corpus : des argumen- tations implicites (textes 1 et 2) et des argumentations explicites (textes 3 et 4). En effet, les deux premiers textes relèvent de la forme de l'apologue. La Bruyère et Montesquieu recourent au voile du récit et de l'allégorie pour dénoncer les prétentions de la noblesse. Dans les deux textes, les temps du récit apparaissent. La Bruyère use d'un présent de narration (« prend, dit, quitte ») tandis que Usbek use des temps du passé (« prit, se moucha, cracha »). Dans les deux extraits, une lecture allégorique s'impose : Pamphile est l'image du courtisan qui veut s'élever dans la hiérarchie nobiliaire. Avide de reconnaissance, ses manières ne sont qu'ostentation (« se faire valoir ») et calculs (« Il vous aperçoit… voir », l. 10 et 15). Le « grand seigneur », sans nom précis, peint par Usbek, est le symbole de l'aristocrate français : à l'inverse du Persan, il incarne le type même de l'homme imbu de lui-même, prompt à faire sans cesse sentir sa « supériorité ». Ces deux portraits universels ne sont pas gratuits : ils remplissent une même visée : celle de moquer la vanité des grands (voir question 1). En revanche, les textes de Voltaire et de Diderot relèvent de l'argumentation directe et plus précisément de l'essai. Les auteurs s'y impliquent personnellement (pronom personnel de la première personne « je ») et affichent leur jugement négatif sur l'aristocratie à l'aide de verbes modalisateurs (« se contente ; oserais ») et d'un vocabulaire dépréciatif (« entêtés, sot, vernis séduisant, grandeur empruntée »). Leur thèse est clairement affichée : il s'agit de condamner l'attitude hautaine et « mépris[ante] » de l'aristocratie (voir question 1). Enfin, les deux auteurs cherchent à impliquer le destinataire. Voltaire recourt à l'exemple (l. 1 et 3) pour imprimer un tour concret à son propos et ainsi intéresser le lecteur ; Diderot préfère user d'une énumération dépréciative (l. 13) pour marquer l'esprit des lecteurs.

Le corpus présente donc une grande variété de formes argumentatives : apologues et essais s'y côtoient afin d⟨…⟩ ⟨…⟩ion du destinataire.

CONVAINCRE…

> COMMENTAIRE (plan détaillé)

Introduction

En 1721, Montesquieu fait paraître un roman épistolaire : *les Lettres persanes*. Le philosophe des Lumières y use du voile de l'exotisme pour dénoncer les vices de la société de son temps. Ainsi, Usbek et Rica échangent des missives qui croquent, sur un mode satirique, les travers de la société absolutiste. Dans la lettre 74, Usbek écrit à Rica pour lui peindre un grand seigneur parisien, imbu de sa personne, et compare les mœurs françaises aux mœurs persanes. Dans un premier axe, nous verrons que Montesquieu dénonce, à travers le portrait d'un grand seigneur, la vanité, pour ensuite étudier les stratégies de la persuasion qu'il déploie dans la lettre afin de rendre son blâme de l'orgueil plaisant.

I – La vanité moquée

A. Le mépris des petits

1. La supériorité du grand seigneur

Étude du champ lexical de la grandeur : personnage hautain. Récurrence de l'hyperbole et de l'intensif « si ».

2. L'écrasement des subalternes

Absence du discours direct : égoïsme et égotisme du personnage (« il » singulier *vs* pluriel collectif). Désintérêt et mépris pour la condition humaine (préférence pour les « chiens »).

B. L'ostentation

1. L'importance des apparences

Lexique du regard et de l'ouïe (« admirer, se moucha, cracha ») : désir d'être vu et d'être entendu.

2. Un être en représentation

Étude des hyperboles : manières ostentatoires du grand seigneur. Récurrence du verbe « représenter » : personnage proche de l'acteur.

C. Le contre-modèle persan

1. Un rapport charitable à l'autre

Affabilité et accueil de l'autre (l. 15-18) ; solidarité (« nous descendions jusqu'à leurs besoins »). Triomphe du « cœur » au détriment du rang (antithèse « grandeurs »//« cœur »).

2. Le service de la nation

Destruction de la notion d'individu (pas de « il » singulier mais un « nous » collectif) au profit de celle de citoyen et de serviteur de l'État : défense de la patrie (l. 25), service du Prince (l. 24). Jeu de mot sur le « représentions » : opposition entre ostentation et simplicité.

II – L'art de persuader

A. Le choix de l'apologue

1. Une narration alerte

Brièveté du portrait ; accumulation de verbes au passé simple (« prit, se moucha… »), multiplicité des personnages(« il », « nous », « petits », « grand seigneur ») : dynamisme narratif.

2. Une condamnation universelle de l'orgueil

Absence de nom propre pour qualifier le personnage moqué (article indéfini « un grand seigneur » à valeur généralisante) : dimension symbolique et archétypale du personnage.

B. L'alternance discours/récit

1. Effets de polyphonie

La voix du scripteur-narrateur (Usbek) alterne avec celle des personnages.

2. Variété des tons

Parole neutre du narrateur (absence de ponctuation expressive) ; parole émotive des personnages (ponctuation expressive et vocabulaire axiologique).

C. La stratégie comparatiste

1. Faire participer le lecteur

Le lecteur doit déduire les défauts du « grand seigneur » à partir de la liste des qualités persanes. Lecture participative.

2. Une leçon de relativisme culturel

L'évocation des mœurs persanes impose au lecteur une réflexion sur les valeurs européennes : sont-elle les meilleures ? L'homme occidental est-il bon ?

Conclusion

La lettre 74 des *Lettres persanes* montre que Montesquieu maîtrise art de convaincre et art de persuader. Dans l'orgueilleux, il condamne son mépris pour les autres et ses manières ostentatoires et égoïstes. À l'inverse du naturel et simple Persan, le grand seigneur de cour pose. Pour faire entendre sa condamnation de l'amour-propre, Montesquieu use de stratégies argumentatives efficaces : forme narrative de l'apologue, variété discursive et variété tonale font du discours d'Usbek une parole dynamique et plaisante. Nombreux sont les auteurs qui choisissent de recourir à la forme

CONVAINCRE...

de l'apologue : à l'image de Montesquieu, La Bruyère, dans ses *Caractères*, peint des figures exemplaires afin de stigmatiser les vices de son temps.

> DISSERTATION

Le·plan détaillé est rappelé entre crochets pour vous aider, mais il ne doit en aucun cas figurer sur votre copie. Il faudra donc soigner les introductions et les conclusions partielles ainsi que les transitions entre les différentes parties et sous-parties afin de guider le correcteur.

[Introduction]

Les textes argumentatifs n'ont qu'un but : avoir un impact sur le lecteur. De l'apologue au dialogue en passant par l'essai, les auteurs ont de nombreuses formes discursives à leur disposition pour argumenter. Il est donc légitime de s'interroger sur l'efficacité des différentes formes que peut prendre l'argumentation. Deux types d'argumentations s'affrontent : l'argumentation directe, qui expose frontalement une thèse, et l'argumentation indirecte, qui préfère recourir au discours narratif pour délivrer une leçon. De l'argumentation directe ou indirecte, quelle est donc la forme argumentative la plus apte à toucher le lecteur ? Nous dégagerons tout d'abord les atouts mais aussi les limites de l'argumentation directe, pour ensuite étudier ce qui fonde l'efficacité de l'argumentation indirecte.

[I – Argumenter directement présente de nombreux avantages]

[A. La clarté didactique]

Argumenter frontalement, c'est placer son discours sous le signe de la clarté. Pour le locuteur, il s'agit d'exposer sa thèse et de l'étayer, en s'appuyant sur des arguments et des exemples précis. Dans sa « Dixième Lettre sur le commerce », tirée des *Lettres philosophiques*, Voltaire fait l'éloge de la société anglaise. Sa thèse est claire : l'Angleterre est un modèle, que toute l'Europe devrait imiter ; son argument essentiel est précis, et formulé en début de texte : même les nobles travaillent en Angleterre et participent ainsi au développement de la nation (« Le cadet d'un pair du royaume ne dédaigne point le négoce. ») Pour illustrer le propos et le rendre concret, viennent ensuite les exemples : est cité le cas de « milord Towshend, ministre d'État », dont le frère « se contente d'être marchand dans la Cité ». L'organisation de la pensée est proche de la rigueur mathématique. La thèse est ferme et le lecteur ne peut qu'être séduit par cette franchise et ce parti pris affiché et assumé.

[B. Une écriture engagée]

À cette clarté didactique dans la structuration de la pensée, s'ajoute un ton assertif. Argumenter frontalement, c'est en effet s'engager. Ainsi, le locuteur n'hésite pas à s'impliquer personnellement dans son texte : Diderot, dans l'article « Cour » de *L'Encyclopédie*, recourt au pronom personnel de la première personne (« J'oserais »), à des verbes ou locutions modalisateurs (« oser ; Il n'est donc pas étonnant ») ainsi qu'à des termes évaluatifs (« grandeur empruntée ; vernis séduisant ; bassesse de l'orgueil ») afin de donner sa vision personnelle et subjective de la cour de France. La force du propos s'avère donc propre à emporter l'adhésion du lecteur. Face à tant de conviction, ce dernier ne peut rester indifférent et est conduit, (contraint ?) à se forger une opinion personnelle.

[C. Les limites de l'argumentation directe]

Si l'argumentation directe violente, elle peut aussi tomber dans l'écueil de la lourdeur démonstrative. L'amas de connecteurs logiques, le passage des arguments réfutés aux arguments étayés, peuvent rendre la réflexion laborieuse et indigeste. Dans son traité politique, intitulé *le Prince*, Machiavel analyse les différentes formes de gouvernements et définit ce qu'est un bon prince. Le présent de vérité générale et les tournures du type « il faut que », « un prince doit », place la réflexion sous le signe de l'abstraction. Trop théorique, l'argumentation directe peut donc rebuter le lecteur par son aridité formelle et échoue ainsi à intéresser ou à toucher.

[**Conclusion partielle et transition**] Si l'argumentation directe a le mérite de la clarté et de la force dans le ton, il faut admettre qu'elle peut décontenancer le lecteur par sa franchise ou sa lourdeur. Utiliser l'argumentation indirecte ne permet-il pas d'éviter ce double écueil ?

[II – Mais l'argumentation indirecte est plus efficace encore]

[A. L'argumentation indirecte, ou les mérites du récit]

Tout d'abord, l'argumentation indirecte présente un atout majeur : au lieu de développer un discours purement argumentatif, elle recourt le plus souvent au discours narratif, plus alerte, et donc plus apte à plaire au lecteur. Récit utopique, fable ou encore conte, nombreuses sont les formes dont un écrivain dispose pour rendre agréable une argumentation. La Bruyère use d'une forme tout à fait singulière : celle du caractère. À travers le portrait en situation d'un personnage, il dénonce les vices de son temps. Ainsi, lorsqu'il peint « un Pamphile », c'est pour condamner les gens « plein[s] » d'eux-mêmes, donc les orgueilleux. Le moraliste ne cesse d'accumuler les brèves séquences narratives afin de dynamiser le portrait :

CONVAINCRE...

tantôt voici Pamphile en compagnie d'« un seigneur », tantôt le voilà en compagnie d'un « homme d'esprit ». La Bruyère choisit également de faire alterner discours direct (« Vous ne faisiez pas hier semblant de nous voir ») et récit afin de créer une polyphonie, propre à ne pas lasser le lecteur. Nombreuses sont donc les stratégies déployées pour rendre vivant le blâme ou l'éloge. Les auteurs manient avec art les ressources du récit afin de rendre l'argumentation alerte et plaisante.

[B. Invitation à une lecture participative]

Recourir à une argumentation qui se sert du masque du récit, c'est inviter le lecteur à participer à la construction d'un sens. Il doit pratiquer une lecture intelligente et active du récit. Ainsi, dans l'apologue, il est invité à lever le voile de l'allégorie, et donc à effectuer un déchiffrage au niveau des personnages. Par exemple, dans les fables, il est contraint de voir, derrière les animaux, les vices humains qui sont moqués. Dans « le Loup et l'agneau », chaque animal a une valeur symbolique. Le loup, qui refuse le dialogue et dévore l'agneau « [s]ans autre forme de procès », incarne la force, le pouvoir arbitraire et violent. À l'inverse, l'agneau est l'image d'une personne raisonnable, pleine de bon sens et ouverte au dialogue. Par conséquent, sous le masque des animaux ou du merveilleux, s'écrit une vérité sur le monde des humains ; cette vérité, c'est au lecteur de la faire émerger.

[C. Les risques du récit à visée argumentative]

Choisir le récit pour convaincre apparaît donc comme une forme efficace d'argumentation puisque le lecteur s'instruit en s'amusant. Cependant, cette stratégie argumentative peut comporter des risques. En effet, le lecteur, puisqu'il est invité à construire le sens ultime du texte, peut échouer. Ainsi, dans le chapitre III du conte philosophique *Candide*, Voltaire dénonce la guerre. Au lieu de rédiger un véhément pamphlet contre ce qu'il appelle une « boucherie héroïque », le philosophe préfère user de l'ironie : les combattants arabes et bulgares sanguinaires sont appelés « héros », leurs désirs de viol sont qualifiés de « naturels ». Une lecture naïve, au premier degré, peut induire en erreur le lecteur : si ce dernier n'entend pas le registre ironique, il fera un contresens majeur sur le texte. Au lieu de voir en Voltaire un pacifiste, il en fera un ardent défenseur des combats. On voit donc que les argumentations indirectes sans thèse explicite sont susceptibles d'être mal comprises.

[**Conclusion partielle**] Malgré le risque que prend l'auteur, qui mise sur l'intelligence du lecteur, l'argumentation indirecte a plus de force que l'argumentation directe. En usant du voile du récit, elle réussit tout à la fois à plaire et à instruire.

[Conclusion]

Pour être efficace, une leçon ne doit pas être exhibée de façon trop explicite. Pour convaincre, mieux vaut illustrer son point de vue à travers une histoire que présenter directement ses arguments. Tout comme l'auteur de comédie au théâtre, celui qui se veut moraliste doit corriger en distrayant.

> ÉCRIT D'INVENTION

Il était une fois une jeune fille que ses parents, amoureux de la lointaine Amérique et de son rock'n'roll, avait prénommée Tina. Tina habitait la profonde Lozère : au grand désespoir de la jeune fille, seuls vaches, veaux et cochons venaient distraire ses week-ends ; nul beau prince, nul bal clinquant, nulle scène à enflammer. La semaine, Tina s'ennuyait sur les bancs de l'école : comment peut-on être professeur ? Passer sa journée à ennuyer de jeunes âmes, avides de paillettes et de strass et de célébrités ! Oui, Tina voulait être artiste et se voyait déjà en haut de l'affiche. Dans sa chambre, le soir, elle s'évadait en rêves : oui, elle voulait bien un dixième café ; oui, le coiffeur devait se dépêcher un peu ; non, elle n'irait pas chez Herbert, seuls les *has-been* s'y rendaient ; non, elle ne signerait pas d'autographes aux deux bellâtres qui faisaient le pied de grue devant se loge depuis deux heures, les paparazzis pourraient encore la piéger... Bref, Tina se rêvait star ! Prendre des cours de chant ! Trop peu pour elle ; elle pouvait bien s'entraîner seule ; à quoi bon travailler sa voix, elle était déjà si exceptionnelle ! C'étaient alors des heures interminables de karaoké sur des airs à la mode : un pas en avant, un pas en arrière, un déhanché à gauche, un déhanché à droite et puis encore un déhanché. Non vraiment, il fallait mettre un peu plus de rouge à lèvres, le public en voulait pour son argent. La tenue de scène : bleue, pailletée, décolletée, échancrée... le public en voulait pour son argent, c'était bien normal. Heureusement que Tina était soutenue par ses parents : jamais elle n'aurait réussi à tenir, à supporter les longues heures de répétition auxquelles elle s'astreignait sans leur soutien moral. Et que d'abnégation ! Pour elle, pour sa réussite à venir, pour sa future gloire, ils avaient fait des sacrifices : Maman lui donnait des cours de maquillage. « Il faut être jolie sans jamais être vulgaire », telle était sa devise. Papa lui apprenait à gérer sa fortune. « Ne rien donner aux associations caritatives, on ne sait jamais où va l'argent. » Pour elle, Maman avait arrêté de travailler ; pour elle, Papa avait ouvert un plan d'épargne, dont elle ne pourrait toucher les fruits qu'à sa majorité. Que de sueur, que de renoncements, que de travail... mais la célébrité a un prix, voilà ce que se répétaient Papa, Maman et Tina.

Enfin ce fut le grand soir ! Maman achetait des poireaux au supermarché quand soudain, ce fut comme une apparition : devant elle, une affiche annonçait une grande soirée d'auditions de stars en herbe. Conditions pour participer : savoir bouger, être maquillée, être souriante. Une petite note, en bas de l'affiche, rappelait qu'il était préférable de savoir chanter. Le sang de Maman ne fit qu'un tour lorsqu'elle lut : « Cette soirée exceptionnelle sera animée par Rikos de la chaîne Pop-pop ! Des dizaines de caméras seront présentes pour immortaliser la découverte du nouveau Johnny ! ». Rendez-vous compte, la télévision serait là et la star des stars, Rikos, en personne, serait là aussi. Ah la tête des voisins ! Ils en crèveront de jalousie : ils pouvaient bien se moquer de Papa et de Maman, c'est eux qui avaient eu raison. Rikos venaient à eux et à Tina pour les couronner, pour la couronner... Me voilà démuni : je ne sais quel mot utiliser pour relater la solennité qui entoura les préparatifs du soir. « Agitation » serait bien faible, « fébrilité » bien en deçà de la vérité ; non décidément ! la langue française n'est pas à la hauteur de l'événement. Passons-le sous silence : mes mots risqueraient de le profaner et de le souiller.

C'est donc le grand soir ! Rikos a revêtu son costume : ses dents brillent, ses cheveux brillent, ses chaussures brillent, sa ceinture brille. Tina ne tient plus en place : pourquoi attendre de longues heures ? Pourquoi perdre son temps à écouter les autres ? Pourquoi n'y a-t-il qu'une seule caméra ? Et toute petite en plus ! A-t-elle un zoom pour qu'on voie bien la couleur de mon rouge à lèvres ? Remets-m'en un peu Maman, la fille d'à côté en a plus que moi ! Dépêche-toi, cours à la loge, vite, j'ai besoin d'un mouchoir ! Mais tu veux vraiment tout faire rater ; tu n'as aucun sens du sacrifice ! Cesse de répéter ma chorégraphie, je la connais par cœur ; en plus, nous, les stars, il faut qu'on sache improviser. La mécanique de la répétition, ça ne prend pas, ça lasse le public. On lui doit bien ça au public, un peu de qualité. Tina est montée sur scène : elle ondule, un pas en avant, un pas en arrière, un déhanché à droite, un déhanché à gauche. Tiens, elle vient de se tromper dans les paroles de la chanson. Qu'importe ; son rouge à lèvres est impeccable ! Comme son bustier est bien coupé ; comme elle a eu raison de perdre 400 grammes, ses cuisses sont bien plus galbées et élancées ! Ça y est. C'est déjà fini. Bien sûr, Tina a un peu mélangé tous les mots en anglais ; bien sûr, Tina a fait quelques fausses notes, et alors ? Rikos lui sourit, Rikos s'approche d'elle, Rikos lui tend la joue, Rikos l'embrasse pour la congratuler ! Rikos lui dit qu'elle est une vraie princesse et qu'elle est une graine de star !

Comment ? Elle n'a pas gagné ! Comment ? Elle ne passera pas à la télé ! Comment ? Elle n'ira pas aux sélections parisiennes ! Mais, c'est un scandale, une honte ! Choisir Britney, la fille de l'épicier, et pas Tina, qui trime depuis des mois. Ces gens de la télé sont tous pourris, vendus ; on leur avait donné des consignes : il fallait que la gagnante soit brune. Tina est blonde ! Ne pleure pas ma chérie, tu es la meilleure ! C'est le lot de toute grande star de ne pas être comprise. Regarde Van Gogh, lui non plus quand il chantait, il n'était pas compris.

Séries STT-STI-STL-SMS, Sujet type

13 | LA PEINE DE MORT

| Objet d'étude : convaincre, persuader, délibérer

> CORPUS

1. V. HUGO, préface du *Dernier Jour d'un condamné*, 1829.
2. V. HUGO, « L'Échafaud », *La Légende des siècles*, 1859-1883.
3. H. de MONTHERLANT, *La Reine morte*, acte II, scène 1, 1942.

■ **Texte 1 :** Victor HUGO (1802-1885), *Le Dernier Jour d'un condamné*, préface, 1829

Ceux qui jugent et qui condamnent disent la peine de mort nécessaire.
D'abord – parce qu'il importe de retrancher de la communauté sociale
une membre qui lui a déjà nui et qui pourrait lui nuire encore. – S'il ne
s'agissait que de cela, la prison perpétuelle suffirait. À quoi bon la mort ?
5 Vous objectez qu'on peut échapper d'une prison ? Faites mieux votre
ronde. Si vous ne croyez pas à la solidité des barreaux de fer, comment osez-
vous avoir des ménageries ? Pas de bourreau où le geôlier suffit.
Mais, reprend-on – il faut que la société se venge, que la société punisse.
– Ni l'un, ni l'autre. Se venger est de l'individu, punir est de Dieu.
10 La société est entre deux. Le châtiment est au-dessus d'elle, la vengeance
au-dessous. Rien de si grand et de si petit ne lui sied. Elle ne doit pas « punir
pour se venger » ; elle doit *corriger pour améliorer.* Transformez de cette
façon la formule des criminalistes, nous la comprenons et nous y adhérons.
Reste la troisième et dernière raison, la théorie de l'exemple. – Il faut faire
15 des exemples ! Il faut épouvanter par le spectacle du sort réservé aux crimi-
nels ceux qui seraient tenter de les imiter ! – Voilà bien à peu près textuellement la phrase éternelle dont tous les réquisitoires des cinq cents parquets
de France ne sont que des variations plus ou moins sonores. Eh bien ! Nous
nions d'abord qu'il y ait exemple. Nous nions que le spectacle des supplices
20 produise l'effet qu'on en attend. Loin d'édifier le peuple, il le démoralise,
et ruine en lui toute sensibilité, partant toute vertu. Les preuves abondent,

et encombreraient notre raisonnement si nous voulions en citer. Nous signalerons pourtant un fait entre mille, parce qu'il est le plus récent. Au moment où nous écrivons, il n'y a que dix jours de date. Il est du 5 mars,
25 dernier jour du carnaval. À Saint-Pol, immédiatement après l'exécution d'un incendiaire nommé Louis Camus, une troupe de masques est venue danser autour de l'échafaud encore fumant. Faites donc des exemples ! Le Mardi gras vous rit au nez.

■ **Texte 2 :** Victor HUGO (1802-1885), « L'Échafaud »,
La Légende des siècles, 1859-1883

L'Échafaud

C'était fini. Splendide, étincelant, superbe.
Luisant sur la cité comme la faulx[1] sur l'herbe,
Large acier dont le jour faisait une clarté,
Ayant je ne sais quoi dans sa tranquillité
5 De l'éblouissement du triangle mystique[2],
Pareil à la lueur au fond d'un temple antique,
Le fatal couperet relevé triomphait.
Il n'avait rien gardé de ce qu'il avait fait
Qu'une petite tache imperceptible et rouge.

10 Le bourreau s'en était retourné dans son bouge[3] ;
Et la peine de mort, remmenant ses valets,
Juges, prêtres, était rentrée en son palais,
Avec son tombereau[4] terrible dont la roue,
Silencieuse, laisse un sillon dans la boue,
15 Qui se remplit de sang sitôt qu'elle a passé.

La foule disait : bien ! car l'homme est insensé,
Et ceux qui suivent tout, et dont c'est la manière,
Suivent même ce char et même cette ornière[5].

J'étais là. Je pensais. Le couchant empourprait
20 Le grave Hôtel de Ville[6] aux luttes toujours prêt,
Entre Hier qu'il médite et Demain dont il rêve.
L'échafaud achevait, resté seul sur la Grève,
La journée, en voyant expirer le soleil.

Le crépuscule vint, aux fantômes pareil.
25 Et j'étais toujours là, je regardais la hache,
La nuit, la ville immense et la petite tache.

À mesure qu'au fond du firmament obscur
L'obscurité croissait comme un effrayant mur,
L'échafaud, bloc hideux de charpentes funèbres,
30 S'emplissait de noirceur et devenait ténèbres ;
Les horloges sonnaient, non l'heure, mais le glas[7] ;
Et toujours, sur l'acier, quoique le coutelas
Ne fût plus qu'une forme épouvantable et sombre,
La rougeur de la tache apparaissait dans l'ombre.

35 Un astre, le premier qu'on aperçoit le soir,
Pendant que je songeais, montait dans le ciel noir.
Sa lumière rendait l'échafaud plus difforme.
L'astre se répétait dans le triangle énorme ;
Il y jetait ainsi qu'en un lac son reflet,
40 Lueur mystérieuse et sacrée ; il semblait
Que sur la hache horrible, aux meurtres coutumière,
L'astre laissait tomber sa larme de lumière.
Son rayon, comme un dard qui heurte et rebondit,
Frappait le fer d'un choc lumineux ; on eût dit
45 Qu'on voyait rejaillir l'étoile de la hache.
Comme un charbon tombant qui d'un feu se détache,
Il se répercutait dans ce miroir d'effroi ;
Sur la justice humaine et sur l'humaine loi
De l'éternité calme auguste éclaboussure.
50 Est-ce au ciel que ce fer a fait une blessure,
Pensai-je ? Sur qui donc frappe l'homme hagard ?
Quel est donc ton mystère, ô glaive ? – Et mon regard
Errait, ne voyant plus rien qu'à travers un voile,
De la goutte de sang à la goutte d'étoile.

1. *Faulx* (ou faux) outil, symbole de mort.
2. Le triangle, chez les pythagoriciens de l'Antiquité comme dans nombre de religions (christianisme, judaïsme) et chez les franc-maçons, est un symbole de perfection.
3. Logement sombre et sale.
4. Charrette servant au transport d'objets.
5. Trace que les roues des voitures creusent dans les chemins.
6. C'est en place de Grève, devant l'Hôtel de Ville, qu'avaient alors lieu les exécutions.
7. Cloche que l'on sonne pour annoncer la mort ou l'agonie.

■ **Texte 3 :** Henri DE MONTHERLANT (1895-1972), *La Reine morte*, II, 1, 1942

L'intrigue se déroule au Portugal au XVI⁰ siècle. Le roi Ferrante a décidé que son fils, Pedro, épouserait l'Infante de Navarre. Or, le jeune homme a déjà épousé en secret Inès de Castro.

EGAS COELHO

[…] Votre majesté nous demande notre avis. En notre âme et conscience, nous faisons le vœu que doña Inès ne puisse plus être à l'avenir une cause de trouble dans le royaume.

FERRANTE

Qu'elle soit emprisonnée ? exilée ?

EGAS COELHO

5   Qu'elle passe promptement de la justice du roi à la justice de Dieu.

FERRANTE

Quoi ! la faire mourir ! Quel excès incroyable ! Si je tue quelqu'un pour avoir aimé mon fils, que ferais-je donc à qui l'aurait haï ? Elle a rendu amour pour amour, et elle l'a fait avec mon consentement. L'amour payé par la mort ! Il y aurait grande injustice.

EGAS COELHO

10   L'injustice, c'est de ne pas infliger un châtiment mérité.

ALVAR GONÇALVÈS

Et les offenses publiques ne supportent pas de pardon.

FERRANTE

Le Prince et Inès sont également coupables. Mais Inès seule serait tuée !

ALVAR GONÇALVÈS

Tacite[1] écrit : « Tous deux étaient coupables. Cumanus seul fut exécuté, et tout rentra dans l'ordre. »

FERRANTE

15   N'est-ce pas cruauté affreuse, que tuer qu'il n'a pas eu de torts ?

ALVAR GONÇALVÈS

Des torts ! Elle en a été l'occasion.

EGAS COELHO

Quand une telle décision ne vient pas d'un mouvement de colère, mais du conseil de la raison, elle n'est pas une cruauté, mais une justice.

FERRANTE

Oh ! l'impossible position de la raison et de la justice !

EGAS COELHO

20 D'ailleurs, y aurait-il ici injustice, la création de Dieu est un monceau d'innombrables injustices. La société des hommes aurait-elle l'orgueil infernal de prétendre être plus parfaite ?

FERRANTE

Je suis prêt à mettre doña Inès dans un monastère.

EGAS COELHO

Dont le Prince, en prison ou non, l'aura fait enlever avant trois mois.

FERRANTE

25 Je puis l'exiler.

EGAS COELHO

Où elle sera, elle sera un foyer de sédition². Le Prince groupera autour d'elle tous vos ennemis. Ils attendront votre mort, ou peut-être la hâteront, puisqu'il suffit de cette mort pour qu'Inès règne. Non : tout ou rien. Ou le pardon avec ses folles conséquences, ou la mort.

ALVAR GONÇALVÈS

30 Sans compter que – monastère ou exil – on penserait que Votre Majesté, a eu peur de verser le sang. Ce qui conviendrait mal à l'idée qu'on doit se faire d'un roi.

FERRANTE

Si j'étais homme à me vanter du sang que j'ai répandu, je rappellerais que j'en ai fait couler assez, dans les guerres et ailleurs.

EGAS COELHO

35 Le sang versé dans les guerres ne compte pas.

FERRANTE

J'ai dit : et ailleurs. Il me semble que, sous mon règne, les exécutions n'ont pas manqué.

EGAS COELHO

On dira, que, ce coup, vous avez bien osé tuer un ministre de Dieu ; mais non une femme, seulement parce que femme.

FERRANTE

40 La nature ne se révolte-t-elle pas, à l'idée qu'on ôte la vie à qui la donne ? Et doña Inès, de surcroît, est une femme bien aimable.

ALVAR GONÇALVÈS

D'innombrables femmes sont aimables.

EGAS COELHO

Plus d'un monarque a sacrifié au bien de l'État son propre enfant, c'est-à-dire ce qu'il y avait de plus aimable pour lui, et Votre Majesté hésiterait à 45 sacrifié une étrangère, une bâtarde qui a détourné votre fils de tout ce qu'il doit à son peuple et à Dieu ! Mais la question est encore plus haute. Des centaines de milliers d'hommes de ce peuple sont morts pour que les Africains ne prennent pas pied au Portugal. Et vous seriez arrêté par la mort d'un seul être !

FERRANTE

Il n'y a pas de proportion !

EGAS COELHO

50 Non, en effet il n'y a pas de proportion ! et ce sont toujours les hommes qui sont tués, jamais les femmes : cela n'est pas juste. Bien plus, à égalité de crime devant la loi, une femme n'est pas tuée : cela n'est pas juste. Une femme, par sa trahison, livre l'armée : elle est emprisonnée à vie, et s'accommodant peu à peu, puisqu'il est dans la nature que tout ce qui dure 55 se relâche, elle en vient à tirer une vie qui n'est pas dénuée de tout agrément. Mais un homme, pour le même forfait, est retranché d'un coup. Si doña Inès vous disait : « Pourquoi me tuez-vous ? », Votre Majesté pourrait lui répondre : « Pourquoi ne vous tuerais-je pas ? »

FERRANTE

Je ne puis croire que la postérité me reproche de n'avoir pas faire 60 mourir une femme qui est innocente quasiment.

EGAS COELHO

La postérité appellerait cet acte une clémence, s'ils se plaçait dans une suite d'actes énergiques. Dans le cas présent, elle l'appellera faiblesse.

© Éditions Gallimard

1. *Tacite :* historien latin (55-120 apr. J.-C.).
2. Trouble, révolte contre l'ordre établi.

> QUESTIONS [6 pts]

1. Identifiez le registre dominant dans chaque extrait. Vous justifierez votre réponse.   **[3 pts]**
2. Quelle est la thèse défendue dans chacun de ces trois extraits ? Vous la reformulerez brièvement et justifierez votre réponse.   **[3 pts]**

> TRAVAIL D'ÉCRITURE [14 pts]

I – Commentaire

Vous commenterez « L'Échafaud » de Victor Hugo (texte 2) à partir du parcours de lecture suivant :
– vous étudierez l'image de l'échafaud dans le poème ;
– vous étudierez l'image du poète dans le texte (rapport à la foule, présence dans le poème).

II – Dissertation

La littérature doit-elle se mêler de politique ?
Pour répondre à cette question, vous vous appuierez sur les textes du corpus, sur ceux que vous avez vus en cours et sur votre culture personnelle.

III – Écrit d'invention

Vous êtes responsable d'une organisation de défense des droits de l'homme. Apprenant qu'une femme, condamnée à mort pour adultère, doit être lapidée, vous écrivez une lettre ouverte dans la presse pour dénoncer la barbarie de cette pratique, et plus généralement la peine de mort. Rédigez cette lettre. Elle devra faire au moins deux pages.

CONVAINCRE...

COUP de POUCE

ANALYSE DU CORPUS

Le corpus est composé de trois textes d'époques et de genres différents. Deux textes sont signés Victor Hugo et datent du XIXᵉ siècle. Le premier extrait est un essai, tiré de la préface du *Dernier Jour d'un condamné*. Le second texte est un poème narratif en alexandrins qui s'intitule « L'Échafaud ». Le troisième texte du corpus est un extrait de la pièce de théâtre *la Reine morte* de Henri de Montherlant. Il met en scène un dialogue argumentatif entre un roi et deux de ses conseillers à propos du sort à réserver à Inès de Castro. Un point commun réunit nos trois textes : ils proposent tous une réflexion sur la peine de mort.

QUESTIONS

1. La première question porte sur les registres. À vous de bien les connaître et de justifier votre réponse rigoureusement. Notez que l'on ne vous demande que le registre dominant dans chaque extrait (texte 1 : polémique ; texte 2 : fantastique ; texte 3 : pathétique). Veillez donc à être concis ; la question ne vaut que trois points !

> **Mémo** *Le registre fantastique*
>
> *Un texte relève du registre fantastique quand il suscite la peur ou l'inquiétude du lecteur. Les principaux procédés employés sont :*
> *– un cadre spatio-temporel inquiétant (lumière crépusculaire, paysages désolés) ;*
> *– des personnages inquiétants (fantômes, vampires, sorcières…) ;*
> *– des événements inquiétants (intrusion inattendue d'un événement bizarre dans le monde quotidien) ;*
> *– le champ lexical de la peur.*

2. La seconde question ne doit pas vous poser de problème. Elle vérifie une connaissance technique de base (il faut savoir que la thèse est l'idée défendue dans un texte) et votre capacité de reformulation. Les deux extraits hugoliens condamnent la peine de mort ; dans le texte de Montherlant (texte 3), il faut évoquer les différents points de vue qui apparaissent dans le dialogue argumentatif.

TRAVAIL D'ÉCRITURE

■ Commentaire

Deux axes de lecture vous sont proposés. Le premier vous invite à étudier « l'image de l'échafaud » dans le poème. La première question vous guide dans votre analyse. En effet, vous aurez repéré que le registre dominant était le registre fantastique, ce qui vous met sur la piste d'une transfiguration inquiétante de l'échafaud. De plus, n'oubliez pas que le poème a une visée argumentative : il est une dénonciation de la peine de mort (voir question 2) : on peut donc s'attendre à voir apparaître une image fortement péjorative de la guillotine. Le deuxième axe vous invite à réfléchir sur la position et la voix du poète dans le texte. Un plan de la partie vous est suggéré : il vous faut étudier d'abord le rapport du poète à la foule ainsi que les marques de son jugement, de son implication dans le poème.

Plan du commentaire
I – Un échafaud terrifiant
II – Un poète seul contre tous

■ Dissertation

La dissertation porte sur les fonctions de la littérature puisqu'on vous demande si elle « doit se mêler de politique ».
– Mots clés : « la littérature », le champ d'application du sujet est vaste, vous pouvez puiser vos exemples dans tout type de texte ; « doit-elle », est-ce sa fonction première ? un devoir moral ? a-t-elle un rôle à jouer dans la cité ? ; « politique », littérature engagée, littérature polémique, défendre ses idées.
– Type de sujet : le sujet est une question qui dissimule une affirmation (type 3).
– Reformulation de la thèse : la littérature doit être engagée.
– Formulation de la problématique : la fonction première de la littérature est-elle d'être engagée ou doit-elle remplir d'autres fonctions ? lyrique ? esthétique ?

Plan de la dissertation
I – Certes, la littérature doit être engagée…
II – …mais elle a aussi le devoir de révéler des sentiments
III – Elle a surtout le devoir de divertir et de plaire

■ Écrit d'invention

L'intitulé est simple mais contient de nombreuses informations, il est donc impératif d'établir la « feuille de route » avant de commencer.
– Forme : lettre ouverte (apostrophe initiale, formule de prise de congé, signature).
– Situation d'énonciation : qui parle ? vous (« je ») ; à qui ? aux lecteurs du journal dans lequel vous faites publier l'article (« vous ») ; de quoi ? de la barbarie de la pratique de la lapidation et plus généralement de la peine de mort ; quand ? de nos jours.
– Registre : polémique puisque vous condamnez violemment la lapidation et plus généralement la peine de mort.
– Arguments : vous êtes scandalisé(e) par la condamnation à mort de cette femme car : 1) la lapidation est une pratique barbare ; 2) la condamnation pour adultère est une pratique sexiste ; 3) la peine de mort repose sur le principe du talion et est donc une pratique archaïque ; 4) la peine de mort n'a aucune valeur exemplaire.

CONVAINCRE…

13 CORRIGÉ

> QUESTIONS

1. Le premier texte, issu de la préface du *Dernier Jour d'un condamné* de Hugo, relève du registre polémique. En effet, Victor Hugo prend violemment à parti les partisans de la peine de mort. On note qu'il les apostrophe directement (« Vous objectez », l. 5) ou les interpelle par le biais de questions oratoires (« comment osez-vous avoir des ménageries ? », l. 6, 7) comme pour les mettre en accusation. De plus, les termes employés pour désigner la position des partisans de la peine capitale sont ironiques et péjoratifs (« Voilà bien à peu près textuellement la phrase éternelle » ; « Le Mardi gras vous rit au nez »). Le locuteur s'implique fortement en faveur de l'abolition de la peine de mort : le pronom personnel de la première personne du pluriel (« Nous nions », l. 18, 19) ainsi que les verbes modalisateurs (« osez-vous ; ne doit pas ; adhérons ; nions ») soulignent sa prise de position. La ponctuation expressive (« Il faut faire des exemples ! ») marque sa virulence et son indignation face aux exécutions capitales.

Dans le second texte de Hugo, le poème intitulé « L'échafaud », le registre dominant est le registre fantastique. En effet, on assiste à une transfiguration inquiétante de la guillotine. La scène se passe la nuit (« Le couchant empourprait, crépuscule […] aux fantômes pareil, firmament obscur, obscurité ») ; l'échafaud se métamorphose au fil du texte : d'objet esthétique (« Splendide, étincelant, superbe »), il devient monstre « difforme » (« une forme épouvantable et sombre, bloc hideux, hache horrible, miroir d'effroi »). Enfin, de nombreux termes désignent l'horreur du spectacle et la mort et visent à susciter la peur (« faux, fatal couperet, terrible, effrayant, énorme, horrible, effroi »). Ainsi, le lecteur est saisi d'effroi à l'évocation de l'échafaud.

Enfin, le texte de Montherlant est pathétique, puisque le spectateur est pris de pitié pour ce roi saisi par le doute. Le trouble du roi Ferrante croît tout au long de la scène. On relève une abondance de questions rhétoriques (« que ferai-je donc à qui l'aurait haï ? ») ainsi que des phrases exclamatives (« La faire mourir ! Quel excès effroyable ! ») qui soulignent l'agitation et l'inquiétude royales. Il prend en pitié Inès de Castro, l'amante de son fils, et est torturé à l'idée de la faire souffrir (« L'amour payé par la mort ! Il y aurait grande injustice » ; « N'est-ce pas une cruauté affreuse, que tuer qui n'a pas eu de torts ? »).

Dans ces différents extraits, on relève donc des registres variés.

2. La thèse défendue dans les trois extraits est la même : la peine de mort est condamnable et ne doit pas être appliquée.

Dans la préface du *Dernier Jour d'un condamné*, la thèse est implicite et se déduit de la lecture de l'ensemble du texte. Les adversaires de Hugo voient la peine de mort comme le moyen d'éliminer les sujets déviants de la société. Elle s'impose à eux comme une nécessité (« Ceux qui jugent et qui condamnent disent la peine de mort nécessaire »). L'auteur soutient, au contraire, qu'il ne faut pas recourir à la peine de mort. À l'inverse de ses adversaires, il ne la juge pas nécessaire.

Dans le poème « L'échafaud », la thèse est aussi implicite. On comprend que le poète réprouve la peine capitale car il peint la guillotine de manière continûment péjorative (« fatal couperet, bloc hideux, forme épouvantable, difforme, hache horrible »).

Enfin, dans le dialogue théâtral de Montherlant, deux points de vue antagonistes se font entendre. Celui du ministre et du conseiller royal, qui soutiennent que la peine de mort doit être appliquée à l'encontre d'Inès de Castro (« Qu'elle passe promptement de la justice du roi à la justice de Dieu »), et celui du roi, qui réprouve le châtiment capital (« Quoi ! La faire mourir ! Quel excès effroyable ! »).

Les deux textes hugoliens font donc entendre une réprobation de la peine capitale. Dans le texte de Montherlant, on ne sait pas qui va l'emporter des conseillers ou du roi.

> **COMMENTAIRE**

Le plan détaillé est rappelé entre crochets pour vous aider, mais il ne doit en aucun cas figurer sur votre copie. Il faudra donc soigner les introductions et les conclusions partielles ainsi que les transitions entre les différentes parties et sous-parties afin de guider le correcteur.

[Introduction]

Victor Hugo publie, entre 1859 et 1883 *la Légende des siècles*, vaste œuvre poétique qui montre une foi en le progrès de l'humanité : elle marche vers la sagesse et la liberté, grâce à l'intelligence et à la science. Le poème « L'échafaud », composé en alexandrins, est un poème argumentatif, qui dénonce de façon implicite l'atrocité de la peine capitale. Dans un premier temps, nous montrerons que l'échafaud est présenté de façon terrifiante dans le poème, puis nous verrons que le poète apparaît comme une figure isolée : seul contre tous, sa voix résonne et tonne pour condamner la peine de mort.

[I – Un échafaud terrifiant]

[A. Un cadre spatio-temporel inquiétant]

L'échafaud est représenté dans un cadre spatio-temporel inquiétant. Un lexique de la lumière (« Luisant ; acier ; clarté ») ouvre le poème et souligne l'éclat de la guillotine. Peu à peu, à cette atmosphère diurne vient se substituer une atmosphère vespérale. En effet, à partir du vers 19, les « ténèbres » envahissent l'espace et un abondant champ lexical de l'obscurité apparaît (« couchant ; crépuscule ; nuit ; obscurité ; noirceur ; soir ; ciel noir »). Le lieu du supplice est plongé dans une noirceur propice à susciter l'effroi. De plus, le cadre dans lequel évolue le poète est peu rassurant : avec la tombée de la nuit, la place de Grève se dépeuple. Une antithèse se lit entre l'expression « La foule » (v. 16) et le pronom personnel singulier « je » (v. 19). Le poète se retrouve seul, dans un face à face nocturne avec l'échafaud.

[B. La métamorphose de l'échafaud]

L'image de l'échafaud évolue au fil du poème. D'objet esthétique, la guillotine se métamorphose progressivement en objet « hideux » et monstrueux. Ainsi, au début du poème, les qualificatifs sont mélioratifs : trois adjectifs positifs « Splendide, étincelant, superbe » sont énumérés dans le premier vers et disent le rayonnement de la guillotine. À la tombée de la nuit, l'échafaud se métamorphose en monstre. Les termes pour le désigner sont propres à susciter l'angoisse. Le terme « hache » est évoqué à deux reprises (v. 25 et v. 45). On note que les deux fois, le terme est à la rime, donc mis en valeur. La guillotine devient un « bloc hideux », « une forme épouvantable », un objet « difforme » et « énorme », un terrible « miroir d'effroi ». Ces qualifications relèvent du registre fantastique : on a l'impression que l'échafaud s'anime et se transforme en monstre assoiffé de sang.

[C. La guillotine : un monstre sanguinaire]

La peine de mort est personnifiée : elle a des « valets » (v. 11) et devient sujet de verbes d'action (« était rentrée », v. 12 ; « remmenant », v. 11 ; « a passé », v. 15). Tel un ogre, elle se repaît de sang. Ainsi, la couleur rouge du sang (« rouge ; sang ; petite tache ; rougeur ; goutte de sang ») vient faire « tache » sur le noir du soir. De plus, la guillotine est comparée à la mort (vers 2 : « comme la faulx sur l'herbe ») et devient symbole de désolation. Puisque la mort frappe tout homme, le lecteur se sent menacé par cet échafaud « énorme » et ne peut qu'être saisi d'« effroi ».

[**Conclusion partielle et transition**] Le poème opère donc une transfiguration fantastique de l'échafaud : d'objet esthétique et lumineux, il devient une hache sanguinaire. Ce glissement, d'une image méliorative à une image péjorative, souligne bien la visée argumentative du poème : la peine de mort y est condamnée par la voix du poète.

[II – Un poète seul contre tous]

[A. Le poète et la foule]

La voix du poète se dessine comme une voix solitaire. Le poète se définit tout d'abord dans son opposition au peuple. Ainsi, l'antagonisme se lit dans l'opposition entre un terme à valeur généralisante et collective « foule » (v. 16) et le singulier du pronom personnel « je », qui dit la spécificité et l'isolement du poète. Isolé, le poète l'est physiquement et moralement. Physiquement, car il est seul en place de Grève après le supplice. Moralement, car il ne partage pas les pensées criminelles du peuple. Aux vers 16 et 17, la foule a la parole, par le biais du discours direct, et acclame le supplice (« bien ! », v. 16). Cette satisfaction n'est pas ressentie par le poète. Il utilise le terme péjoratif « insensé » (v. 16) pour montrer qu'il réprouve l'homme qui se délecte du spectacle de la peine capitale. Le démonstratif « ceux qui » souligne que le locuteur s'exclut de ce groupe sanguinaire, en mal de sensations (« Et ceux qui suivent tout […] / Suivent même ce char et même cette ornière »). Seul contre tous, le poète ne goûte pas ces délices mortifères.

[B. Un poète témoin et juge]

Isolé, le poète se peint en témoin privilégié. La présence physique du poète est soulignée à plusieurs reprises. L'expression « J'étais là » (v. 19 et 25) et le verbe « regard[er] » (v. 25) montrent que le poète est un spectateur attentif de la scène. Mais attentif ne signifie pas passif. À cette attitude contemplative vient se substituer une attitude plus critique. En effet, le témoin s'engage dans le poème. Les verbes d'opinion (« pensais, songeais, pensai-je ») soulignent la perplexité du poète face aux exécutions ; le lexique est subjectif : seuls des termes péjoratifs (« hideux ; épouvantable ; difforme ; horrible ») viennent peindre l'échafaud et disent la réprobation. Cette dernière se fait également entendre dans le recours à l'ironie. L'expression hyperbolique « auguste éclaboussure » (v. 49) ainsi que l'apostrophe laudative « ô glaive » (v. 52) marquent la dérision. Ces termes nobles, associés d'habitude à l'épique, sonnent ici faux. Nul triomphe glorieux pour l'échafaud mais seulement des « meurtres » horribles.

CONVAINCRE...

[C. Un poète pessimiste ?]

Le poème s'achève ainsi sur un combat entre l'étoile et l'échafaud, entre la raison et le sang. Un lexique guerrier (« heurte ; Frappait le fer ; choc ; fer ; glaive ; frappe ») donne au texte une dimension épique. Le poète appelle de ses vœux une victoire de la raison, c'est finalement l'échafaud qui l'emporte (« Est-ce au ciel que ce fer a fait une blessure. », v. 50). Si le « ciel » est « bless[é] », le poète, son porte-parole, ne voit plus qu'« à travers un voile ». Ainsi, la loi des hommes triomphe d'une loi plus sage. Le couple rimique « humaine loi / effroi » (v. 47-48) dit l'échec de la voix céleste et le triomphe de la sanguinaire voix terrestre. C'est donc aussi le progrès qu'on guillotine. Cependant, ce pessimisme final doit être nuancé : on notera en effet que l'esprit et le poète ont été atteints par des « blessures » mais ne sont pas morts ; on notera aussi que le poème s'achève sur le mot « étoile ». Ce final dit l'espoir, l'espoir de voir briller l'astre dans le ciel humain, qui pour le moment reste « voil[é] ».

[**Conclusion partielle**] Le poète apparaît donc comme un mage visionnaire : porte-parole du ciel, il aspire au triomphe de la raison, c'est-à-dire à l'abolition de la peine de mort.

[Conclusion]

« L'Échafaud » est un poème argumentatif : il dénonce, à travers les déambulations d'un poète-spectateur, la barbarie de la peine capitale. Monstre hideux et difforme, l'échafaud couvre la société d'une voile noir. Hugo s'est battu durant toute son existence pour que la peine de mort soit abolie. Dans *le Dernier Jour d'un condamné*, il peignait déjà les souffrances infligées à un homme condamné… Il faudra attendre 1981 pour que la peine de mort soit abolie en France.

> DISSERTATION (plan détaillé)

Introduction

« L'écrivain est toujours de son temps » affirmait Jean-Paul Sartre dans *Situations*. Pour lui, la littérature se devait d'être engagement et d'assumer une fonction critique. La littérature doit-elle donc se mêler de politique ? Doit-elle parler des affaires de la cité et donc être engagée, ou doit-elle assumer d'autres fonctions plus primordiales ? Dans un premier temps, nous verrons que l'écrivain a un devoir d'engagement, pour ensuite montrer que la littérature doit aussi être révélation de sentiments et enfin source de plaisir et de divertissement pour le lecteur.

I – Certes, la littérature doit être engagée...

1. Elle doit traiter des problèmes de société

a. L'écrivain parle de la société dans laquelle il vit

Il peint les problèmes sociaux afin de sensibiliser les lecteurs. Ex. : Zola, dans *Germinal*, décrit les conditions de vie des mineurs du nord de la France à la fin du XIXe siècle.

b. L'écrivain parle de sociétés étrangères

Il fait découvrir d'autres cultures et d'autres modes de fonctionnement sociaux afin que le lecteur puisse établir des comparaisons. Ex. : Voltaire, *Lettres sur le Parlement* (comparaison des systèmes politiques anglais et français).

2. Elle doit éclairer les hommes

a. L'écrivain juge

L'écrivain prend position et ne reste pas dans la neutralité. Ex. : Voltaire dénonce l'intolérance religieuse en prenant la défense de Calas.

b. L'écrivain prophète

L'écrivain est un guide, dont le point de vue peut réveiller les consciences et inviter à l'action. Ex. : Hugo, dans *les Châtiments*, invite le peuple français à se rebeller contre l'ordre impérial.

3. Elle doit faire progresser la société

a. L'écrivain contribue au débat d'idées

L'écrivain doit avoir une influence sur l'établissement des lois. Ex. : Beccaria, Voltaire, Hugo ont contribué par leurs écrits à l'abolition de la peine de mort.

b. L'écrivain participe à la vie politique

Ex. : Lamartine fut député républicain.

II – ... mais elle a aussi le devoir de parler du cœur humain

A. L'écrivain est un analyste du cœur humain

1. La littérature prend pour objet d'étude l'homme

Elle analyse ses comportements, ses vices ou ses vertus. Ex. : les *Maximes* de La Rochefoucauld répertorient les vices humains.

2. Le lecteur peut donc se corriger

La littérature a alors une fonction moralisatrice : elle permet à l'homme d'être meilleur. Ex. : « Le corbeau et le renard » de La Fontaine met en garde le lecteur contre l'orgueil.

CONVAINCRE...

B. L'écrivain parle de ses sentiments

1. La littérature lyrique

Elle est introspective et centrée sur l'analyse de sentiments personnels et intimes. Ex. : *les Regrets* de Du Bellay disent la nostalgie du poète pour sa terre natale.

2. La littérature autobiographique

Ex. : les *Confessions* de Rousseau sont une autobiographie, dans laquelle Rousseau étudie sa personnalité.

C. Le lecteur approfondit sa connaissance de soi

1. Les expériences relatées sont universelles

Ex. : Hugo, dans *les Contemplations*, parle de la perte de sa fille Léopoldine.

2. Le lecteur peut donc s'identifier

Le lecteur s'identifier donc se connaît mieux et analyse ses propres sentiments. Ex. : les *Amours* de Ronsard chantent une passion amoureuse intense.

III – Elle a surtout le devoir de divertir et de plaire

A. L'écrivain doit favoriser l'évasion

1. Paysages exotiques

Le lecteur découvre des paysages exotiques ou imaginaires. Ex. : les poèmes du recueil *Images à Crusoé* de Saint-John Perse peignent une nature tropicale et luxuriante.

2. Intrigues insolites

Les histoires ne visent pas forcément au réalisme mais campent un univers insolite, loin des préoccupations quotidiennes. Ex. : dans *Dracula* de Bram Stoker, le héros-éponyme est un vampire.

3. Formes exotiques

Des formes innovantes doivent faire rêver le lecteur. Ex. : les *Calligrammes* de Apollinaire.

B. L'écrivain doit séduire le lecteur

1. Par l'originalité de son travail

Ex. : Ponge compose, dans le recueil *le Parti pris* des choses, des poèmes en prose sur une huître ou un caillou.

2. Par la beauté de son écriture

Le travail sur la forme est primordial : l'œuvre est un bijou. L'écrivain est un alchimiste qui transforme la « boue » en « or ». Ex. : Victor Hugo, dans

« L'Échafaud », use d'alexandrins, de rimes suivies et d'images fantastiques pour décrire une guillotine.

[Conclusion]

La littérature peut donc avoir de multiples fonctions : elle a le droit, et plus encore le devoir, d'être politique, engagée afin de dénoncer les injustices sociales et de les corriger. Elle se doit d'aider à la connaissance du cœur humain et à l'épanouissement de l'homme. Ainsi, la force de la littérature réside dans sa variété. Protéiforme, elle peut toucher de façon universelle.

> ÉCRIT D'INVENTION

Paris, le 12 juillet 2003

Courrier des lecteurs de « Notre Monde »

J'ai honte !

Laissez-moi vous raconter une histoire. Une femme, appelons-la Roxane, est la favorite du sultan. Elle règne en maître sur son cœur et son sérail. Elle prend un amant parce qu'elle ne supporte plus d'être un jouet manipulé ; elle veut aimer selon son cœur. Le sultan la soupçonne, la surprend et la condamne à mort. « Lapidée ! Tu seras lapidée ! ». Si ce conte oriental n'était que fiction, mon récit serait plaisant : mais aujourd'hui, on condamne toujours à mort des femmes adultères.

Samira doit être lapidée, Samira va être lapidée. Pourquoi ? Parce qu'elle a commis le crime d'aimer. Parce qu'elle a refusé la loi des hommes. Mariée de force à 15 ans, mère à 16 ans, répudiée à 18 ans, elle n'a jamais eu le moindre droit d'infléchir sa destinée, mais elle a toujours eu le devoir de se soumettre. Se soumettre au père d'abord, puis au mari. Samira a eu le courage de dire non. Elle a pris un amant, elle l'a aimé. Samira va mourir pour avoir voulu être libre. Condamner à mort une femme pour adultère est non seulement une pratique atroce, mais c'est aussi une pratique sexiste d'un autre âge. Lapider une femme ! Quel barbare osera lui jeter la première pierre ? Imaginez-vous l'horreur de la situation : voilà cette femme, dont seul le buste dépasse de terre, attachée, liée, attendant son supplice. Elle mourra dans des souffrances atroces : une pierre, puis deux, puis trois… Lentement, elle commencera à saigner, lentement elle commencera à avoir un voile devant les yeux, lentement, elle perdra connaissance sous l'effet d'une douleur devenue insoutenable, lentement, elle mourra ! Et les pierres ne seront pas ses seuls bourreaux : les quolibets, les insultes, les crachats des vertueux spectateurs berceront son agonie. « Mauvaise femme ! Tu dois être fidèle à ton mari ! » ; « Sale putain, tu as souillé le nom de ta famille ! » seront les derniers mots que ses oreilles recevront. Mots de haine, mots d'une violence extrême, mots du Moyen Âge. Et les hommes riront, et les femmes souhaiteront, silencieusement, ne jamais finir comme Samira. Peut-être admireront-elles tout de même son courage. Mais la loi des hommes, la loi des maris aura triomphé. Eux ont le droit d'aimer, eux ont droit au plaisir, eux ont le droit de tuer. Mais les femmes, jamais ! Quand cette armée de femmes esclaves se réveillera-t-elle ? Quand pourra-t-elle enfin briser cet ordre archaïque et sexiste ? Nous, femmes de tous les pays, nous devons nous battre pour que cet ordre des choses change. Il n'y a pas de fatalité : tout se conquiert par le combat. Mais nos armes ne sont pas les pierres, nos armes sont les mots, la douceur et la raison. Nos armes doivent faire céder la force brute afin que le Progrès continue sa marche.

C'est donc non seulement pour la libération de la femme qu'il faut se battre, mais aussi pour l'abolition de la peine de mort. L'accepter, c'est accepter que la loi du talion régisse des sociétés. « Œil pour œil, dent pour dent », dit la Bible. Mais elle dit aussi « Tu ne tueras point ». Le talion, c'est le triomphe de l'instinct, c'est le triomphe d'une nature primaire sur la loi raisonnable. Qu'est-ce que le progrès, sinon une lutte perpétuelle contre la nature ? La loi n'a pas vocation à imiter ou reproduire la nature. Elle est faite pour la corriger. La peine de mort est donc un crime contre la justice, elle est un crime contre l'esprit humain. Le cas de Samira est plus absurde encore : elle n'a commis aucun crime, sinon celui d'aimer, de vouloir exister. Ce n'est même pas la loi du talion qui s'applique contre Samira, c'est la loi des mâles.

Si la peine de mort avait au moins une efficacité ! Si elle avait la vertu d'éradiquer le vice, peut-être serait-elle un mal nécessaire. Mais la peine de mort n'a jamais dissuadé aucun criminel ! Prenez les chiffres : si vous comparez le taux de criminalité de pays qui ont aboli la peine de mort et ceux qui ne l'ont pas abolie, nulle différence. Nul effet dissuasif pour ce crime organisé. Le meurtre semble appeler le meurtre. Comment réprouver le crime si la société elle-même le pratique ? Non, la peine de mort n'a décidément aucune valeur exemplaire. Elle est donc obsolète et inutile. C'est à son abolition universelle que nous devons aboutir, c'est pour son éradication totale que nous devons lutter.

J'ai pris ma plume pour une épée, j'ai eu la faiblesse de croire que mes mots pouvaient être salvateurs. Je fais maintenant le rêve que Samira soit sauvée !

Sujets non corrigés

NON CORRIGÉ Séries STT-STI-STL-SMS, Polynésie, juin 2004

14 LE DISCOURS AU SERVICE DE L'ARGUMENTATION

| Objet d'étude : convaincre, persuader, délibérer

> CORPUS

1. MIRABEAU, « Sur la banqueroute », 1789.
2. DANTON, « Appel à l'Assemblée législative », 1792.
3. A. MALRAUX, « Commémoration de la libération de Paris », 1958.
4. Ch. DE GAULLE, « Allocution télévisée », 1969.

■ Texte 1 : MIRABEAU, « Sur la banqueroute », 1789

Mirabeau, dans un discours devant l'Assemblée des députés, plaide pour que chaque citoyen contribue à combler le déficit du budget de l'État.

Mes amis, écoutez un mot, un seul mot. Deux siècles de déprédations et de brigandage ont creusé le gouffre où le royaume est près de s'engloutir. Il faut le combler ce gouffre effroyable ! eh bien, voici la liste des propriétaires français ! Choisissez parmi les plus riches, afin de sacrifier moins de
5 citoyens ; mais choisissez ; car ne faut-il pas qu'un petit nombre périsse pour sauver la masse du peuple ? Allons, ces deux mille notables possèdent de quoi combler le déficit. Ramenez l'ordre dans vos finances, la paix et la prospérité dans le royaume… Frappez, immolez sans pitié ces tristes victimes ! Précipitez-les dans l'abîme ! il va se refermer… vous reculez d'horreur…
10 Hommes inconséquents ! hommes pusillanimes[1] ! Eh ! ne voyez-vous donc pas qu'en décrétant la banqueroute[2], ou, ce qui est plus odieux encore, en la rendant inévitable sans la décréter, vous vous souillez d'un acte mille fois

plus criminel, car enfin cet horrible sacrifice ferait du moins disparaître le déficit. Mais croyez-vous, parce que vous n'avez pas payé, que vous ne
15 devrez plus rien ? Croyez-vous que les milliers, les millions d'hommes qui perdront en un instant, par l'explosion terrible ou par ses contrecoups, tout ce qui faisait la consolation de leur vie, et peut-être leur unique moyen de la sustenter[3], vous laisseront paisiblement jouir de votre crime ?

Contemplateurs stoïques des maux incalculables que cette catastrophe
20 vomira sur la France, impassibles égoïstes qui pensez que ces convulsions du désespoir et de la misère passeront comme tant d'autres, et d'autant plus rapidement qu'elles seront plus violentes, êtes-vous bien sûrs que tant d'hommes sans pain vous laisseront tranquillement savourer les mets dont vous n'aurez voulu diminuer ni le nombre ni la délicatesse ?... Non, vous périrez, et dans
25 la conflagration universelle que vous ne frémissez pas d'allumer, la perte de votre honneur ne sauvera pas une seule de vos détestables jouissances.

Voilà où nous marchons... J'entends parler du patriotisme, d'élan de patriotisme, d'évocation de patriotisme. Ah ! ne prostituez pas ces mots de patrie et de patriotisme. Il est donc bien magnanime l'effort de donner une
30 portion de son revenu pour sauver tout ce qu'on possède ! Eh ! messieurs, ce n'est là que de la simple arithmétique, et celui qui hésitera ne peut désarmer l'indignation que par le mépris que doit inspirer sa stupidité. Oui, messieurs, c'est la prudence la plus ordinaire, la sagesse la plus triviale, c'est votre intérêt le plus grossier que j'invoque. Je ne vous dis plus, comme
35 autrefois : donnerez-vous les premiers aux nations le spectacle d'un peuple assemblé pour manquer à la foi publique ? Je ne vous dis plus : eh ! quels titres avez-vous à la liberté, quels moyens vous resteront pour la maintenir si, dès votre premier pas, vous surpassez les turpides des gouvernements les plus corrompus, si le besoin de votre concours et de votre surveillance n'est
40 pas le garant de votre Constitution ? Je vous dis : Vous serez tous entraînés dans la ruine universelle, et les premiers intéressés au sacrifice que le gouvernement vous demande, c'est vous-mêmes.

1. Pusillanimes : qui manquent de courage.
2. Banqueroute : faillite financière de l'État.
3. Sustenter : alimenter.

■ **Texte 2 :** DANTON, « Appel à l'Assemblée législative », 1792

Alors que les Prussiens assiègent Verdun, Danton prononce cet appel à la mobilisation devant l'Assemblée législative.

Il est bien satisfaisant, messieurs, pour les ministres du peuple libre d'avoir à lui annoncer que la patrie va être sauvée. Tout s'émeut, tout s'ébranle, tout brûle de combattre.

Vous savez que Verdun n'est point encore au pouvoir de vos ennemis. Vous
5 savez que la garnison a promis d'immoler le premier qui proposerait de se
rendre.

Une partie du peuple va se porter aux frontières ; une autre va creuser des
retranchements, et la troisième, avec des piques, défendra l'intérieur de nos
villes.

10 Paris va seconder ces grands efforts. Les commissaires de la Commune vont
proclamer, d'une manière solennelle, l'invitation aux citoyens de s'armer
et de marcher pour la défense de la patrie.

C'est en ce moment, messieurs, que vous pouvez déclarer que la capitale a
bien mérité de la France entière ; c'est en ce moment que l'Assemblée
15 nationale va devenir un véritable Comité de guerre.

Nous demandons que vous concouriez, avec nous, à diriger ce mouvement
sublime du peuple, en nommant des commissaires qui nous seconderont
dans ces grandes mesures. Nous demandons que quiconque refusera de
servir de sa personne, ou de remettre ses armes, soit puni de mort.

20 Nous demandons qu'il soit fait une instruction aux citoyens pour diriger
leurs mouvements. Nous demandons qu'il soit envoyé des courriers dans
tous les départements pour les avertir des décrets que vous aurez rendus. Le
tocsin qu'on va sonner n'est point un signal d'alarme, c'est la charge sur les
ennemis de la patrie *(On applaudit)*. Pour les vaincre, messieurs, il nous fait
25 de l'audace, encore de l'audace, toujours de l'audace et la France est sauvée !
(Les applaudissements recommencent.)

■ **Texte 3 :** André MALRAUX, « Commémoration de la libération de Paris »,
1958

*En août 1944, les Allemands évacuent Paris. Le discours d'André Malraux,
prononcé en 1958, célèbre cet événement.*

Et tout la France apprenait que Paris s'était libéré lui-même : ceux de la
première armée en marche vers le Rhin, ceux des maquis au combat pour
les rejoindre au-delà de leurs provinces reconquises, la France combattante
et la France prisonnière dans les camps d'extermination, celle de la joie et
5 celle de l'enfer.

Alors, dans tous les bagnes depuis la Forêt-Noire jusqu'à la Baltique,
l'immense cortège des ombres qui survivaient encore se leva sur ses jambes
flageolantes. Et le peuple de ceux dont la technique concentrationnaire
avait tenté de faire des esclaves parce qu'ils avaient été parfois des héros, le
10 peuple dérisoire des tondus et des rayés, *notre* peuple ! pas encore délivré,
encore en face de la mort, ressentit que même s'il ne devait jamais revoir la
France, il mourrait avec une âme de vainqueur.

CONVAINCRE...

Telle est la simple et grande histoire que nous commémorons aujourd'hui, peut-être parce que aujourd'hui, la France ose la regarder en face. Jeunesse
15 à qui elle appartient, avant que sonnent de nouveau toutes les cloches de Paris, les témoins qui m'entourent, et la poignante assemblée d'ombres que j'évoquais tout à l'heure, te disent avec la voix presque basse qui éveille les dormeurs : « Écoute ce soir, jeunesse de mon pays, ces cloches d'anniversaire qui sonneront comme celles d'il y a quatorze ans. Puisses-tu, cette fois,
20 les entendre : elles vont sonner pour toi. »

■ **Texte 4 :** Charles de GAULLE, « Allocution télévisée », 1969

À la veille d'un référendum sur une réforme de l'État, Charles de Gaulle, président de la République, s'adresse au peuple français.

Françaises, Français,

Vous, à qui si souvent j'ai parlé pour la France, sachez que votre réponse dimanche va engager son destin parce que d'abord il s'agit d'apporter à la structure de notre pays un changement très considérable. C'est beaucoup
5 de faire renaître nos anciennes provinces, aménagées à la moderne sous la forme de régions ; de leur donner les moyens nécessaires pour que chacune règle ses propres affaires tout en jouant son rôle à elle dans notre ensemble national ; d'en faire des centres où l'initiative, l'activité, la vie s'épanouissent sur place. C'est beaucoup de réunir le Sénat et le Conseil
10 économique et social en une seule assemblée, délibérant par priorité et publiquement de tous les projets de loi au lieu d'être – chacun de son côté – réduits à des interventions obscures et accessoires. C'est beaucoup d'associer la représentation des activités productrices et des forces vives de notre peuple à toutes les mesures locales et législatives concernant son
15 existence et son développement.
Votre réponse va engager le destin de la France, parce que la réforme fait partie intégrante de la participation qu'exige désormais l'équilibre de la société moderne. La refuser, c'est s'opposer dans un domaine essentiel à cette transformation sociale, morale, humaine, faute de laquelle nous irons
20 à de désastreuses secousses. L'adopter, c'est faire un pas décisif sur le chemin qui doit nous mener au progrès dans l'ordre et dans la concorde, en modifiant profondément nos rapports entre Français.
Votre réponse va engager le destin de la France, parce que, si je suis désavoué par une majorité d'entre vous, solennellement, sur ce sujet capital et
25 quels que puissent être le nombre, l'ardeur et le dévouement de l'armée de ceux qui soutiennent et qui, de toute façon, détiennent l'avenir de la patrie, ma tâche actuelle de chef de l'État deviendra évidemment impossible et je cesserai aussitôt d'exercer mes fonctions.

> QUESTIONS [6 pts]

1. En vous référant au contexte particulier des discours du corpus, vous étudierez les points communs et les différences dans les objectifs des différents orateurs. **[3 pts]**

2. Désignez trois procédés oratoires communs aux quatre textes du corpus et dites comment ils visent à rendre chaque discours plus efficace. **[3 pts]**

> TRAVAIL D'ÉCRITURE [14 pts]

I – Commentaire

Vous commenterez le texte de Danton, à partir du parcours de lecture suivant :
– vous étudierez la composition de ce discours, en montrant comment la pensée de l'orateur progresse jusqu'à obtenir l'adhésion de son auditoire ;
– vous analyserez les différents éléments (thématique, stylistique…) qui contribuent à soulever l'émotion des députés.

II – Dissertation

Dites dans quelle mesure le discours vous paraît la meilleure façon de convaincre de la valeur de son point de vue.
Vous vous appuierez, pour traiter cette question, sur les textes du corpus ainsi que sur vos lectures personnelles et les œuvres étudiées au cours de l'année.

III – Écrit d'invention

Dans les dernières lignes de son discours qui commémore, en 1958, la libération de Paris qui eut lieu en août 1944, André Malraux lance un appel à la jeunesse.
En tant que délégué du comité de vie lycéenne de votre établissement, vous avez l'occasion de vous adresser à une centaine de vos camarades. Vous prononcez un discours visant à convaincre votre auditoire de la nécessaire participation de la jeunesse au devoir de mémoire.
Votre texte devra présenter une progression argumentative cohérente, recourir à des procédés rhétoriques expressifs et variés. Vous pouvez vous inspirer de tout événement (international, national ou local), qui met en jeu le devoir de mémoire.

CONVAINCRE…

C O U P   d e   P O U C E

ANALYSE DU CORPUS

Le corpus présente des textes argumentatifs originaux : en effet, il réunit des discours, prononcés par des orateurs et ténors politiques d'époques différentes. Les deux premiers discours ont été prononcés sous la Révolution française à trois années d'intervalle (1789-1792). Mirabeau y appelle les députés au civisme et à la solidarité nationale (texte 1), et Danton les appelle à la résistance (texte 2). Le troisième discours est signé André Malraux et commémore la Libération de Paris d'août 1944. Enfin, le dernier discours (texte 4) a été prononcé par Charles de Gaulle, à la veille d'un référendum sur une réforme de l'État. Les discours de Danton et de De Gaulle sont prononcés dans une période de crise ; celui de Malraux, évoque la fin d'une période critique. L'objectif des orateurs y est identique : il s'agit pour eux de convaincre et de persuader.

> **Mémo** *Convaincre et persuader*
>
> *Les deux verbes ne sont pas d'exacts synonymes :*
> *– convaincre, c'est faire appel à la raison du lecteur. Un discours est donc convaincant quand il développe une thèse, des arguments et des exemples efficaces ;*
> *– persuader, c'est chercher à séduire le destinataire en faisant appel à sa sensibilité. Un discours est persuasif quand il use de procédés rhétoriques (questions oratoires, hyperboles, apostrophes…) efficaces.*

QUESTIONS

Les questions sont claires et classiques. La première est une question comparatiste : on vous demande d'envisager les similitudes et les divergences entre les quatre discours en ce qui concerne les «objectifs», c'est-à-dire les buts visés par les différents orateurs.

> **Mémo** *Les questions comparatistes*
>
> *De nombreuses questions invitent à confronter les textes du corpus. Dans ce cas, vous devez respecter quelques règles :*
> *– ne pas confondre les questions qui vous demandent de repérer les ressemblances et les différences (« comparez ») avec celles qui ne portent que sur les ressemblances ou les différences ;*
> *– organiser les réponses, de manière à éviter l'effet catalogue.*
> *– ne jamais considérer les documents séparément, mais au contraire les mettre sans cesse en parallèle.*

On vous rappelle de vous référer au contexte pour vous aider à répondre à la question. Pour les ressemblances, indiquez que chacun des orateurs visent à convaincre (étude des argumentations respectives) ; pour les différences, pensez à étudier les différents registres utilisés dans les textes.

TRAVAIL D'ÉCRITURE

■ Commentaire

Le texte à commenter est un célèbre discours de Danton, prononcé devant l'Assemblée législative alors que les Prussiens assiègent Verdun en 1792. Il en appelle à la mobilisation générale : en effet, la patrie est menacée et le peuple français est appelé à se sacrifier pour la patrie. Deux axes vous sont donnés pour organiser votre étude. Le premier vous demande d'étudier la « composition » du discours et la progression de la pensée. Autrement dit, vous êtes invités à étudier l'art de convaincre à l'œuvre dans le discours. Vous devez donc étudier la structure argumentative du texte (thèse, argument, exemple, connecteurs logiques…). Le deuxième axe porte, lui, sur l'art de persuader. On vous demande d'étudier les procédés rhétoriques qui contribuent à émouvoir les députés.

Plan du commentaire
I – L'art de convaincre
II – L'art de persuader

■ Dissertation

Ce sujet de dissertation est tout à fait classique : il invite à réfléchir sur l'efficacité de la forme argumentative du discours. Vous serez ensuite amené à évaluer son efficacité par rapport à d'autres formes argumentatives (apologues, essai, dialogue, utopie…).
– Mots clés : « discours » : texte prononcé devant une assemblée par un orateur, allie art de convaincre et art de persuader ; « meilleure façon de convaincre », forme la plus efficace de faire triompher ses idées. Attention ! n'oubliez pas que « convaincre » et « persuader » ne sont pas synonymes, c'est ici sur l'efficacité de la structure argumentative du discours qu'il faut travailler. Vous serez aussi appelé, pour discuter la thèse du sujet, à envisager les atouts et avantages des autres formes argumentatives.
– Type de sujet : il s'agit d'une question, qui dissimule une affirmation (type 3).
– Reformulation de la thèse : le discours est la forme argumentative la plus efficace pour obtenir l'adhésion intellectuelle de l'auditoire.
– Formulation de la problématique : le discours est-il la façon la plus efficace d'argumenter ou d'autres formes argumentatives sont-elles plus adaptées ?

Plan de la dissertation
I – Certes, le discours est une façon efficace d'argumenter
II – Mais d'autres formes d'argumentation directe sont efficaces (essai)
III – Enfin, des formes d'argumentation indirecte (dialogue, apologue, utopie…) sont aussi opératoires

■ Écrit d'invention

Dressons la « feuille de route ».

– Forme : discours (apostrophes au destinataire, impératifs, réactions de l'auditoire…).

– Situation d'énonciation : qui parle ? vous, en tant que délégué du comité de la vie lycéenne (« je ») ; à qui ? à un auditoire composé d'une centaine d'adolescents (« vous » collectif) ; de quoi ? du devoir de mémoire ; quand ? aujourd'hui.

– Registre : rien n'est indiqué explicitement par le sujet. Cependant, on vous dit d'user de « procédés rhétoriques expressifs et variés ». Le registre doit donc être lyrique et souligner l'enthousiasme que vous portez à l'idée de « devoir de mémoire ».

– Arguments : le devoir de mémoire est capital car 1) nos parents ou ancêtres, qui ont servi la nation, doivent être remerciés ; 2) il tisse un lien social fort et invite à participer à des cérémonies collectives ; 3) il transmet des valeurs républicaines (égalité, justice, liberté…), qui doivent être le ciment de la société.

Séries STT-STI-STL-SMS, France métropolitaine, septembre 2003

15 IMAGES DU POUVOIR

| Objet d'étude : convaincre, persuader, délibérer

> CORPUS

1. J. DE LA FONTAINE, *Fables*, livre V, fable 19, 1668.
2. J. DE LA BRUYÈRE, *Les Caractères*, chapitre « Du Souverain », fragment 29, 1688.
3. J. ANOUILH, *Antigone*, extrait, 1944.

Annexe 1 : SERGUEÏ, *Le Monde*, « Dossiers et documents littéraires », 1993.

Annexe 2 : F. DE FÉNELON, *Les Aventures de Télémaque*, livre V, extrait 1694-1696.

■ **Texte 1 :** Jean DE LA FONTAINE, *Fables*, livre V, fable 19, 1668

Le lion s'en allant en guerre

Le Lion dans sa tête avait une entreprise[1] :
Il tint conseil de guerre, envoya ses prévôts[2],
Fit avertir les animaux.
Tous furent du dessein[3], chacun selon sa guise :
5 L'Éléphant devait sur son dos
Porter l'attirail nécessaire,
Et combattre à son ordinaire ;
L'Ours s'apprêter pour les assauts ;
Le Renard, ménager de secrètes pratiques ;
10 Et le Singe, amuser l'ennemi par ses tours.
« Renvoyez, dit quelqu'un, les Ânes, qui sont lourds,
Et les Lièvres, sujets à des terreurs paniques.
– Point du tout, dit le Roi ; je veux les employer :
Notre troupe sans eux ne serait pas complète.
15 L'Âne effraiera les gens, nous servant de trompette[4] ;
Et le Lièvre pourra nous servir de courrier[5]. »

Le monarque prudent et sage
De ses moindres sujets sait tirer quelque usage,
Et connaît les divers talents.
Il n'est rien d'inutile aux personnes de sens[6].

1. Une entreprise : le projet d'une action.
2. Prévôts : officiers et magistrats.
3. Dessein : projet.
4. Trompette : désigne celui qui joue de la trompette.
5. Courrier : messager.
6. De sens : de bon sens.

■ **Texte 2 :** Jean DE LA BRUYÈRE, *Les Caractères*, « Du souverain », 1688

Quand vous voyez quelquefois un nombreux troupeau qui, répandu sur une colline vers le déclin d'un beau jour, paît[1] tranquillement le thym et le serpolet, ou qui broute dans une prairie une herbe menue et tendre qui a échappé à la faux du moissonneur, le berger, soigneux et attentif, est debout
5 auprès de ses brebis ; il ne les perd pas de vue, il les suit, il les conduit, il les change de pâturage ; si elles se dispersent, il les rassemble ; si un loup avide paraît, il lâche son chien, qui le met en fuite ; il les nourrit, il les défend ; l'aurore le trouve déjà en pleine campagne, d'où il ne se retire qu'avec le soleil ; quels soins ! quelle vigilance ! quelle servitude ! Quelle condition
10 vous paraît la plus délicieuse et la plus libre, ou du berger ou des brebis ? Le troupeau est-il fait pour le berger, ou le berger pour le troupeau ? Image naïve des peuples et du Prince qui les gouverne, s'il est bon Prince.
Le faste et le luxe dans un souverain, c'est le berger habillé d'or et de pierreries, la houlette[2] d'or entre ses mains ; son chien a un collier d'or, il est
15 attaché avec une laisse d'or et de soie, que sert[3] tant d'or à son troupeau ou contre les loups ?

1. Du verbe paître : manger.
2. Bâton du berger.
3. À quoi sert.

■ **Texte 3 :** Jean ANOUILH, *Antigone*, extrait, 1944

Créon, roi de Thèbes, va devoir mettre à mort sa nièce Antigone parce qu'elle veut enfreindre la loi en enterrant son frère Polynice, traître à l'État. Créon, après avoir tenté de la dissuader, lui justifie sa décision par les contraintes du métier de roi.

CRÉON, *sourdement.* – Eh bien oui ! j'ai peur d'être obligé de te faire tuer si tu t'obstines. Et je ne le voudrais pas.

ANTIGONE – Moi, je ne suis pas obligée de faire ce que je ne voudrais pas ! Vous n'auriez pas voulu non plus, peut-être, refuser une tombe à mon
5 frère ? Dites-le donc, que vous ne l'auriez pas voulu ?

CRÉON – Je te l'ai dit.

ANTIGONE – Et vous l'avez fait tout de même. Et maintenant, vous allez me faire tuer sans le vouloir. Et c'est cela, être roi !

CRÉON – Oui, c'est cela.

10 ANTIGONE – Pauvre Créon ! Avec mes ongles cassées et pleins de terre et les bleus que tes gardes m'ont faits aux bras, avec ma peur qui me tord le ventre, moi je suis reine.

CRÉON – Alors, aie pitié de moi, vis. Le cadavre de ton frère qui pourrit sous mes fenêtres, c'est assez payé pour que l'ordre règne dans Thèbes. Mon
15 fils t'aime. Ne m'oblige pas à payer avec toi encore. J'ai assez payé.

ANTIGONE – Non. Vous avez dit « oui ». Vous ne vous arrêterez jamais de payer maintenant !

CRÉON, *la secoue soudain, hors de lui.* – Mais bon dieu ! Essaie de comprendre une minute, toi aussi, petite idiote ! J'ai bien essayé de te
20 comprendre, moi. Il faut pourtant qu'il y en ait qui disent oui. Il faut pourtant qu'il y en ait qui mènent la barque. Cela prend l'eau de toutes parts, c'est plein de crimes, de bêtise, de misère… Et le gouvernail est là qui ballotte. L'équipage ne veut plus rien faire, il ne pense qu'à piller la cale et les officiers sont déjà en train de se construire un petit radeau
25 confortable, rien que pour eux, avec toute la provision d'eau douce pour tirer au moins leurs os de là. Et le mât craque, et le vent siffle, et les voiles vont se déchirer, et toutes ces brutes vont crever toutes ensemble, parce qu'elles ne pensent qu'à leur peau, à leur précieuse peau et à leurs petites affaires. Crois-tu, alors, qu'on a le temps de faire le raffiné,
30 de savoir s'il faut dire « oui » ou « non », de se demander s'il ne faudra pas payer trop cher un jour et si on pourra encore être un homme après ? On prend le bout de bois, on redresse devant la montagne d'eau, on gueule un ordre et on tire dans le tas, sur le premier qui s'avance. Dans le tas ! Cela n'a pas de nom. C'est comme la vague qui vient
35 de s'abattre sur le pont devant vous ; le vent qui vous gifle, et la chose qui tombe dans le groupe n'a pas de nom. C'était peut-être celui qui t'avait donné du feu en souriant la veille. Il n'a plus de nom. Et toi non plus, tu n'as plus de nom, cramponné à la barre. Il n'y a plus que le bateau qui ait un nom, et la tempête. Est-ce que tu le comprends, cela ?

© Éditions de LA TABLERONDE

CONVAINCRE…

■ **Annexe 1** : *Le Monde*, « *Dossiers et documents littéraires* », 1993

Ce dessin de presse de Serguei illustre un groupe d'articles du Monde *rassemblés sous le titre : « La parole, instrument de domination ».*

■ **Annexe 2** : François DE FÉNELON, *Les Aventures de Télémaque*, livre V, 1694-1696

Exemple d'argumentation directe

Le jeune Télémaque qui est destiné à devenir roi interroge son éducateur, Mentor. Celui-ci lui présente les devoirs d'un roi.

Je lui demandai en quoi consistait l'autorité du roi ; et il me répondit : « Il peut tout sur les peuples ; mais les lois peuvent tout sur lui. Il a une puissance absolue pour faire le bien, et les mains liées dès qu'il veut faire le mal. Les lois lui confient le peuple comme le plus précieux de tous les dépôts, à
5 condition qu'il sera le père de ses sujets. Elles veulent qu'un seul homme serve, par sa sagesse et sa modération, à la félicité de tant d'hommes ; et non pas que tant d'hommes servent, par leur misère et par leur servitude lâche, à flatter l'orgueil et la mollesse d'un seul homme. Le roi ne doit rien avoir au-dessus des autres, excepté ce qui est nécessaire ou pour le soulager de ses
10 pénibles fonctions, ou pour imprimer au peuple le respect de celui qui doit soutenir les lois. D'ailleurs, le roi doit être plus sobre, plus ennemi de la mollesse, plus exempt de faste et de hauteur qu'aucun autre. Il ne doit point

avoir plus de richesses et de plaisirs, mais plus de sagesse, de vertu et de gloire que le reste des hommes. Il doit être au dehors le défenseur de la
15 patrie, en commandant les armées, et au-dedans, le juge des peuples, pour les rendre bons, sages et heureux. Ce n'est point pour lui-même que les dieux l'ont fait roi ; il ne l'est que pour être l'homme des peuples : c'est aux peuples qu'il doit tout son temps, tous ses soins, toute son affection, et il n'est digne de la royauté qu'autant qu'il s'oublie lui-même pour se sacrifier au bien public.

> QUESTIONS [6 pts]

1. Quelle conception du pouvoir est exprimée dans chacun des trois textes 1, 2, 3 ? *La réponse à cette question doit être rédigée mais brève, de l'ordre d'une demi-page, une page maximum.*   **[3 pts]**
2. Par quelles images sont représentées les relations entre gouvernants et gouvernés dans chacun des trois textes 1, 2, 3 ? *La réponse à cette question doit être rédigée mais brève, de l'ordre d'une demi-page, une page maximum.*
[3 pts]

> TRAVAIL D'ÉCRITURE [14 pts]

I – Commentaire

Vous commenterez dans l'extrait d'*Antigone* de Jean Anouilh, la tirade de Créon (l. 18 à 40), à partir du parcours de lecture suivant.
– L'évocation imagée de l'État : comment est-elle exprimée ? quel effet Créon cherche-t-il à produire sur Antigone ?
– Le désir de Créon de persuader Antigone : comment est-il rendu sensible aux spectateurs ?

II – Dissertation

L'apologue, petit récit à visée morale, est une forme d'argumentation indirecte (en annexe 2 vous est proposée une argumentation directe sur le thème du pouvoir) dont le but est de faire passer un message.
Quel est, selon vous, l'intérêt d'argumenter à l'aide de récits imagés plutôt que de manière directe ?
Pour répondre à cette question, vous prendrez appui sur les textes du corpus et sur les textes à visée argumentative que vous avez lus ou étudiés, tout particulièrement les apologues (fables, contes, paraboles, récits utopiques…)

CONVAINCRE…

III – Écrit d'invention

Vous choisirez un contexte précis et, à la manière imagée des textes du corpus, vous rédigerez un récit en prose illustrant ce que vous pensez du pouvoir et se terminant par une moralité.

Le document iconographique (annexe 1) peut, si vous le souhaitez, vous suggérer des pistes.

C O U P d e P O U C E

ANALYSE DU CORPUS

Le corpus ne présente pas d'unité chronologique : les deux premiers textes (1 et 2) ont été publiés au XVIIe siècle, par deux moralistes classiques, La Fontaine et La Bruyère, qui réfléchissent dans leurs œuvres sur la société qui les entoure. Le troisième texte est un extrait de la pièce de théâtre *Antigone* de Jean Anouilh, dramaturge du XXe siècle. Le corpus présente en revanche une forte unité thématique et formelle. En effet, il propose une réflexion sur le pouvoir, et plus précisément sur les gouvernants, leurs prérogatives, leurs fonctions ainsi que leurs devoirs. D'un point de vue formel, les trois extraits proposés (textes 1, 2, 3) sont ou contiennent des apologues, et relèvent donc de l'argumentation indirecte.

> **Mémo** *L'apologue*
> *C'est un court récit allégorique à visée morale.*
> *– Court : l'apologue excède rarement 30 lignes ou vers.*
> *– Récit : le discours narratif domine (passé simple, présent de narration, connecteurs temporels, verbes d'action, passage d'une situation initiale à une situation finale) ;*
> *– Allégorique : le lecteur doit effectuer une transposition (Ex. : la colombe = la paix) ;*
> *– Visée morale : une leçon peut être tirée du récit. Elle peut être explicite (formulée dans la morale) ou implicite (elle se déduit du récit).*

En annexe, deux documents prolongent cette réflexion sur le pouvoir : un dessin de presse de Sergueï, paru dans *Le Monde* (1993), affirme que parole et pouvoir sont liés ; un texte de Fénelon, tiré des *Aventures de Télémaque*, expose les divers devoirs d'un bon roi. Contrairement aux trois textes du corpus, cet extrait relève de l'argumentation directe.

QUESTIONS

Les questions sont claires et simplement formulées ; elles ne posent donc pas de difficultés particulières. La première invite à dégager l'image du pouvoir qui se dessine dans les textes 1, 2 et 3. Il vous faut donc définir quelle vision du souverain est proposée. Pensez à opérer des regroupements par texte si nécessaire (bon/mauvais monarque par exemple) afin d'opter pour un plan synthétique et non analytique, qui vous conduirait à vous répéter. La deuxième question est plus technique : elle vous demande de commenter les « images » (c'est-à-dire les comparaisons ou les métaphores) utilisées pour décrire le lien hiérarchique entre gouvernants et gouvernés. Il vous faut être rigoureux : pensez à identifier le comparant, le comparé, et à expliquer leur domaine de rapprochement afin de ne pas en rester au stade du constat.

> **Mémo** *Figures de style*
>
> *Vous devez connaître :*
> *– la comparaison, mise en relation d'un comparé et d'un comparant par un outil de comparaison. Ex. : « nous avons couru comme trois folles » ;*
> *– la métaphore, comparaison sans outil de comparaison. Ex. : « cette route ondulée, ce ruban déroulé » ;*
> *– la personnification, figure de style qui attribue des qualités humaines à des choses. Ex. : « cette chienne féminine et compliquée » ;*
> *– l'antithèse, opposition au niveau du sens. Ex. : « mon visage d'autrefois […], et non mon visage de femme » ;*
> *– l'hyperbole, emploi de termes exagérés. Ex. : « Mille et mille mouches blanches ».*

Plusieurs conseils vous sont renouvelés, prenez-les en compte : soignez la rédaction : la réponse doit être claire et concise.

TRAVAIL D'ÉCRITURE

◼ Commentaire

Tout d'abord, attention ! le commentaire ne porte pas sur l'ensemble de l'extrait d'*Antigone* mais seulement sur la tirade de Créon. Deux pistes de commentaire vous sont imposées : la première vous invite à revenir sur la conception du pouvoir, et plus précisément de l'État, à l'œuvre dans la tirade de Créon. On vous précise qu'elle est « imagée » : vous devez donc vous servir de votre réponse à la seconde question pour développer cet axe de commentaire. L'impact et l'efficacité de cet apologue sur son destinataire doivent aussi être mesurés. Le second axe impose un repérage des procédés rhétoriques de la persuasion (questions oratoires, apostrophes, effet de généralisation…). Il vous faut donc non seulement identifier et nommer les procédés mais aussi analyser l'effet qu'ils cherchent à produire. Pensez aussi que l'on est au théâtre : la persuasion peut donc aussi passer par la gestuelle, les déplacements, le ton de la voix, autant d'indications contenues dans les didascalies.

Plan du commentaire
I – Une évocation imagée de l'État
II – L'art de persuader

■ Dissertation

Ce sujet de dissertation invite à réfléchir sur les différents types d'argumentation et leur efficacité respective : on vous demande de déterminer quelle est, de l'argumentation directe (essai, dialogue argumentatif) ou de l'argumentation indirecte (conte, apologue…) la forme argumentative la plus efficace, c'est-à-dire la plus propre à emporter la conviction du lecteur.
– Mots clés : « apologue », court récit allégorique à visée morale, argumentation indirecte, dynamique, vivante, apte à capter l'attention du lecteur ; « argumentation indirecte », ne pas attaquer sa cible frontalement ; « fables, contes, paraboles, récits utopiques », jeu sur l'implicite ; « faire passer un message », argumenter, défendre une thèse ; « récits imagés », l'expression est synonyme d'apologue ; « manière directe », s'oppose à indirecte. Argumenter directement, c'est recourir à l'essai (pamphlet, lettre ouverte) et à un registre le plus souvent polémique. La violence rhétorique caractérise l'argumentation directe.
Notez que le corpus ne propose que des exemples d'apologues, c'est-à-dire des textes qui relèvent de l'argumentation indirecte puisqu'ils masquent l'argumentation sous un récit. Le corpus fournit donc des exemples pour nourrir le propos sur l'efficacité de l'argumentation indirecte (récits dynamiques et vivants, aspect ludique dans le choix des personnages, participation active du lecteur qui doit lever le voile allégorique). Pour illustrer votre développement sur l'argumentation directe, vous ne pouvez pas vous appuyer sur les trois premiers textes du corpus ; en revanche, le dernier texte (annexe 2) vous a été proposé pour vous donner un exemple d'argumentation directe. Il faut donc l'utiliser mais aussi avoir recours à des textes (essais, dialogues argumentatifs) lus ou étudiés en classe.
– Type de sujet : il faut choisir entre deux thèses (type 2).
– Reformulation des thèses : 1) thèse 1, il est plus efficace d'argumenter frontalement ; 2) thèse 2, il est plus efficace d'argumenter de façon indirecte.
– Formulation de la problématique : est-il plus efficace d'argumenter de façon directe ou de façon indirecte ?

Plan de la dissertation
I – Certes, l'argumentation directe a des avantages
II – Mais l'argumentation indirecte reste la plus efficace

■ Écrit d'invention

L'énoncé est directif, dressons avec rigueur la « feuille de route » :
– Forme : apologue en prose. Le sujet parle de récit imagé : vous êtes donc libre de choisir le type d'apologue que vous souhaitez : fable, conte, récit utopique, parabole, etc. Votre devoir doit proposer une moralité, qui se trouvera à la fin de votre texte.
– Situation d'énonciation : qui parle ? à qui ? à vous d'imaginer une histoire et des personnages. On peut imaginer qu'au moins deux personnages dialoguant et qu'ils peuvent se vouvoyer ou se tutoyer ; de quoi ? de l'état, du pouvoir, des rapports entre dirigés et dirigeants.
– Registre : rien n'est imposé par le sujet. Le registre variera en fonction de la forme choisie (parabole, fable…). Cependant, il faut vous rappeler qu'un apologue a une visée critique : le registre satirique s'impose donc.

> **Mémo** *Le registre satirique*
>
> *Le texte satirique a pour but de critiquer quelqu'un ou quelque chose. Mais, à l'inverse du texte polémique, il ne recourt pas à un ton véhément. Les procédés du registre satirique sont :*
> *– l'emploi d'un vocabulaire dépréciatif pour disqualifier l'objet de la critique ;*
> *– des images (comparaisons, métaphores) dévalorisantes ;*
> *– le recours éventuel à la première personne (« je ») et aux modalisateurs qui marquent une implication du locuteur.*

– Schéma narratif, et morale de l'apologue. À vous d'imaginer l'histoire que vous souhaitez raconter. Vous pouvez, si vous êtes en panne d'inspiration, vous servir du document iconographique du corpus. Pensez bien à définir une situation initiale et une situation finale. En revanche, la morale vous est imposée : elle doit livrer votre vision du pouvoir. Cette morale doit être formulée, de façon explicite, à la fin de votre récit.

CONVAINCRE…

NON CORRIGÉ   Séries STT-STI-STL-SMS, Antilles-Guyane, septembre 2003

16 LA MODERNITÉ

| Objet d'étude : convaincre, persuader, délibérer

> CORPUS

1. « Protestation des artistes », Lettre du 14/2/1887, publiée dans *Le Temps*, et adressée à M. Alphand, directeur des travaux de l'Exposition universelle.
2. Réponse de G. EIFFEL, publiée dans *Le Temps*, 14 février 1887.
3. R. BARJAVEL, « Pensons à Icare ! », *La faim du tigre*, 1966.

■ **Texte 1 :** « Protestation des artistes »

En février 1887, un groupe d'artistes adresse une pétition à M. Alphand, directeur général des travaux de l'Exposition. Dans cette « Protestation des artistes », on relève les noms de Charles Gounod, Alexandre Dumas, François Coppée, Guy de Maupassant, Victorien Sardou, Leconte de Lisle... En voici un extrait.

Nous venons, écrivains, peintres, sculpteurs, architectes, amateurs passionnés de la beauté jusqu'ici intacte de Paris, protester de toutes nos forces, de toute notre indignation, au nom du goût français méconnu, au nom de l'art et de l'histoire française menacés, contre l'érection, en plein cœur de
5 notre capitale, de l'inutile et monstrueuse Tour Eiffel que la malignité publique, souvent empreinte de bon sens et d'esprit de justice, a déjà baptisée du nom de Tour de Babel[1].
Sans tomber dans l'exaltation du chauvinisme, nous avons le droit de proclamer bien haut que Paris est la ville sans rivale dans le monde. Au-
10 dessus de ses rues, de ses boulevards élargis, le long de ses quais admirables, au milieu de ses magnifiques promenades, surgissent les plus nobles monuments que le genre humain ait enfantés. [...]
Allons-nous donc laisser profaner tout cela ?
La Ville de Paris va-t-elle donc s'associer plus longtemps aux baroques, aux
15 mercantiles imaginations[2] d'un constructeur de machines, pour s'enlaidir irréparablement et se déshonorer ?

Car la Tour Eiffel, dont la commerciale Amérique ne voudrait pas, c'est, n'en doutez pas, le déshonneur de Paris !

20 Il suffit d'ailleurs, pour se rendre compte de ce que nous avançons, de se figurer une Tour vertigineusement ridicule, dominant Paris, ainsi qu'une noire et gigantesque cheminée d'usine, écrasant de sa masse barbare : Notre-Dame, la Sainte-Chapelle, la tour Saint-Jacques, le Louvre, le dôme des Invalides, l'Arc de triomphe, tous nos monuments humiliés, toutes nos architectures rapetissées, qui disparaîtront dans ce rêve 25 stupéfiant. Et pendant vingt ans, nous verrons s'allonger sur la ville entière, frémissante encore du génie de tant de siècles, comme une tache d'encre, l'ombre odieuse de l'odieuse colonne de tôle boulonnée.

1. Babel : tour que les Hébreux construisirent, selon la Bible, pour atteindre le ciel.
2. Mercantiles imaginations : imaginations animées par l'appât du gain, le souci du profit.

▓ Texte 2 : Réponse de Gustave EIFFEL à la protestation des artistes

« Je crois pour ma part, que la Tour aura sa beauté propre. Parce que nous sommes des ingénieurs, croit-on donc que la beauté ne nous préoccupe pas dans nos constructions et qu'en même temps que nous faisons solide et durable, nous ne nous efforçons pas de faire élégant ? Est-ce que les vérita-5 bles conditions de la force ne sont pas toujours conformes aux conditions secrètes de l'harmonie ? [...] Or de quelle condition ai-je eu, avant tout, à tenir compte dans la Tour ? De la résistance au vent. Eh bien ! je prétends que les courbes des quatre arêtes du monument, telles que le calcul les a fournies [...] donneront une grande impression de force et de beauté ; car 10 elles traduiront aux yeux la hardiesse de la conception dans son ensemble, de même que les nombreux vides ménagés dans les éléments mêmes de la construction accuseront fortement le constant souci de ne pas livrer inutilement aux violences des ouragans des surfaces dangereuses pour la stabilité de l'édifice. Il y a, du reste, dans le colossal une attraction, un 15 charme propre, auxquels les théories d'art ordinaires ne sont guère applicables.

CONVAINCRE...

▓ Texte 3 : René BARJAVEL, « Pensons à Icare[1] ! », *La faim du tigre*, 1966

Nous vivons dans notre temps. Nous ne l'avons pas choisi, nous y sommes. Il est superbe et complètement dingue, extravagant, merveilleux et odieux.

Il nous mène dans la Lune, nous ouvre les portes de l'espace infini et nous entasse dans des tours qui ressemblent à des tronçons de cierges creusés par
5 des fourmis. *Il nous asphyxie, nous empoisonne et nous soulage, nous rend malade et nous guérit, et finit par nous tuer,* bien sûr, comme le temps de tous les temps, mais après nous avoir secoué les os et les tripes et nous avoir mis des feux d'artifice dans les yeux.

Nous sommes de notre temps, il faut le vivre, il n'y a pas de deuxième solu-
10 tion. Et la meilleure façon de vivre, c'est d'en accepter les risques en même temps que les avantages. Nous devons certes exiger plus et plus encore de précautions, mais savoir qu'à chaque danger conjuré en succédera un autre plus grand. Un jour le gaz, vieille bougie du XIXe siècle, fermera ses vannes et ses conduits vides ne feront plus mourir personne. Il sera remplacé
15 partout par l'électricité atomique. Mais la première centrale au plutonium qui sautera fera cent mille morts. Cent mille morts, statistiquement, ce ne sera pas grave, car il y aura alors quatre-vingts millions de Français en France, dont un millier se tueront chaque semaine sur les routes ou dans les airs.
20 Les centrales atomiques ne sauteront pas ? Si, bien sûr. Pas toutes, évidemment, mais une par-ci par-là. C'est une question de nombre, de statistique. Des usines à gaz ont sauté, des raffineries ont brûlé, des avions tombent, des trains déraillent, des immeubles s'écroulent, des barrages s'émiettent, des centrales sauteront. Plus les hommes sont nombreux et leurs énergies
25 puissantes, plus les catastrophes sont mortelles. Désastreuses pour les individus, mais sans aucune importance pour l'espèce proliférante.

Le risque de vivre est plus grand en notre temps qu'il ne l'a jamais été, mais quel temps extraordinaire ! Nous sommes à une époque de transition où tout change à une vitesse fantastique, nous avons les doigts coincés dans la
30 charnière, les pieds englués dans Cro-Magnon et les épaules déjà emportées par les ailes d'Apollo[2]. Si nous décollons, pensons à Icare. Mais alors, quelle joie irremplaçable dans chaque seconde de vol !

© Éditions Denoël

1. Icare : selon la mythologie, Icare serait le premier homme à avoir volé avec des ailes fixées à ses épaules par de la cire qui fondit quand il céda à la tentation de trop s'approcher du Soleil. Il fut précipité dans la mer.
2. Apollo : vaisseau spatial.

> **QUESTIONS** [6 pts]

1. Quel est le thème commun à ces textes ? Justifiez votre réponse. **[3 pts]**
2. Relevez, dans le texte de Barjavel, les expressions que Gustave Eiffel aurait pu, lui aussi, prononcer pour défendre son œuvre. Justifiez votre réponse. **[3 pts]**

> TRAVAIL D'ÉCRITURE [14 pts]

I – Commentaire

Vous ferez le commentaire du texte de Barjavel et pourrez suivre le parcours d'étude suivant :
– analysez, à travers les procédés mis en œuvre, le caractère poétique de ce passage ;
– étudiez le double aspect de la modernité proposé par le texte.

II – Dissertation

Des deux formes de discours argumentatif présentes dans le corpus, vous direz celle qui paraît, de votre point de vue, la plus convaincante, sans oublier de la confronter à une ou deux autres formes d'argumentation que vous avez rencontrées dans les œuvres étudiées en classe et vos lectures personnelles.

III – Écrit d'invention

Dans un journal paraissent, à deux jours d'intervalle, une protestation indignée contre une création moderne puis la réponse argumentée des partisans de cette création. Vous rédigerez l'un de ces deux articles. Vous ne signerez pas cet article.

C O U P de P O U C E

ANALYSE DU CORPUS

Les trois textes du corpus sont des textes argumentatifs. Les deux premiers sont des articles, publiés dans un quotidien, *Le Temps*, le troisième est extrait d'un recueil d'essais. S'il est inutile aujourd'hui de présenter Gustave Eiffel et sa tour, rappelons que René Barjavel est avant tout un romancier, auteur de science-fiction.

QUESTIONS

1. La question porte sur les trois textes et vous invite à repérer le thème commun. La tour Eiffel est l'objet du débat dans les deux premiers textes, mais Barjavel n'en parle pas. Il faut donc élargir le point de vue et chercher un point commun plus général : il s'agit de la modernité.

CONVAINCRE...

2. Cette question exclut le premier texte et vous demande de ne considérer que les textes 2 et 3. Pourraient être attribuées à Eiffel toutes les réflexions de Barjavel sur le temps (« Nous vivons dans notre temps » ; « Nous sommes de notre temps, il faut le vivre »). On constate ainsi que les deux questions s'enchaînent : parce que vous avez repéré que la modernité était le thème commun aux trois textes, vous pouvez faire d'Eiffel un homme de l'avenir, qui n'hésite pas à prendre des risques, et identifier les propos de Barjavel qui revendiquent une telle attitude.

TRAVAIL D'ÉCRITURE

■ Commentaire

Le commentaire proposé demande de développer deux axes. Le premier porte sur la dimension poétique du passage. Vous devez donc relever tout ce qui montre que l'auteur a accordé une importance toute particulière à la langue. C'est pourquoi on vous précise d'étudier les procédés d'écriture mis en œuvre. Vous devez être attentif à l'emploi du registre lyrique et aux figures de style, nombreuses dans le passage. Le second axe vous invite à réfléchir sur « le double aspect de la modernité ». On remarque en effet que le texte est fondé sur une série d'antithèses entre les risques et les bienfaits de vivre dans son temps.

Plan du commentaire
I – Un texte poétique
II – Les deux visages de la modernité

■ Dissertation

Pour réussir une dissertation, il est fondamental de commencer par analyser le sujet avec précision.
– Mots clés : deux formes de discours argumentatif (il s'agit ici de la critique argumentée polémique et de la défense argumentée enthousiaste) ; convaincante (efficace, susceptible de toucher l'interlocuteur) ; une ou deux autres formes d'argumentation (faites appel à vos connaissances ! le sujet fait ici allusion au dialogue et à l'apologue).
– Type de sujet : le sujet invite à choisir entre deux thèses (type 2).
– Reformulation des deux thèses : la critique directe est la plus convaincante, la défense enthousiaste est la plus convaincante.
– Formulation de la problématique : est-il plus efficace de critiquer directement, sur le mode polémique, ou de défendre ses opinions avec enthousiasme, sur le mode lyrique ?

Plan de la dissertation
I – L'efficacité de la critique directe, polémique
II – L'efficacité de la défense enthousiaste, lyrique
III – L'efficacité de l'apologue et du dialogue

■ Écrit d'invention

Établissons la « feuille de route ».

– Forme : deux articles (n'oubliez pas de mentionner le nom du journal et la date ; en revanche, pas de signature !)

– Situation d'énonciation : pour le premier article : qui parle ? un groupe d'artistes ou un journaliste ; à qui ? aux lecteurs ou au concepteur de l'œuvre ; de quoi ? de l'horreur d'une création moderne ; quand ? aujourd'hui ; pour le deuxième article : qui parle ? les partisans de cette œuvre ; à qui ? à ses détracteurs ; de quoi ? de la beauté de cette œuvre, du manque de goût ou du passéisme de ses détracteurs ; quand ? deux jours plus tard.

– Registre : pour le premier article, registre polémique.

Mémo *Le registre polémique*

Le lecteur ressent la colère du locuteur, qui s'attaque violemment à quelqu'un ou à quelque chose.

– Les marques de la première personne (je, nous), qui montrent que le locuteur s'implique.

– Les marques de la deuxième personne (tu, vous) et les apostrophes, qui interpellent la cible du discours.

– La ponctuation expressive (phrases exclamatives), qui traduit la colère du locuteur.

– Les verbes de jugement dépréciatifs (haïr, détester), qui traduisent le désaccord du locuteur.

– Le vocabulaire évaluatif (abominable, horrible…), qui suggèrent les sentiments ressentis par le locuteur.

– Arguments : pour le premier article 1) la création défigure un lieu ancien ; 2) elle coûte très cher ; pour le deuxième article 1) renouvellement des formes ; 2) beauté esthétique.

CONVAINCRE...

Le biographique

Sujets corrigés

17 SE RACONTER : UN PROJET AUDACIEUX

| Objet d'étude : le biographique

> CORPUS

1. R. QUENEAU, *Chêne et Chien*, 1937.
2. S. DE BEAUVOIR, *Mémoires d'une jeune fille rangée*, 1958.
3. M. YOURCENAR, *Souvenirs pieux*, 1974.
4. CAVANNA, *Les Ritals*, 1974.

▨ **Texte 1** : Raymond QUENEAU, *Chêne et Chien*, 1937

Raymond Queneau naît au Havre en 1903 dans un milieu modeste. Il deviendra l'un des auteurs les plus connus de son époque. Toute son œuvre a consisté à inventer de nouvelles formes et à exploiter toutes les ressources poétiques du langage.

Je naquis au Havre un vingt et un février
en mil neuf cent et trois.
Ma mère était mercière et mon père mercier :
ils trépignaient de joie.
5 Inexplicablement je connus l'injustice
et fus mis un matin
chez une femme avide et bête, une nourrice,
qui me tendit son sein.
De cette outre de lait j'ai de la peine à croire
10 que j'en tirais festin
en pressant de ma lèvre une sorte de poire,
organe féminin.

Et lorsque j'eus atteint cet âge respectable
vingt-cinq ou vingt-six mois,
15 repris par mes parents, je m'assis à leur table
[...]
Mon père débitait des toises[1] de soieries,
des tonnes de boutons,
des kilos d'extrafort[2] et de rubaneries
20 rangés sur des rayons.
Quelques filles l'aidaient dans sa fade besogne
en coupant des coupons
et grimpaient à l'échelle avec nulle vergogne,
en montrant leurs jupons.
25 Ma pauvre mère avait une âme musicienne
et jouait du piano ;
on vendait des bibis[3] et de la valenciennes[4]
au bruit de ses morceaux.
Jeanne Henriette Elodie envahissaient la cave
30 cherchant le pétrolin,
sorte de sable huileux avec lequel on lave
le sol du magasin.
J'aidais à balayer cette matière infecte,
on baissait les volets,
35 à cheval sur un banc je criais « à perpette »[5]
(comprendre : éternité).
Ainsi je grandissais parmi ces demoiselles
en reniflant leur sueur
qui fruit de leur travail perlait à leurs aisselles :
40 je n'eus jamais de sœur.

© Éditions Gallimard

1. Toise : mesure de longueur, environ deux mètres.
2. Extrafort : ruban dont on garnit intérieurement les coutures.
3. Bibi : petit chapeau de femme.
4. Valenciennes : dentelle fine fabriquée à Valenciennes.
5. « à perpette » : familier, pour « à perpétuité ».

■ **Texte 2 :** Simone DE BEAUVOIR, *Mémoires d'une jeune fille rangée*, 1958

Je suis née à quatre heures du matin, le neuf janvier 1908, dans une chambre aux meubles laqués de blanc, qui donnait sur le boulevard Raspail. Sur les photos de famille prises l'été suivant, on voit de jeunes dames en robes longues, aux chapeaux empanachés de plumes d'autruche, 5 des messieurs coiffés de canotiers[1] et de panamas[2] qui sourient à un bébé : ce sont mes parents, mon grand-père, des oncles, des tantes, et c'est moi.

Mon père avait trente ans, ma mère vingt et un, et j'étais leur premier enfant. Je tourne une page de l'album ; maman tient dans ses bras un bébé qui n'est pas moi ; je porte une jupe plissée, un béret, j'ai deux ans et
10 demi, et ma sœur[3] vient de naître. J'en fus, paraît-il, jalouse, mais pendant peu de temps. Aussi loin que je me souvienne, j'étais fière d'être l'aînée : la première. Déguisée en chaperon rouge, portant dans mon panier galette et pot de beurre, je me sentais plus intéressante qu'un nourrisson cloué dans son berceau. J'avais une petite sœur : ce poupon ne m'avait pas.
15 De mes premières années, je ne retrouve guère qu'une impression confuse : quelque chose de rouge, de noir, et de chaud. L'appartement était rouge, rouge la moquette, la salle à manger Henri II, la soie gaufrée qui masquait les portes vitrées, et dans le cabinet de papa les rideaux de velours ; les meubles de cet antre sacré étaient en poirier noirci ; je me blottissais dans
20 la niche creusée sous le bureau, je m'enroulais dans les ténèbres ; il faisait sombre, il faisait chaud et le rouge de la moquette criait dans mes yeux. Ainsi se passa ma toute petite enfance. Je regardais, je palpais, j'apprenais le monde, à l'abri.

© Éditions Gallimard

1. Canotier : chapeau de paille à bord plat.
2. Panama : chapeau de paille importé de Panama.
3. Hélène, surnommée « Poupette ».

Texte 3 : Marguerite YOURCENAR, *Souvenirs pieux*[1], 1974

L'être que j'appelle moi vint au monde un certain lundi 8 juin 1903, vers les 8 heures du matin, à Bruxelles, et naissait d'un Français appartenant à une vieille famille du Nord, et d'une Belge dont les ascendants avaient été durant quelques siècles établis à Liège, puis s'étaient fixés dans le Hainaut.
5 La maison où se passait cet événement, puisque toute naissance en est un pour le père et la mère et quelques personnes qui leur tiennent de près, se trouvait située au numéro 193 de l'avenue Louise, et a disparu il y a une quinzaine d'années, dévorée par un building.
Ayant ainsi consigné ces quelques faits qui ne signifient rien par eux-mêmes,
10 et qui, cependant, et pour chacun de nous, mènent plus loin que notre propre histoire et même que l'histoire tout court, je m'arrête, prise de vertige devant l'inextricable enchevêtrement d'incidents et de circonstances qui plus ou moins nous déterminent tous. Cet enfant du sexe féminin, déjà pris dans les coordonnées de l'ère chrétienne et de l'Europe du XXe siècle,
15 ce bout de chair rose pleurant dans un berceau bleu, m'oblige à me poser une série de questions d'autant plus redoutables qu'elles paraissent banales, et qu'un littérateur qui sait son métier se garde bien de formuler. Que cet enfant soit moi, je n'en puis douter sans douter de tout. Néanmoins, pour triompher en partie du sentiment d'irréalité que me donne cette identifi-
20 cation, je suis forcée, tout comme je le serais pour un personnage historique

que j'aurais tenté de recréer, de m'accrocher à des bribes de souvenirs reçus de seconde ou de dixième main, à des informations tirées de bouts de lettres ou de feuillets de calepins qu'on a négligé de jeter au panier, et que notre avidité de savoir pressure au-delà de ce qu'ils peuvent donner, ou d'aller
25 compulser dans des mairies ou chez des notaires des pièces authentiques dont le jargon administratif et légal élimine tout contenu humain.

© Éditions Gallimard

1. Pieux : pleins de tendresse et de respect quasi religieux.

■ Texte 4 : CAVANNA, *Les Ritals*, 1974

C'est un gosse qui parle. Il a entre six et seize ans, ça dépend des fois. Pas moins de six, pas plus de seize. Des fois il parle au présent, et des fois au passé. Des fois il commence au présent et il finit au passé, et des fois l'inverse. C'est comme ça la mémoire, ça va ça vient. Ça rend pas la chose compliquée
5 à lire, pas du tout, mais j'ai pensé qu'il valait mieux vous dire avant.

C'est rien que du vrai. Je veux dire, il n'y a rien d'inventé. Ce gosse, c'est moi quand j'étais gosse, avec mes exacts sentiments de ce temps-là. Enfin je crois. Disons que c'est le gosse de ce temps-là revécu par ce qu'il est aujourd'hui, et qui ressent tellement fort l'instant qu'il revit qu'il ne peut pas imaginer l'avoir vécu autrement.

Avec l'aimable autorisation des Éditions Albin Michel

> QUESTIONS [6 pts]

1. Quelles difficultés liées à l'écriture autobiographique les textes 2, 3 et 4 mettent-ils en évidence ? *La réponse à cette question doit être rédigée mais brève, de l'ordre d'une demi-page, une page maximum.* **[3 pts]**

2. Les textes 1, 2, 3 et 4 sont des débuts d'autobiographies. Quels éléments précis permettent de l'affirmer ? *La réponse à cette question doit être rédigée mais brève, de l'ordre d'une demi-page, une page maximum.* **[3 pts]**

> TRAVAIL D'ÉCRITURE [14 pts]

I – Commentaire

Vous commenterez le texte de Raymond Queneau (texte 1) à partir du parcours d'étude suivant :

– quelle image Queneau donne-t-il de son entourage familial et social et de la place que ce milieu accorde à l'enfant ?

– comment fait-il percevoir au lecteur à la fois les sentiments éprouvés par l'enfant, et la distance teintée d'humour que prend l'adulte à l'égard de ses sentiments ?

LE BIOGRAPHIQUE

II – Dissertation

Peut-on dire qu'écrire son autobiographie consiste seulement à aller à la recherche de soi-même ?

Vous répondrez à cette question en un développement composé, prenant appui sur les textes du corpus et sur ceux que vous avez lus et étudiés.

III – Écrit d'invention

Vous avez décidé d'écrire votre autobiographie et vous parlez de ce projet dans votre journal intime.

Vous rédigerez deux passages de ce journal.

Dans le premier vous expliquez pourquoi vous voulez vous lancer dans ce projet et vous indiquerez quels seront vos choix d'écriture.

Dans le deuxième, vous mettez en œuvre vos choix d'écriture pour commencer votre autobiographie et évoquer un moment de votre vie.

C O U P d e P O U C E

ANALYSE DU CORPUS

Le corpus est composé de quatre textes autobiographiques. Ils présentent de très nombreux points communs : ce sont quatre textes du XXᵉ siècle (ils ont tous été écrits entre 1937 et 1974) et ils traitent tous de la manière dont on commence une autobiographie, soit en évoquant son enfance (textes 1, 2, 3), soit en réfléchissant sur la manière de procéder pour parler de soi (textes 2, 3, 4). Toutefois, le texte 1, écrit par R. Queneau, présente la particularité d'être en vers (alternance d'alexandrins et de vers de six syllabes).

> **Mémo** *Le biographique : les principales formes*
>
> *– L'autobiographie : récit qu'une personne fait elle-même de sa vie passée. Cela implique : 1) le pacte autobiographique : « je » = narrateur = personnage = auteur ; 2) récit rétrospectif, au passé ou au présent de narration ; 3) pacte de sincérité : dire la vérité sur soi.*
> *– Le roman autobiographique : récit que l'auteur fait lui-même de sa vie passée, par l'intermédiaire d'un personnage qui lui ressemble. Ex. : Jules Vallès, dans l'Enfant, évoque sa propre enfance, à travers le personnage de Jacques Vingtras.*
> *– La biographie : récit de la vie d'une personne, écrite par une autre. C'est un récit le plus souvent au passé ou au présent de narration, qui retrace les grandes étapes de la vie d'une personne.*

— Le journal : récit qu'une personne fait elle-même de sa vie, au jour le jour. Il est souvent daté, écrit au présent de narration. Il n'est pas destiné à la publication. Le journal de voyage inclut notamment des épisodes pittoresques.

QUESTIONS

1. Cette question vous invite à relever dans les textes 2, 3, 4 les difficultés auxquelles se heurte l'autobiographe au moment où il commence à raconter sa vie. Le texte 1 est écarté pour la simple raison que Queneau ne fait pas part au lecteur de ses difficultés : il se lance d'emblée dans le récit de son enfance, comme s'il lui était facile, agréable de relater ses souvenirs, de parler de lui. Dans la mesure du possible, vous devez établir un plan synthétique. Pour cela, un travail au brouillon s'impose : lisez chacun des trois textes et relevez dans chacun d'eux les difficultés évoquées par l'autobiographe ; puis repérez les difficultés communes à plusieurs écrivains (par exemple, Beauvoir et Yourcenar s'inquiètent toutes deux des défaillances de leur mémoire, qui les obligent à recourir à des témoignages extérieurs), de manière à construire un plan. Enfin vous pouvez rédiger, en prenant soin de consacrer un paragraphe à chaque idée.

2. La deuxième question porte sur l'inscription générique des textes. On vous précise que ce sont des autobiographies puisque vous ne pourriez pas le démontrer avec certitude : pour établir le respect du pacte autobiographique, il faudrait que le narrateur-personnage (je) soit explicitement identifié à l'auteur, ce qui n'est pas le cas ici. Vous devez toutefois repérer des indices qui permettent de reconnaître l'auteur dans le « je » : vous pouvez recourir au paratexte (cohérence temporelle par exemple), prendre appui sur les allusions à l'acte d'écriture, etc.

TRAVAIL D'ÉCRITURE

■ Commentaire

Pour analyser ce poème autobiographique, on vous suggère deux axes de lecture. Le premier vous invite à considérer « l'entourage familial et social » dans lequel l'autobiographe a passé son enfance. Vous devez donc relever tous les détails concrets qui font référence au métier des parents de Queneau, tous deux merciers. Vous réfléchirez ensuite sur la relation parents-enfant : complicité, distance, indifférence ? Le deuxième acte vous fait davantage réfléchir sur les choix de l'autobiographe. En effet, pour raconter son enfance, on peut essayer de restaurer le regard naïf que l'on avait, ou au contraire profiter de son expérience d'adulte, qui permet d'apprécier les événements avec plus de justesse. Queneau cherche à faire cohabiter ces deux regards : le regard naïf de l'enfant, le regard distant et amusé de l'adulte. Vous devez repérer dans le texte la voix qui domine. Enfin, n'oubliez pas que l'originalité de cette autobiographie est d'être en vers : il faut donc être attentif à la forme et à la versification. Le paratexte attire d'ailleurs votre attention sur ce point en vous rappelant que l'œuvre de Queneau « a consisté à inventer de nouvelles formes et à exploiter toutes les ressources poétiques du langage ».

Plan du commentaire
I – L'entourage familial et social de l'enfant
II – Des sensations de l'enfant au jugement de l'adulte

■ Dissertation

Pour réussir une dissertation, il est fondamental de commencer par analyser le sujet avec précision.
– Mots clés : écrire son autobiographie (faire soi-même le récit de sa vie passée, en respectant le pacte autobiographique et le pacte de sincérité) ; à la recherche de soi-même (retrouver les sentiments et les émotions passées, faire revivre l'enfant que l'on a été, faire un bilan de son existence afin de mieux se connaître).
– Type de sujet : la question dissimule une affirmation (type 4).
– Reformulation de la thèse contenue dans la question : faire soi-même le récit de sa vie passée permet de mieux se connaître.
– Formulation de la problématique : écrit-on son autobiographie uniquement pour soi, pour mieux se connaître, ou aussi pour les autres ?

> **Mémo** *L'autobiographie : principales fonctions*
>
> *– Informer : l'autobiographe peut faire revivre un passé historique ou un passé intime, qui éclairent le lecteur sur une époque, un lieu, un milieu.*
> *– Connaître : à la fois se connaître (acquérir une meilleure connaissance de soi) et se faire connaître (se présenter au lecteur).*
> *– Juger : soit faire l'éloge des proches, des amis ; soit blâmer, montrer les défauts des ennemis.*

Plan de la dissertation
I – Écrire son autobiographie, c'est partir à la recherche de soi
II – Mais c'est aussi partir à la rencontre d'un public

■ Écrit d'invention

Établissons la « feuille de route ».
– Forme : deux passages d'un journal (chacun des passages sera précédé d'une date ; vous pouvez donner un nom à votre journal, comme Anne Franck par exemple, mais ce n'est pas une nécessité).
– Situation d'énonciation : qui parle ? vous « je » ; à qui ? vous « je » (rappelons que le journal est privé, il n'est pas destiné à être publié) ; de quoi ? dans

le premier extrait, des raisons qui vous poussent à écrire votre autobiographie et de la manière dont vous allez vous y prendre, dans le second extrait d'un épisode de votre vie ; quand ? aujourd'hui.

– Registre : pour le premier extrait, le registre didactique s'impose ; pour le deuxième extrait, vous êtes entièrement libre, vous devez choisir le registre en fonction de l'épisode racontée et de vos choix narratif.

> **Mémo** *Le registre didactique*
>
> *Il caractérise les textes qui diffusent un enseignement, qui donnent des informations au lecteur. Ses principales marques sont :*
> *– un vocabulaire et une syntaxe à la fois simple et précis, qui assurent la bonne compréhension du destinataire ;*
> *– le présent de vérité générale, qui donne un ton doctrinal au propos ;*
> *– l'implication du destinataire (apostrophe, deuxième personne, questions rhétoriques) pour s'assurer de l'attention et de la compréhension du destinataire.*

Arguments : pourquoi écrire son autobiographie 1) plaisir du souvenir ; 2) nécessité de noter les souvenirs avant qu'ils ne s'effacent de la mémoire et que ceux qui peuvent apporter leur témoignage ne disparaissent ; 3) témoigner sur des circonstances particulières ; 4) faire plaisir au lecteur. Comment : 1) à la première personne ; 2) avec spontanéité, en suivant les associations d'idées ; un épisode : ma petite enfance à l'étranger (il va de soi que vous êtes libre d'inventer, toutefois pour être crédible, parlez de quelque chose que vous connaissez bien).

17 CORRIGÉ

> QUESTIONS

1. Parler de soi ne va pas de soi. Les autobiographes se heurtent à de nombreuses difficultés. Ainsi Beauvoir et Yourcenar se rendent compte que leurs souvenirs sont incomplets (texte 2 : « De mes premières années, je ne retrouve guère qu'une impression confuse », l. 15), dès lors elles sont obligées de recourir à des témoignages, à des documents (Texte 2 : « Sur les photos de famille », l. 3 ; texte 3 : « à des bribes de souvenirs reçus de seconde ou de dixième main, à des informations tirées de bouts de lettres ou de feuillets de calepins qu'on a négligé de juter au panier », l. 21-23),

LE BIOGRAPHIQUE

comme si ce n'était pas d'elles-mêmes qu'elles parlaient mais d'une tierce personne (Texte 3 : « L'être que j'appelle moi », l. 1).

De plus, Beauvoir et Cavanna s'interrogent sur la fiabilité de leur souvenir. En effet, Beauvoir avoir été « fière d'être l'aînée » (l. 11), alors qu'elle était « paraît-il, jalouse » (l. 10). Où est la vérité ? Cavanna a beau affirmer « C'est rien que du vrai. Je veux dire, il n'y a rien d'inventé » (l. 6), il est aussitôt obligé de nuancer « Enfin je crois » (l. 7, 8). Ainsi, même lorsqu'on a des souvenirs, on court le risque de ne pas dire la vérité sur soi.

Enfin, il faut ordonner les souvenirs : les autobiographes doivent faire face au désordre de leur conscience, hiérarchiser les souvenirs, les trier pour sélectionner les plus évocateurs. Yourcenar « [s']arrête, prise de vertige devant l'inextricable enchevêtrement d'incidents et de circonstances » (l. 11, 12). Quant à Cavanna, il se sent contraint d'avertir le lecteur de la confusion qui règne dans son œuvre : « Des fois il commence au présent et il finit au passé, et des fois l'inverse. C'est comme ça la mémoire, ça va ça vient. » (l. 3, 4).

Beauvoir, Yourcenar et Cavanna partagent donc les mêmes craintes au seuil de leur autobiographie : ils ont peur de ne pas dire la vérité faute de souvenirs fiables, ils redoutent d'être confus.

2. Le « je » narrateur-personnage qui s'exprime dans ces quatre textes n'est jamais explicitement assimilé à l'auteur, pourtant, les quatre extraits sont autobiographiques. En effet, pour identifier ce « je », on peut s'appuyer sur les informations vérifiables que donne le texte. Ainsi, Queneau affirme « Je naquis au Havre un vingt et un février / en mil neuf cent et trois » (v. 1-2), or le chapô introducteur précise qu'il est bien né en 1903. On pourrait de même vérifier que Beauvoir est née le « neuf janvier 1908 » et Yourcenar « un certain lundi 8 juin 1903 ». On peut également croire l'auteur lorsqu'il déclare parler de lui (texte 3 : « Que cet enfant soit moi », l. 17, 18 ; texte 4 : « Ce gosse, c'est moi », l. 6, 7). On peut enfin noter que le « je » réalise les opérations nécessaires à l'écriture autobiographique : il se souvient de son passé (texte 2 : « Aussi loin que je me souvienne », l. 11 ; texte 4 : « la mémoire », l. 4) et retranscrit ses souvenirs par écrit (texte 3 : « Ayant ainsi consigné ces quelques faits », l. 9 ; texte 4 : « C'est un gosse qui parle », l. 1 ; « Ça rend pas la chose compliquée à lire », l. 4, 5). Ainsi, les quatre textes sont bien autobiographiques.

> COMMENTAIRE (plan détaillé)

Introduction

Lorsque R. Queneau publie en 1937 son autobiographie, *Chêne et Chien*, il ne renonce pas à son désir d'expérimenter sans cesse des formes nouvelles. Il évoque en effet son enfance, banale, sous une forme originale, un poème versifié. Nous étudierons, dans un premier temps, l'entourage familial et social de l'enfant, avant d'en venir, dans un second temps, à l'écart entre le regard de l'enfant et celui de l'adulte.

I – L'entourage familial et social de l'enfant

A. Des souvenirs précis

1. Des sensations variées

Goût, v. 10 ; vue, v. 24 ; ouïe, v. 28 ; toucher, v. 31 ; odorat, v. 38.

2. Des termes précis

Queneau emploie le vocabulaire de la mercerie : « extrafort », v. 19 ; « bibis », « valenciennes », v. 27.

B. Des parents merciers

1. La présentation des parents

Noter la symétrie de la construction, les assonances en [è], v. 3 : le métier envahit tout le vers, comme il envahissait toute la vie des parents. Après cette première mention, ils disparaissent pour laisser place à la nourrice (v. 7). Pas d'évocation de jeux ou de complicité avec les parents.

2. Des tâches envahissantes

Le travail prend une place exagérée dans la vie de la famille : énumération et hyperboles (v. 17-20), enjambements (v. 21-22, 31-32).

II – Des sensations de l'enfant au jugement de l'adulte

A. Le regard de l'enfant : l'immédiateté

1. Plaisirs et déplaisirs sensuels

2. Fierté de grandir

B. Le jugement de l'adulte : un monde inadapté à l'enfance

1. Les parents

Père automate qui accomplit sans cesse les mêmes tâches (v. 17-20), mère fausse artiste un peu ridicule (v. 25-28).

2. La nourrice

Elle est décrite avec des termes dépréciatifs (v. 7) : elle incarne l'abandon de l'enfant, « l'injustice » (v. 5).

3. La mercerie

Des tâches mécaniques, sans intérêt : pronom indéfini et imparfait itératif (v. 27 et 34).

LE BIOGRAPHIQUE

C. La voix du poète : l'humour et le jeu

1. La familiarité

Le poète emploie des termes familiers (v. 35), pas de solennité. Il invite le lecteur à se reconnaître.

2. Le renouvellement des formes poétiques

Queneau joue avec les formes poétiques : poème qui alterne alexandrins et vers de six syllabes, forme conventionnelle, détournée par l'accumulation des enjambements (v. 1-2) qui donne un effet prosaïque, par la trivialité des situations (v. 37-40).

Conclusion

Si le poète se montre plein de ressentiment pour une mercerie qui lui a volé son enfance en enfermant sa famille dans des tâches mécaniques, qui ne laisse aucune place à la créativité, il prend plaisir à montrer que, pour sa part, il a choisi l'originalité et la variété, en racontant son enfance dans une poésie pleine d'humour.

> DISSERTATION

Le plan détaillé est rappelé entre crochets pour vous aider, mais il ne doit en aucun cas figurer sur votre copie. Il faudra donc soigner les introductions et les conclusions partielles ainsi que les transitions entre les différentes parties et sous-parties afin de guider le correcteur.

[Introduction]

Nombreux sont les auteurs, qu'ils soient romanciers, poètes ou dramaturges, qui décident, à la fin de leur vie, d'écrire leur autobiographie. Ce faisant, ils revendiquent le droit, exceptionnellement, de travailler pour eux et non pas pour le public. Pourtant, les autobiographies rencontrent de plus en plus souvent un grand succès de librairie. Peut-on dire qu'écrire son autobiographie consiste seulement à aller à la recherche de soi-même ? Écrit-on son autobiographie uniquement pour soi, pour mieux se connaître, ou aussi pour les autres ? Nous montrerons, dans une première partie, que raconter sa vie c'est partir à la recherche de soi, puis, dans une seconde partie, nous verrons que c'est aussi aller à la rencontre du public.

[I – Écrire son autobiographie, c'est partir à la recherche de soi]

Il apparaît en premier lieu que l'autobiographe obéit à un besoin personnel, intime.

[A. Dialoguer avec ses sentiments intimes]

Écrire sa vie est en effet d'abord une histoire de sentiments. L'autobiographe, en revivant au moment de l'écriture un événement douloureux de son histoire passée, se soulage d'un poids. Ainsi, Annie Ernaux regrette de n'avoir jamais su parler avec son père, ouvrier, qu'elle jugeait trop différent de la jeune fille cultivée qu'elle était. En écrivant *la Place*, en retraçant son enfance et en analysant l'évolution de sa relation avec son père, elle rend hommage à ce dernier, restaure les conditions d'un dialogue, et répare ainsi une faute qu'elle estime avoir commise. L'écriture autobiographique est donc la source d'un apaisement intérieur. À l'inverse, l'écriture autobiographique est aussi l'occasion de revivre un moment heureux du passé. L'auteur éprouve alors le plaisir égoïste de se replonger avec délice dans son propre passé, d'éprouver à nouveau un bonheur révolu. C'est ce qu'expérimente Simone de Beauvoir lorsqu'elle entreprend *les Mémoires d'une jeune fille rangée*. Elle se plaît à décrire le salon de la maison comme un ventre maternel, dans lequel elle était parfaitement heureuse et apaisée (« je me blottissais dans la niche creusée sous le bureau, je m'enroulais dans les ténèbres »). Elle retranscrit les sensations qu'elle éprouvait, sensations visuelles (« L'appartement était rouge, rouges la moquette, la salle à manger Henri II »), sensations tactiles (« rideaux de velours », « chaud »), avec une telle précision qu'elle rend perceptible le bonheur qu'elle prend à les savourer encore. Ainsi, que ce soit pour apaiser une douleur ou au contraire pour prolonger un bonheur, on écrit son autobiographie pour des raisons sentimentales, inscrites au plus profond de soi.

[B. Faire un bilan critique de son existence]

Cependant l'autobiographe ne se laisse pas seulement guider par ses sentiments. Il peut aussi écrire pour analyser son passé et porter un regard critique sur son existence. Ainsi, il écrit aussi son autobiographie pour se juger et juger ceux qui l'ont entouré, ont influencé son existence d'une façon ou d'une autre. Rousseau a le sentiment d'être mal jugé par le monde, c'est pour rétablir la vérité qu'il entreprend les *Confessions*. Pour lui, l'écriture autobiographique doit être un regard lucide et critique sur son existence. Il affirme clairement dans le texte liminaire : « J'ai dit le bien et le mal avec la même franchise. Je n'ai rien tu de mauvais, rien ajouté de bon ; […]. Je me suis montré tel que je fus ; méprisable et vil quand je l'ai été, bon, généreux, sublime, quand je l'ai été. » Écrire son autobiographie, c'est donc pour Rousseau se juger, et il revendique ce privilège. De même, lorsque Queneau raconte son enfance, dans *Chêne et Chien*, il profite de son expérience d'adulte pour jeter un regard critique sur l'univers dans lequel il a passé son enfance. Il dénonce, avec humour, la place exagérée du travail dans la vie de ses parents, grâce à une énumération envahissante (« Mon père débitait des toises de soieries,/des tonnes de boutons,/des kilos d'extrafort et de rubaneries ») où les hyperboles laissent entendre que la mercerie est si importante pour son père que l'enfant n'a plus de place. Écrire son autobiographie, c'est donc chercher à dire la vérité sur soi et sur ses proches.

[**Conclusion partielle et transition**] Ainsi, l'autobiographe en vient à prendre la plume, guidé par ses sentiments ou son sens de l'équité. Il part donc à la recherche de soi-même. Pourtant, contrairement au journal intime, l'autobiographie est destinée à être publiée. De ce fait, elle doit aussi répondre une attente du lecteur.

[II – Mais c'est aussi partir à la rencontre d'un public]

Écrire son autobiographie, ce n'est donc pas seulement se tourner vers soi, vers son passé, c'est aussi se tourner vers l'extérieur, se dévoiler aux autres.

[A. Témoigner]

L'autobiographe écrit en effet pour témoigner et partager son expérience avec le lecteur. Ce qu'il a vécu, l'expérience qu'il a acquise, il en fait don à son public. Ainsi, Primo Levi entreprend d'écrire *Si c'est un homme* parce qu'il estime que l'horreur des camps n'est pas un fait unique, isolé dans l'Histoire, mais l'expression d'une « conviction », selon laquelle « l'étranger, c'est l'ennemi », conviction dont « [b]eaucoup d'entre nous, individus ou peuples » ont été victimes et pourraient encore être victimes. Il s'agit donc d'apporter le témoignage de ce qu'il a vécu afin que « l'histoire des camps d'extermination [puisse] retentir pour tous comme un signal d'alarme ». L'autobiographe n'a pas toujours vécu des faits aussi dramatiques, aussi exceptionnels, mais il peut apporter un témoignage fidèle sur un pays, sur un milieu, etc. Ainsi, Queneau dépeint dans *Chêne et Chien* le travail d'un mercier, de la vente de tissus et de chapeaux au nettoyage de la boutique et à la fermeture, et fait revivre un métier aujourd'hui quasiment disparu, en raison du triomphe du prêt-à-porter. Écrire son autobiographie, c'est donc apporter un témoignage au lecteur.

[B. Tendre au lecteur un miroir]

De plus, si l'écriture a permis à l'autobiographe de se découvrir, l'œuvre aide le lecteur à mieux se connaître. En effet, raconter sa vie passée suppose que l'on raconte son enfance, son adolescence puis sa vie adulte. Ces trois étapes sont comme trois passages obligés pour l'autobiographe. Or, il n'est pas rare que les auteurs les plus reconnus, les artistes les plus célèbres aient eu une enfance très commune. S'ils la racontent, ce n'est donc pas pour en montrer la singularité mais au contraire pour insister sur sa banalité. Le lecteur est ainsi invité à s'identifier au narrateur-personnage, et à accueillir à son tour ses propres souvenirs. Ainsi, Simone de Beauvoir évoque sa ridicule fierté, le sentiment de supériorité que lui conférait le statut d'aînée (« Déguisée en chaperon rouge, portant dans mon panier galette et pot de beurre, je me sentais plus intéressante qu'un nourrisson cloué dans son berceau. J'avais une petite sœur : ce poupon ne m'avait pas »). De même, Marguerite Yourcenar généralise les sentiments éprouvés par ses parents à sa naissance (« toute naissance en est un [un événement] pour le père et la mère et quelques personnes qui leur tiennent de près »). Ainsi, le récit autobiographique permet à l'auteur de créer une connivence avec son lecteur qui se voit lui-même dans l'ouvrage. En partant à la recherche de soi-même, en retranscrivant les sentiments qu'il a éprouvés, l'autobiographe permet au lecteur de se retrouver.

[C. Faire de la littérature]

Enfin, on écrit son autobiographie pour faire de la littérature. Le diariste peut jeter quelques phrases au hasard sur le papier, avec la certitude que personne ne les lira jamais ; l'autobiographe, qui a conscience que son ouvrage va être publié, ne peut penser qu'à lui, il doit séduire un public et donner une dimension esthétique à l'autobiographie. Ainsi, Queneau, qui aime expérimenter de nouvelles formes d'écriture, n'oublie pas ses préoccupations littéraires pour parler de lui. Son autobiographie *Chêne et Chien* prend la forme d'un long poème qui alterne alexandrins et vers de six syllabes. Il joue de cette forme conventionnelle en y insérant des termes familiers (« à perpette ») et en y décrivant des situations triviales (« Ainsi je grandissais parmi ces demoiselles / en reniflant leur sueur / qui fruit de leur travail perlait à leurs aisselles »). Écrire une autobiographie, c'est donc faire une œuvre littéraire.

[**Conclusion partielle**] Ainsi, l'autobiographe écrit pour plaire au lecteur, en lui confiant son expérience, en l'aidant à mieux se connaître, en lui offrant une langue esthétique.

[Conclusion]

On écrit donc son autobiographie par égoïsme, pour aller à la recherche de soi, mais dans la mesure où l'on publie son récit de vie, c'est qu'on écrit aussi pour un lecteur. Les raisons d'écrire son autobiographie, des plus narcissiques aux plus altruistes, se mêlent ainsi les unes aux autres, expliquant peut-être l'abondance des textes autobiographiques.

LE BIOGRAPHIQUE

> ÉCRIT D'INVENTION

7 juin

Je viens de finir *les Mémoires d'une jeune fille rangée* de Simone de Beauvoir. J'ai adoré ce livre, à la fois émouvant – je me suis plusieurs fois reconnue dans la jeune fille qui rêve de liberté – et instructif – la société a beaucoup évolué depuis l'entre-deux-guerres... J'ai décidé moi aussi d'écrire l'histoire de ma vie. Je sais bien qu'il y a une part d'égoïsme dans cette entreprise : écrire c'est se souvenir et en particulier se souvenir des moments heureux. J'imagine le bonheur de revivre les Noëls en famille, d'en savourer chaque minute afin de le retranscrire précisément. Je me souviens avoir perçu ce bonheur du souvenir à la lecture du *Livre de ma mère* d'Albert Cohen. Il se livre à une longue énumération de tous les petits bonheurs d'enfance et il est clair qu'il accumule les termes moins par souci de précision que par désir de prolonger le plaisir de l'écriture. C'est un plaisir que je veux moi aussi connaître.

Je suis peut-être un peu jeune encore pour écrire mon autobiographie. Pourtant, je me sens déjà presque trop vieille. Certains souvenirs s'effacent déjà de ma mémoire : je ne me rappelle que très vaguement mon grand-père par exemple. Plus j'attendrai et moins j'aurai de souvenirs précis. Pour pallier ces défaillances de ma mémoire, je serai obligée de demander des renseignements à mes parents, à leurs amis. Dois-je attendre que tous disparaissent ? Si je veux fixer des souvenirs à peu près conformes à la réalité, c'est aujourd'hui que je dois le faire.

C'est d'ailleurs la précision de mes souvenirs qui pourra charmer le lecteur. Je ne prétends pas écrire comme Yourcenar ou Beauvoir, mais si la qualité littéraire de mon autobiographie est pauvre, elle pourra néanmoins avoir de la valeur en tant que témoignage. J'ai en effet grandi avec l'Europe. Au hasard des tournées et des contrats de maman, j'ai quitté l'Espagne juste après la chute de Franco, j'ai assisté à la chute du mur de Berlin, j'ai connu l'Europe des 6, des 12, des 15 et même des 25 ! Hier encore, j'ai senti mon cœur battre en entendant le chancelier Schröder reconnaître la responsabilité de l'Allemagne dans la guerre et avouer que le débarquement américano-britannique avait libéré son pays comme le reste de l'Europe occidentale de la domination hitlérienne, en voyant les chefs d'État français et allemand s'embrasser. J'ai conscience d'avoir eu une chance immense et je crois qu'il est de mon devoir de dire ce que j'ai vu, ce que j'ai vécu, pour que Garance et Baptiste, mais aussi tous les autres enfants de leur âge, sachent que l'Europe ne s'est pas faite en un jour. Si mon autobiographie est un témoignage, je crois qu'elle sera utile. Il va de soi que je ne vais pas faire un livre d'Histoire : je ne prétends pas analyser les événements, les expliquer, mais simplement décrire mes sentiments. Ainsi, le lecteur (heureusement personne ne lira jamais ces lignes : on me jugerait incroyablement prétentieuse : je n'ai encore rien écrit, mais je songe déjà à mon « lecteur » !) prendra plaisir à se reconnaître, il retrouvera des sentiments qu'il a déjà éprouvés dans des circonstances similaires… Finalement, je vais donc écrire pour me faire plaisir et faire plaisir à tous ceux qui daigneront me lire.

Il me reste maintenant à savoir comment je vais m'y prendre. Comment faire pour atteindre mon objectif ? Je crois que je vais viser la simplicité. Je vais parler de moi, alors n'ayons pas de fausse pudeur : employons la première personne. Pour plus de clarté, j'essaierai de respecter la chronologie, mais sans en faire une loi implacable. Je ne veux pas avoir à en subir de contrainte : je veux m'exprimer librement ! Ainsi, si un souvenir me fait penser à un autre, je n'irai pas à l'encontre de cette association d'idées. Les souvenirs jailliront des souvenirs, enfin… espérons-le !

14 juin

Je recopie ici ce qui, je l'espère, sera la première page de mon autobiographie. Je suis née le …, à Madrid, d'un père français et d'une mère espagnole. On peut se demander pourquoi mes parents restaient à Madrid, ville qui, sous le régime de Franco, avait incontestablement moins de charme qu'elle n'en a aujourd'hui et où les libertés individuelles étaient souvent contrariées. Ils auraient en effet pu habiter Paris, ce qui m'aurait permis de voir plus souvent mes grands-parents. En réalité, ils séjournaient à Madrid parce que ma mère était danseuse professionnelle de flamenco, ce qui nécessitait un entraînement régulier avec des musiciens, des chanteurs et des danseurs. Aussi loin que je me souvienne, sa penderie a toujours été encombrée de longues robes de couleur vive, dont les volants et les dentelles m'enchantaient ! Par terre, ses chaussures s'entassaient dans un fatras épouvantable qui faisait soupirer et maugréer Maria. J'étais persuadée que Maria était entièrement dévouée à mon service… quelle ne fut pas ma surprise d'apprendre, quelques années plus tard, qu'elle avait elle aussi une famille, des enfants, et qu'en réalité, son travail consistait à faire le ménage dans notre appartement. J'avoue que je ne lui en laissais pas souvent le loisir. Dans ces quelques lignes, c'est toute mon enfance qui me revient : des conciliabules à voix basse pour savoir si Franco resterait encore longtemps au pouvoir, des robes parfumées, de la musique qui jaillissait du salon, et Maria, toujours prête à jouer avec moi, à me préparer du chocolat chaud quand mes parents dînaient dehors ou rentraient tard, après un spectacle.

LE BIOGRAPHIQUE

CORRIGÉ   Séries STT-STI-STL-SMS, Inde, avril 2003

18 RÊVES D'ENFANCE

Objet d'étude : le biographique

> ## CORPUS

·COLETTE (1873-1954), « Rêverie de Nouvel An », *Les Vrilles de la vigne*, 1908.

Texte : COLETTE (1873-1954), « Rêverie de Nouvel an »,
Les Vrilles de la vigne, 1908

Rêverie de Nouvel An

Toutes trois nous rentrons poudrées, moi, la petite bull[1] et la bergère flamande… Il a neigé dans les plis de nos robes, j'ai des épaulettes blanches, un sucre impalpable fond au creux du mufle camard[2] de Poucette, et la bergère flamande scintille toute, de son museau pointu à sa queue en
5 massue.

Nous étions sorties pour contempler la neige, la vraie neige et le vrai froid, raretés parisiennes, occasions presque introuvables, de fin d'année… Dans mon quartier désert, nous avons couru comme trois folles, et les fortifications hospitalières, les fortifs[3] décriées ont vu de l'avenue des Ternes au
10 boulevard Malesherbes, notre joie haletante de chiens lâchés. Du haut du talus nous nous sommes penchées sur le fossé que comblait un crépuscule violâtre fouetté de tourbillons blancs ; nous avons contemplé Levallois[4] noir piqué de feux roses derrière un voile chenillé de mille et mille mouches blanches, vivantes, froides comme des fleurs effeuillées, fondantes sur les
15 lèvres, sur les yeux, retenues un moment aux cils, au duvet des joues… Nous avons gratté de nos dix pattes une neige intacte, friable, qui fuyait sous notre poids avec un crissement caressant de taffetas. Loin de tous les yeux, nous avons galopé, aboyé, happé la neige au vol, goûté sa suavité de sorbet vanillé et poussiéreux…
20 Assises maintenant devant la grille ardente nous nous taisons toutes trois. Le souvenir de la nuit, de la neige, du vent déchaîné derrière la porte,

fond dans nos veines lentement et nous allons glisser à ce soudain sommeil qui récompense les marches longues…

25 La bergère flamande, qui fume comme un bain de pieds, a retrouvé sa dignité de louve apprivoisée, son sérieux faux et courtois. D'une oreille, elle écoute le chuchotement de la neige au long des volets clos, de l'autre elle guette le tintement des cuillères dans l'office. Son nez effilé palpite, et ses yeux couleur de cuivre, ouverts droit sur le feu, bougent incessamment, de droite à gauche, de gauche à droite, comme si elle lisait… J'étudie, un peu

30 défiante, cette nouvelle venue, cette chienne féminine et compliquée qui garde bien, rit rarement, se conduit en personne de sens et reçoit les ordres, les réprimandes sans mot dire, avec un regard impénétrable et plein d'arrière-pensées… Elle sait mentir, voler – mais elle crie, surprise, comme une jeune fille effarouchée et se trouve presque mal d'émotion. Où prit-

35 elle, cette petite louve au rein bas, cette fille des champs wallons, sa haine des gens mal mis et sa réserve aristocratique ? Je lui offre sa place à mon feu et dans ma vie, et peut-être m'aimera-t-elle, elle qui sait déjà me défendre…

Ma petite bull au cœur enfantin dort, foudroyée de sommeil, la fièvre au museau et aux pattes. La chatte grise n'ignore pas qu'il neige, et depuis

40 le déjeuner je n'ai pas vu le bout de son nez, enfoui dans le poil de son ventre. Encore une fois me voici, en face de mon feu, de ma solitude, en face de moi-même…

Une année de plus… À quoi bon les compter ? Ce jour de l'An parisien ne me rappelle rien des premier janvier de ma jeunesse ; et qui pourrait me

45 rendre la solennité puérile des jours de l'An d'autrefois ? La forme des années a changé pour moi, durant que, moi, je changeais. L'année n'est plus cette route ondulée, ce ruban déroulé qui depuis janvier, montait vers le printemps, montait vers l'été pour s'y épanouir en calme plaine, en pré brûlant coupé d'ombres bleues, taché de géraniums éblouissants, – puis des-

50 cendait vers un automne odorant, brumeux fleurant le marécage, le fruit mûr et le gibier, – puis s'enfonçait vers un hiver sec, sonore, miroitant d'étangs gelés, de neige rose sous le soleil… Puis le ruban ondulé dévalait, vertigineux, jusqu'à se rompre net devant une date merveilleuse, isolée, suspendue entre les deux années comme une fleur de givre : le jour de l'An…

55 Une enfant très aimée, entre des parents pas riches, et qui vivait à la campagne parmi des arbres et des livres, et qui n'a connu ni souhaité les jouets coûteux : voilà ce que je revois, en me penchant ce soir sur mon passé… Une enfant superstitieusement attachée aux fêtes des saisons, aux dates marquées par un cadeau, une fleur, un traditionnel gâteau… Une

60 enfant qui d'instinct ennoblissait de paganisme[5] les fêtes chrétiennes, amoureuse seulement du rameau de buis, de l'œuf rouge de Pâques, des roses effeuillées à la Fête-Dieu et des reposoirs – syringas, aconits, camomilles – du surgeon de noisetier sommé d'une petite croix, bénit à la messe de l'Ascension et planté sur la lisière du champ qu'il abrite de la

65 grêle… Une fillette éprise du gâteau à cinq cornes, cuit et mangé le jour des Rameaux ; de la crêpe, en carnaval ; de l'odeur étouffante de l'église, pendant le mois de Marie…

Vieux curé sans malice qui me donnâtes la comunion, vous pensiez que cette enfant silencieuse, les yeux ouverts sur l'autel, attendait le miracle, le
70 mouvement insaisissable de l'écharpe bleue qui ceignait la Vierge ? N'est-ce pas ? J'étais si sage !.. Il est bien vrai que je rêvais miracles, mais… pas les mêmes que vous. Engourdie par l'encens des fleurs chaudes, enchantée du parfum mortuaire, de la pourriture musquée des roses, j'habitais, cher homme sans malice, un paradis que vous n'imaginiez point, peuplé de mes
75 dieux, de mes animaux parlants, de mes nymphes et de mes chèvre-pieds[6]… Et je vous écoutais parler de votre enfer, en songeant à l'orgueil de l'homme qui, pour ses crimes d'un moment, inventa la géhenne[7] éter-nelle… Ah ! qu'il y a longtemps !..

Ma solitude, cette neige de décembre, ce seuil d'une autre année ne me
80 rendront pas le frisson d'autrefois, alors que dans la nuit longue je guettais le frémissement lointain, mêlé aux battements de mon cœur, du tambour municipal, donnant, au petit matin du 1er janvier, l'aubade au village endormi. Ce tambour dans la nuit glacée, vers six heures, je le redoutais, je l'appelais du fond de mon lit d'enfant, avec une angoisse nerveuse proche
85 des pleurs, les mâchoires serrées, le ventre contracté… Ce tambour seul, et non les douze coups de minuit, sonnait pour moi l'ouverture éclatante de la nouvelle année, l'avènement mystérieux après quoi haletait le monde entier, suspendu au premier *rrran* du vieux tapin[8] de mon village.

Il passait, invisible dans le matin fermé, jetant aux murs son alerte et
90 funèbre petite aubade et derrière lui une vie recommençait, neuve et bondissante vers douze mois nouveaux… Délivrée, je sautais de mon lit à la chandelle, je courais vers les souhaits, les baisers, les bonbons, les livres à tranches d'or… J'ouvrais la porte aux boulangers portant les cent livres de pain et jusqu'à midi, grave, pénétrée d'une importance commerciale, je
95 tendais à tous les pauvres, les vrais et les faux, le chanteau[9] de pain et le décime[10], qu'ils recevaient sans humilité et sans gratitude…

Matins d'hiver, lampe rouge dans la nuit, air immobile et âpre d'avant le lever du jour, jardin deviné dans l'aube obscure, rapetissé, étouffé de neige, sapins accablés qui laissiez, d'heure en heure, glisser en avalanches le
100 fardeau de vos bras noirs, – coups d'éventail des passereaux effarés, et leurs jeux inquiets dans une poudre de cristal plus ténue, plus pailletée que la brume irisée d'un jet d'eau… Ô tous les hivers de mon enfance, une journée d'hiver vient de vous rendre à moi ! C'est mon visage d'autrefois que je cherche, dans ce miroir ovale saisi d'une main distraite, et non mon
105 visage de femme, de femme jeune que sa jeunesse va bientôt quitter…

Enchantée encore de mon rêve, je m'étonne d'avoir changé, d'avoir vieilli pendant que je rêvais… D'un pinceau ému je pourrais repeindre, sur

ce visage-ci, celui d'une fraîche enfant roussie de soleil, rosie de froid, des
joues élastiques achevées en un menton mince, des sourcils mobiles
110 prompts à se plisser, une bouche dont les coins rusés démentent la courte
lèvre ingénue… Hélas, ce n'est qu'un instant. Le velours adorable du pastel
ressuscité s'effrite et s'envole… L'eau sombre du petit miroir retient seulement mon image qui est bien pareille, toute pareille à moi, marquée de
légers coups d'ongle, finement gravée aux paupières, aux coins des lèvres,
115 entre les sourcils têtus… Une image qui ne sourit ni ne s'attriste, et qui
murmure, pour moi seule : « Il faut vieillir ». Ne pleure pas, ne joins pas
des doigts suppliants, ne te révolte pas : il faut vieillir. Répète-toi cette
parole, non comme un cri de désespoir, mais comme le rappel d'un départ
nécessaire. Regarde-toi, regarde tes paupières, tes lèvres, soulève sur tes
120 tempes les boucles de tes cheveux : déjà tu commences à t'éloigner de ta
vie, ne l'oublie pas, il faut vieillir !

Éloigne-toi lentement, lentement, sans larmes ; n'oublie rien ! Emporte
ta santé, ta gaîté, ta coquetterie, le peu de bonté et de justice qui t'a rendu
la vie moins amère ; n'oublie pas ! Va-t'en parée, va-t'en douce, et ne
125 t'arrête pas le long de la route irrésistible, tu l'essaierais en vain, – puisqu'il
faut vieillir ! Suis le chemin, et ne t'y couche que pour mourir. Et quand
tu t'étendras en travers du vertigineux ruban ondulé, si tu n'as pas laissé
derrière toi un à un tes cheveux en boucles, ni tes dents une à une, ni tes
membres un à un usés, si la poudre éternelle n'a pas, avant ta dernière
130 heure, sevré tes yeux de la lumière merveilleuse – si tu as, jusqu'au bout
gardé dans ta main la main amie qui te guide, couche-toi en souriant, dors
heureuse, dors privilégiée.

© Librairie Arthème Fayard

1. Abréviation de *bulldog*, pour « bouledogue », petit dogue à mâchoires saillantes.
2. Qui a le nez plat et écrasé.
3. Abréviation populaire pour désigner les fortifications.
4. Commune située au nord-ouest de Paris.
5. Religion des païens, culte polythéiste.
6. Personnage mythique mi-homme mi-bête.
7. Enfer dans le langage biblique.
8. Celui qui bat du tambour.
9. Morceau coupé à un grand pain.
10. Dixième partie du franc, dix centimes.

> **QUESTIONS** [6 pts]

1. Justifiez le titre de la nouvelle autobiographique de Colette, « Rêverie de
Nouvel An ».   **[3 pts]**
2. Expliquez la métaphore du « ruban » qui apparaît aux lignes 47 à 54.
Puis, montrez comment elle évolue au cours du texte (lignes 126 à la fin).
[3 pts]

> TRAVAIL D'ÉCRITURE [14 pts]

I – Commentaire

Vous ferez le commentaire du début du texte de Colette, « Rêverie de Nouvel An » : de la ligne 1 à la ligne 23 (« … qui récompense les marches longues… »)
Vous vous appuierez sur les pistes suivantes :
– vous montrerez la complicité de la narratrice et de ses deux compagnes ;
– vous analyserez le bonheur de cet instant privilégié de communion avec le monde et d'harmonie entre les êtres.

II – Dissertation

Les autobiographies connaissent de nombreux succès en librairie. Aimez-vous lire des œuvres autobiographiques ou bien leur préférez-vous des œuvres de fiction ? Vous justifierez votre point de vue en vous appuyant sur le texte du corpus et vos lectures personnelles.

III – Écrit d'invention

Une revue littéraire prépare un numéro sur le récit autobiographique. Vous êtes chargé d'y écrire un article dans lequel vous démontrez en quoi l'écriture autobiographique peut être une aide pour les autres et pour soi.
Vous développerez votre argumentaire en utilisant le texte du corpus et les lectures que vous avez faites par ailleurs.

COUP de POUCE

ANALYSE DU CORPUS

Exceptionnellement, le corpus n'est composé que d'un seul texte. Il s'agit d'une courte nouvelle de Colette, intitulée « Rêverie de Nouvel An », et extraite du recueil *les Vrilles de la vigne*. Colette est célèbre pour son œuvre autobiographique : elle a écrit une série de romans à dimension autobiographique, autour du personnage de Claudine, ainsi que des ouvrages consacrés à sa mère, Sido, et à son enfance à la campagne. Elle décrit ici comment les souvenirs d'enfance l'envahissent à l'occasion d'une soirée de Nouvel An.

QUESTIONS

1. La première question vous demande de justifier le titre de la nouvelle, « Rêverie de Nouvel An ». La justification comporte deux aspects. Soulignez d'abord que le point commun entre les différents tableaux qui constituent cette rêverie est le Nouvel An, en relevant le champ lexical de l'hiver et toutes les références explicites aux fêtes de fin d'année. Attachez-vous ensuite à montrer que le récit ne se déploie pas de manière linéaire, mais se construit comme une rêverie : une série de tableaux successifs, qui naissent par associations d'idées. Pour cela, étudiez la construction des phrases, souvent nominales et juxtaposées.

2. La deuxième question porte sur une figure de style, « la métaphore du « ruban », ou plus précisément la métaphore filée puisqu'elle se déploie longuement dans la nouvelle. On vous invite à comparer deux occurrences de cette image, lignes 47 à 54 puis ligne 126 à la fin. Il faut analyser les comparés qui sont régis par le même comparant, « ruban ». Dans le premier cas, il s'agit de l'année ; dans le second, il s'agit de la vie. Vous devez ensuite en tirer une conclusion sur l'état d'esprit de la narratrice.

TRAVAIL D'ÉCRITURE

■ Commentaire

Le commentaire porte sur les trois premiers paragraphes du texte, sur le récit heureux d'un réveillon du Nouvel An enneigé, qui va ensuite entraîner une rêverie nostalgique. La narratrice évoque une promenade nocturne à Paris. On vous propose deux pistes de lecture. La première vous demande d'étudier « la complicité de la narratrice et de ses deux compagnes ». Notez en premier lieu que les deux compagnes de la narratrice sont des chiennes (« la petite bull et la bergère flamande »). Remarquez néanmoins que cette distinction entre humain et animaux s'efface très vite puisque les trois amies sont désignées collectivement par le pronom « nous ». De plus, il existe un jeu de miroir entre la femme qui agit comme un animal et les deux chiennes qui se comportent en jeunes femmes. La seconde piste de lecture s'intéresse au « bonheur né de cet instant privilégié de communion avec le monde et d'harmonie entre les êtres ». Il faut en particulier relever tout ce qui touche au cinq sens pour montrer que la scène est d'une beauté parfaite et qu'elle touche tous les sens. Il faut aussi souligner les personnifications, qui donnent l'impression que Paris participe à la réjouissance avec les trois compagnes.

Plan du commentaire
I – La complicité de la narratrice et de ses deux compagnes
II – Un bonheur né de la sensualité et de l'harmonie

■ Dissertation

Le sujet part d'un constat : « Les autobiographies connaissent de nombreux succès en librairie ». Ce succès peut surprendre : on peut en effet se demander quel intérêt présente le « moi » de l'autre. Pourquoi s'intéresser à la vie intime d'un autre ? D'où la question qui vous est posée : « Aimez-vous lire des œuvres autobiographiques ou bien leur préférez-vous des œuvres de fiction ? ».

– Mots clés : aimez-vous (attention ! cette question vous est directement adressée, pourtant, ce qui compte ce n'est pas tant votre avis que la manière dont il est justifié) ; œuvres autobiographiques (dans lesquelles l'auteur fait le récit de sa vie passée) ; œuvres de fiction (roman, récit de vie fictif…)

– Type de sujet : le sujet vous invite à choisir entre deux thèses (type 2).

– Reformulation des deux thèses : 1) les autobiographies présentent un grand intérêt ; 2) les œuvres de fiction séduisent le lecteur.

– Formulation de la problématique : se laisse-t-on davantage séduire par les autobiographies ou les textes de fiction ?

Plan de la dissertation
I – Certes, les autobiographies présentent un grand intérêt
II – Mais les œuvres de fiction présentent un intérêt plus grand encore

■ Écrit d'invention

Le sujet ne présente pas d'ambiguïtés, on peut donc établir la « feuille de route ».

– Forme : un article pour une revue littéraire (n'oubliez pas d'indiquer la date, votre nom, ainsi que le nom de la revue à la fin de votre écrit).

– Situation d'énonciation : qui parle ? vous (« je ») ; à qui ? aux lecteurs (« vous ») ; de quoi ? de l'aide que peut apporter une œuvre autobiographique, aux lecteurs aussi bien qu'à l'auteur.

– Registre : les registres didactique et lyrique peuvent alterner.

– Arguments : 1) une aide pour soi, apprendre à se connaître dans un travail d'introspection, se libérer d'un passé douloureux, juger ; 2) une aide pour les autres, apprendre à se connaître par identification, connaître l'autre, s'informer sur une époque, un lieu, un milieu.

18 CORRIGÉ

> QUESTIONS

1. Le titre de cette nouvelle autobiographique de Colette est « Rêverie de Nouvel An ». Nous allons justifier ce titre.

La nouvelle s'organise autour de deux temporalités : le présent (« Assises maintenant devant la grille ardente nous nous taisons toutes trois ») et le passé (« Ce tambour seul, et non les douze coups de minuit, sonnait pour moi l'ouverture éclatante de la nouvelle année »). Le point commun entre le présent (qui renvoie à l'âge adulte) et le passé (qui renvoie à l'enfance), ce sont les soirées de Nouvel An (« fin d'année », « Ce jour de l'An parisien », « jours de l'An d'autrefois », « le jour de l'An »). La nouvelle est donc centrée sur cette période de l'année.

C'est la soirée de Nouvel An, qui inspire à la narratrice adulte, « en face de [s]on feu, de [s]a solitude », une rêverie. En effet, la nouvelle ne fait pas un récit de l'enfance de façon linéaire et organisée, mais propose une série de tableaux, d'images, qui envahissent la narratrice en cette soirée particulière. Ainsi, les phrases nominales se succèdent, juxtaposant des groupes nominaux qui traduisent une sensation (« Matins d'hiver, lampe rouge dans la nuit, air immobile et âpre d'avant le lever du jour, jardin deviné dans l'aube obscure »).

Cette évocation sensuelle et libre des soirées de Nouvel An emplit de joie la narratrice qui se dit « enchantée encore de [s]on rêve », de sa « Rêverie de Nouvel An ».

2. La métaphore du ruban est employée à deux reprises dans le texte.

La première fois, aux lignes 47 à 54, elle décrit l'année et les saisons qui se succèdent : « ce ruban déroulé depuis janvier », « le ruban ondulé dévalait, vertigineux, jusqu'à se rompre net devant une date merveilleuse [...] : le jour de l'An ». Cette métaphore traduit la continuité des cycles de la nature : le ruban ondule, se déroule et ne se coupe que pour se déployer à nouveau. De plus, le ruban est tissu coloré et soyeux, qui paraît propre à évoquer les sensations associées à chaque saison (« été [...] brûlant », « automne odorant », « hiver sec »). C'est donc une image rassurante.

La métaphore du ruban apparaît une seconde fois, à la fin du texte, ligne 126 à la fin. Elle désigne alors non plus le déroulement de l'année, mais celui de la vie. La fin du ruban est la mort (« Et quand tu t'étendras en travers du vertigineux ruban ondulé [...] couche-toi en souriant, dors heureuse, dors privilégiée »). L'évolution de la métaphore trahit l'âge de la narratrice, qui n'est plus une enfant qui vit au jour le jour, mais une adulte qui prend du recul, envisage les choses dans leur globalité, et prend conscience de la mort à venir.

> COMMENTAIRE (plan détaillé)

Introduction

« Rêverie de Nouvel An » est une nouvelle autobiographique de Colette, qui a consacré une grande part de son œuvre littéraire à ses souvenirs et notamment à ses souvenirs d'enfance champêtre. Le début de la nouvelle, publiée en 1908 dans *les Vrilles de la vigne*, décrit une promenade, un réveillon de Nouvel An, dans un Paris exceptionnellement enneigé. Nous étudierons d'abord la complicité de la narratrice et de ses deux compagnes, avant d'en venir au bonheur qui naît de la sensualité et de l'harmonie.

I – La complicité de la narratrice et de ses deux compagnes

A. Elles forment un groupe

a. Une femme et deux chiennes

b. Elles sont toujours désignées collectivement

Emploi du « nous » collectif et de termes globaux « toutes trois ».

B – Un jeu de miroir

1. Animalisation de la femme

Du fait qu'elles sont désignées globalement, un jeu de miroir se met en place et la femme est souvent désignée avec des termes employés pour les animaux (« notre joie haletante de chien lâchés », « gratté de nos dix pattes »).

2. Personnification des deux chiennes

Inversement, les deux chiennes sont parfois considérées comme des femmes (« comme trois folles », « nous avons contemplé »).

II – Un bonheur né de la sensualité et de l'harmonie

A. La sensualité

1. La vue

La beauté du paysage vient à la fois du jeu des couleurs (« blanches », « violâtre », « noir », « roses ») et du jeu de lumière ((« scintille », « feux »).

2. Le toucher

La neige est bien sûr associée au froid (« froid », « froides »), mais aussi à une texture particulière (« gratté […] une neige intacte, friable »).

3. Le goût

Les flocons « fondan[t] sur les lèvres » ont un goût sucré (« un sucre impalpable », « suavité de sorbet vanillé »).

4. L'ouïe

Si la neige étouffe les bruits extérieurs, elle a son bruit propre comme le « crissement caressant de taffetas ».

B. L'harmonie avec une nature complice

1. La joie des trois compagnes

C'est une joie exubérante (champ lexical du bonheur et images mélioratives).

2. La complicité de la nature

Le bonheur est associé à une promenade dans Paris (« avenue des Ternes », « boulevard Malesherbes », « Levallois », « les fortifications »). Il s'installe dans des lieux clos, comme des nids protecteurs (« les fortifications hospitalières », « fossé »). Un nouveau jeu de miroirs : les personnifications marquent une participation de la nature au jeu, elle semble s'être déguisée (« ont vu », « derrière un voile »).

Conclusion

Ainsi, la promenade dans Paris sous la neige suscite la joie de la narratrice et de ses deux compagnes. Ce moment de bonheur est d'autant plus remarquable qu'il cède aussitôt la place à une rêverie plus sombre, une rêverie nostalgique sur l'enfance perdue.

> LA DISSERTATION

Le plan détaillé est rappelé entre crochets pour vous aider, mais il ne doit en aucun cas figurer sur votre copie. Il faudra donc soigner les introductions et les conclusions partielles ainsi que les transitions entre les différentes parties et sous-parties afin de guider le correcteur.

[Introduction]

Les autobiographies connaissent de nombreux succès en librairie, ce qui laisse à penser que peindre son « moi » n'est pas forcément une entreprise solitaire et égoïste, mais peut être séduisant et attrayant pour le lectorat, au même titre que des œuvres de fiction. Quel est donc, du genre de l'autobiographie ou de la fiction, le plus intéressant ? Nous essaierons de répondre à cette question en envisageant d'abord l'intérêt que présentent les œuvres autobiographiques, puis l'intérêt, plus grand encore, qu'offrent les œuvres de fiction.

[I – Certes, les autobiographies présentent un grand intérêt]

[A. Elles informent le lecteur sur une époque, sur un lieu, sur un milieu]

Les autobiographies ont d'abord une fonction documentaire. Elles informent le lecteur, lui font découvrir un monde qu'il ignore. Ainsi, à la lecture de *Stupeur et Tremblement*, texte autobiographique d'Amélie Nothomb, le lecteur découvre les arcanes des grandes entreprises japonaises. La vision est sans doute moins précise et moins objective que dans un livre d'économie, mais elle a le mérite d'allier l'authenticité du vécu à l'humour : ainsi, le lecteur acquiert des connaissances sur un mode à la fois distrayant et convaincant. De même, Primo Levi, grâce à *Si c'est un homme*, documente le lecteur sur la vie dans les camps de concentration, non pas de la manière froide et déshumanisée des livres d'histoire plein de statistiques, mais de manière particulièrement émouvante. Les œuvres autobiographiques, du fait qu'elles font aussi appel aux émotions, parviennent donc à transmettre à une grande variété de lecteurs des informations sur des domaines très divers.

[B. Connaître]

Écrire une autobiographie consiste à raconter sa vie passée. Le lecteur découvre ainsi les faits et gestes, mais aussi le caractère de l'auteur. Lire une autobiographie, c'est donc rencontrer l'auteur, apprendre à le connaître, entrer dans les secrets d'une personne que l'on admire, ou au contraire que l'on déteste, pour se conforter dans son admiration ou son mépris. L'*Histoire de ma vie* de Giacomo Casanova ne se contente pas de raconter les événements de la vie de son auteur, comme le ferait une biographie. Elle révèle, dans le style même, dans les formulations, le caractère joueur de Casanova, qui n'hésite pas à provoquer son lecteur : « suis-je sage en la donnant au public que je ne connais qu'à son grand désavantage ? Non. Je sais que je fais une folie ; mais ayant besoin de m'occuper, et de rire, pourquoi m'abstiendrais-je de la faire ? » L'auteur traite son public avec une désinvolture audacieuse (ou irritante ?) et se montre sous son véritable jour. Une autobiographie permet donc de connaître son auteur.

[C. Se connaître]

Enfin, tout en apprenant à connaître l'autre, on se découvre soi-même dans la lecture d'une œuvre autobiographique. En effet, l'écriture à la première personne, la peinture de sentiments intimes, invitent le lecteur à s'identifier au personnage. Il peut ainsi plus facilement reconnaître des émotions qu'il a lui-même vécues et qu'il ne sait pas forcément formuler. L'auteur se fait alors l'écho de son cœur mais aussi de celui de son lecteur. La prise de conscience que le temps passe et emporte irrémédiablement la jeunesse, que décrit Colette très simplement (« C'est mon visage d'autrefois que je cherche, dans ce miroir ovale saisi d'une main distraite, et non mon visage de femme, de femme jeune que sa jeunesse va bientôt quitter …») n'est pas propre à son auteur mais le lecteur peut s'y reconnaître.

[**Conclusion partielle et transition**] Ainsi, les œuvres autobiographiques offrent de nombreux intérêts : elles dévoilent des mondes inconnus et révèlent les êtres. Pourtant, les œuvres de fiction semblent présenter plus d'intérêt encore.

[II – Mais les œuvres de fiction présentent un intérêt plus grand encore]

[A. Une plus grande variété formelle, pour surprendre le lecteur]

L'autobiographie se doit de respecter le pacte autobiographique, c'est-à-dire l'identité du narrateur-personnage à l'auteur. Cela implique en particulier une narration à la première personne. Les autres contraintes formelles liées à la définition même de l'autobiographie sont nombreuses : le récit rétrospectif doit être au passé, l'auteur s'engage à ne pas mentir, etc. Dans les œuvres de fiction au contraire, nulle contrainte formelle, tout est permis. Ainsi, Michel Butor, dans *la Modification,* ose une narration à la seconde personne. « Vous avez mis le pied gauche sur la rainure de cuivre, et de votre épaule droite vous essayez en vain de pousser un peu plus le panneau coulissant » : par cette première phrase, il place ainsi le lecteur dans la position inédite et flatteuse de héros. Autre audace, celle de Raymond Queneau, qui, dans *les Fleurs bleues* entremêle des personnages d'époques radicalement différentes : le duc d'Auge, chevalier moyenâgeux, le très contemporain Cidrolin, etc. La fiction est donc une terre de liberté pour les écrivains, et parallèlement une terre de découvertes pour les lecteurs.

LE BIOGRAPHIQUE

[B. Une plus grande variété thématique, pour transporter le lecteur vers des mondes inconnus]

Le pacte de sincérité veut que l'autobiographe raconte sa vie avec franchise. Si extravagante soit-elle, elle offre néanmoins une quantité limitée de faits et d'aventures à rapporter. La fiction efface ces limites. Elle peut ainsi mettre en scène des personnages fantastiques. Le comte Dracula est une création de l'esprit de Bram Stocker, mais ce mystérieux personnage qui rajeunit à mesure qu'il boit le sang des jeunes filles, qui hante un château lointain, entouré de loups et de forêts hostiles, fascine le lecteur, le fait trembler. Les œuvres fictionnelles peuvent créer des mondes irréels et exotiques qui font rêver le lecteur. Ainsi Cyrano de Bergerac propose un *voyage dans la Lune,* tandis que Voltaire dépeint un Eldorado éblouissant, pavé de pierres précieuses dans le chapitre XVIII de *Candide.* Enfin, les fictions peuvent suggérer des situations improbables, que vit le lecteur par procuration, s'évadant de son quotidien. Nombreux sont ceux par exemple qui ont rêvé sur l'amour parfait d'Ariane, belle et fragile, bavarde et enfantine, et de Solal, fringant homme politique venu d'un pays lointain, à la lecture de *Belle du Seigneur* d'Albert Cohen. La variété, la fantaisie, l'improbabilité des histoires inventées sont donc autant d'occasion pour le lecteur de voyager dans le vaisseau de l'imagination.

[**Conclusion partielle**] Les œuvres de fiction ont l'immense privilège de la liberté, liberté formelle et liberté thématique. Cette liberté d'écriture, que ne cessent d'exploiter les auteurs, ouvre au lecteur des portes sur des territoires inconnus et fascinants.

[Conclusion]

Il est vrai que les œuvres autobiographiques présentent des intérêts, qui expliquent leur succès en librairie. Néanmoins, ce succès reste ponctuel et mesuré par rapport à celui des œuvres de fiction, à travers lesquels les lecteurs s'évadent. La liberté qu'elles offrent reste inégalée et extrêmement séduisante. Pour ma part, ce sont elles qui me charment le plus.

> ÉCRIT D'INVENTION

Nous avons décidé de consacrer ce numéro spécial au succès des œuvres autobiographiques. En effet, de nombreux auteurs leur doivent la consécration : pensons à Marguerite Duras qui a construit sa réputation sur le récit de ses émois d'adolescente et le portrait de sa famille, ou plus récemment à Amélie Nothomb, qui raconte son enfance japonaise. Ce succès peut intriguer : en quoi la peinture du « moi » de l'autre peut-elle présenter pour le lecteur un quelconque intérêt ? En réalité, il n'y a rien là qui peut surprendre ! Les œuvres autobiographiques apportent en effet une aide à l'auteur, mais aussi aux lecteurs.

Écrire une œuvre autobiographique est d'abord une aide pour soi. Raconter sa vie permet de mieux se connaître, en réalisant un travail d'introspection. Nous avons choisi de présenter, dans le supplément de ce numéro, une nouvelle de Colette, intitulée « Rêverie de Nouvel An ». L'auteur se laisse aller à la nostalgie et revient sur les joies des fêtes de fin d'année de son enfance : elle découvre alors qu'elle a vieilli, et s'est rapprochée, un peu, de la mort. Elle constate alors : « La forme des années a changé pour moi, durant que, moi, je changeais ». Parfois, parler de soi permet aussi de se libérer. Primo Levi le rappelle dans la préface de *Si c'est un homme* : écrire était devenu pour lui une nécessité « aussi impérieuse que les autres besoins élémentaires […] en vue d'une libération intérieure ». Parler de ce qu'il avait vécu, raconter l'horreur dans laquelle il avait été plongé, était le seul moyen de survivre. Pour d'autres, une œuvre autobiographique, empreinte d'authenticité, constitue un jugement irrévocable. Martin Gray, comme Primo Levi, revient sur l'expérience concentrationnaire, mais dans un but différent. *Au nom de tous les miens* est un cri violent contre les crimes nazis. Il promet en effet à son père qui combat par les armes, de combattre par les mots et de se venger. Il sait en effet que peu de déportés survivront et pourront raconter ; or, seule l'expérience vécue, racontée avec précision, peut convaincre le lecteur que l'innommable a réellement eu lieu. En écrivant son autobiographie, il accomplit ainsi le devoir qu'il s'est fixé et prononce son réquisitoire. L'écriture autobiographique est donc une aide pour l'auteur.

Toutefois, si elle ne servait que l'auteur, elle ne rencontrerait pas le succès qu'elle connaît actuellement. Force est donc de constater qu'elle offre également une aide au lecteur. Elle lui apporte d'abord des informations : des informations sur une époque, comme les noirceurs de la guerre que nous évoquions plus haut, des informations sur un lieu, comme l'Indochine, que beaucoup d'entre nous ont découvert dans *Barrage contre le Pacifique* ou les autres écrits de Marguerite Duras. Les œuvres autobiographiques permettent aussi de mieux connaître leurs auteurs. Elles lèvent en effet le voile sur sa vie et sur les épisodes qui ont marqué son existence, mais aussi sur son caractère et sa personnalité. Relisez la première page des *Confessions* de Jean-Jacques Rousseau, que nous reproduisons dans ce numéro, pour rappeler qu'il s'agit d'un ouvrage fondateur pour l'écriture autobiographique française. Vous découvrirez que plus que les événements racontés, c'est la récurrence de la première personne qui éclaire le personnage, son égocentrisme et son orgueil. L'autobiographie est le meilleur moyen de sonder le cœur de l'auteur car tout parle de lui, les faits rapportés et les mots employés. Enfin, l'autobiographie permet au lecteur de mieux se connaître. Combien de fois vous êtes-vous dit, en lisant une autobiographie : « C'est exactement cela ! », reconnaissant un sentiment, une émotion que vous aviez vécus mais que vous n'aviez pas su exprimer ? Parce que l'écriture à la première personne et la peinture de sentiments intimes invitent le lecteur à s'identifier au narrateur-personnage ; il se reconnaît en lui et laisse l'auteur se faire l'écho d'émotions partagées. On admirera à cet égard la simplicité dont fait preuve Colette, qui décrit finalement un sentiment humain plus qu'intime quand elle évoque le temps qui passe. Chacun est amené à reprendre à son compte ce discours sans artifice : « Enchantée encore de mon rêve, je m'étonne d'avoir changé, d'avoir vieilli pendant que je rêvais… »

L'écriture autobiographique est donc réellement une aide pour soi et pour les autres, et je vous invite vivement à lire ou relire les extraits qui vous sont proposés dans ce numéro.

Sujets non corrigés

NON CORRIGÉ Séries STT-STI-STL-SMS, Nouvelle-Calédonie, décembre 2002

19 L'IMAGE DE LA MÈRE DANS LES ÉCRITS AUTOBIOGRAPHIQUES

| Objet d'étude : le biographique

> CORPUS

1. COLETTE, *La Maison de Claudine*, fin du chapitre 1, 1922.
2. M. DURAS, *L'Amant*, 16ᵉ séquence, 1984.

▓ Texte 1 : COLETTE (1873-1954), *La Maison de Claudine*, 1922

Dans le chapitre 1 de la Maison de Claudine, Colette présente la maison et le jardin de son enfance. Elle essaye de retrouver les traces de son passé et de ses jeux avec ses frères. Elle croit encore entendre la voix de sa mère cherchant ses enfants dans le jardin.

« Où sont les enfants ? Elle surgissait, essoufflée par sa quête constante de mère-chienne trop tendre, tête levée et flairant le vent. Ses bras emmanchés de toile blanche disaient qu'elle venait de pétrir la pâte à galette, ou le pudding saucé d'un brûlant velours de rhum et de confitures. Un grand
5 tablier bleu la ceignait[1], si elle avait lavé la havanaise[2], et quelquefois elle agitait un étendard de papier jaune craquant, le papier de la boucherie ; c'est qu'elle espérait rassembler, en même temps que ses enfants égaillés, ses chattes vagabondes, affamées de viande crue…
Au cri traditionnel s'ajoutait, sur le même ton d'urgence et de supplication, le rappel de l'heure : « Quatre heures ! ils ne sont pas venus goûter !
10

Où sont les enfants ?… » La jolie voix, et comme je pleurerais de plaisir à l'entendre.

Notre seul péché, notre méfait unique était le silence, et une sorte d'évanouissement miraculeux. Pour des desseins innocents, pour une
15 liberté qu'on ne nous refusait pas, nous sautions la grille, quittions les chaussures, empruntant pour le retour une échelle inutile, le mur bas d'un voisin. Le flair subtil de la mère inquiète découvrait sur nous l'ail sauvage d'un ravin lointain ou la menthe des marais masqués d'herbe. La poche mouillée d'un des garçons cachait le caleçon qu'il avait emporté aux étangs
20 fiévreux, et la « petite », fendue au genou, pelée au coude, saignait tranquillement sous des emplâtres[3] de toiles d'araignées et de poivre moulu, liés d'herbes rubanées[4]…

– Demain, je vous enferme ! Tous, vous entendez, tous !

Demain… Demain l'aîné, glissant sur le toit d'ardoises où il installait
25 un réservoir d'eau se cassait la clavicule et demeurait muet, courtois, en demi-syncope, au pied du mur, attendant qu'on vînt l'y ramasser. Demain, le cadet recevait sans mot dire, en plein front une échelle de six mètres, et rapportait avec modestie un œuf violacé entre les deux yeux.

– Où sont les enfants ?

30 Deux reposent[5]. Les autres jour par jour vieillissent. S'il est un lieu où l'on attend après la vie, celle qui nous attendit tremble encore, à cause des deux vivants. Pour l'aînée de nous tous elle a, du moins, fini de regarder le noir de la vitre, le soir : « Ah ! je sens que cette enfant n'est pas heureuse… Ah ! je sens qu'elle souffre… ».

35 Pour l'aîné des garçons elle n'écoute plus, palpitante, le roulement d'un cabriolet de médecin sur la neige, dans la nuit, ni le pas de la jument grise. Mais je sais que pour les deux qui restent elle erre et quête encore, invisible, tourmentée de n'être pas assez tutélaire[6] : « Où sont, où sont les enfants ?.. ».

© Librairie Arthème Fayard

1. Entourait étroitement.
2. Petit chien à poils longs.
3. Pansement.
4. En forme de rubans.
5. Ils reposent dans leur tombe.
6. Protectrice.

■ **Texte 2 :** Marguerite DURAS (1914-1996), *L'Amant*, 1984

Celle qui a acheté le chapeau rose à bords plats et au large ruban noir c'est elle, cette femme d'une certaine photographie, c'est ma mère. Je la

reconnais mieux là que sur des photos plus récentes. C'est la cour d'une maison sur le Petit Lac de Hanoï. Nous sommes ensemble, elle et nous, ses
5 enfants. J'ai quatre ans. Ma mère est au centre de l'image. Je reconnais bien comme elle se tient mal, comme elle ne sourit pas, comme elle attend que la photo soit finie. À ses traits tirés, à une certain désordre de sa tenue, à la somnolence de son regard, je sais qu'il fait chaud, qu'elle est exténuée, qu'elle s'ennuie. Mais c'est à la façon dont nous sommes habillés, nous, ses
10 enfants, comme des malheureux, que je retrouve un certain état dans lequel ma mère tombait parfois et dont déjà, à l'âge que nous avons sur la photo, nous connaissions les signes avant-coureurs, cette façon, justement qu'elle avait, tout à coup, de ne plus pouvoir nous laver, de ne plus nous habiller, et parfois même de ne plus nous nourrir. Ce grand découragement à vivre,
15 ma mère le traversait chaque jour. Parfois il durait, parfois il disparaissait avec la nuit. J'ai eu cette chance d'avoir une mère désespérée d'un désespoir si pur que même le bonheur de la vie, si vif soit il, quelquefois, n'arrivait pas à l'en distraire tout à fait. Ce que j'ignorerai toujours c'est le genre de faits concrets qui la faisaient chaque jour nous quitter de la sorte. Cette fois-
20 là, peut-être est-ce cette bêtise qu'elle vient de faire, cette maison qu'elle vient d'acheter – celle de la photographie – dont nous n'avions nul besoin et cela quand mon père est déjà très malade, si près de mourir, à quelques mois. Ou peut-être vient-elle d'apprendre qu'elle est malade à son tour de cette maladie dont lui il va mourir ? Les dates coïncident. Ce que j'ignore
25 comme elle devait l'ignorer, c'est la nature des évidences qui la traversaient et qui faisaient ce découragement lui apparaître.

> QUESTIONS [6 pts]

1. Relevez les marques de la présence de la narratrice adulte, en étudiant dans chacun des textes le jeu des temps.   **[3 pts]**
2. Quels sont les sentiments de la narratrice adulte à l'égard de sa mère dans chacun des textes ?   **[3 pts]**

> TRAVAIL D'ÉCRITURE [14 pts]

I – Commentaire

Vous ferez le commentaire du texte de Colette, de la ligne 13 « Notre seul péché, notre méfait unique… » jusqu'à la fin « … Où sont, où sont les enfants ?… »

LE BIOGRAPHIQUE

Vous vous attacherez :
– à la description du monde plein de vie des enfants ;
– à la relation de la mère aux enfants,
– au resserrement progressif du texte vers la mort.

II – Dissertation

En vous appuyant de façon précise sur les textes du corpus, sur les ouvrages étudiés en cours d'année et sur votre culture personnelle, vous vous demanderez comment on peut expliquer l'intérêt constant porté par les lecteurs aux romans de type autobiographique qui mettent en scène le narrateur et sa famille.

III – Écrit d'invention

En respectant la cohérence avec les éléments donnés par le texte de Duras concernant le caractère et les attitudes de la mère, vous imaginerez, sous la forme d'un débat intérieur, les pensées de la mère au moment de la photographie.

COUP de POUCE

ANALYSE DU CORPUS

Le corpus est assez bref : il n'est composé que deux extraits d'écrits autobiographiques de femmes écrivains du XXe siècle : Colette et Marguerite Duras. Dans les extraits de *la Maison de Claudine* (texte 1) et de *l'Amant* (texte 2), les deux écrivains évoquent et jugent la figure maternelle.

QUESTIONS

1. La question vous invite à relever les temps verbaux dans les deux textes. Il faut ensuite les classer selon qu'ils renvoient au passé des narratrices, au récit de leur enfance (imparfait, plus-que-parfait, présent de narration) ou au présent de l'écriture, employé par les narratrices pour commenter et juger leur passé (présent d'énonciation, présent de vérité générale).

Mémo *Les valeurs du présent*

Il existe différentes valeurs du présent de l'indicatif :
– le présent d'énonciation, qui indique une simultanéité entre l'action et le discours. Ex. : « Je mange » : c'est un présent d'énonciation si je mange au moment où je dis la phrase ;
– le présent de narration, qui est utilisé dans un contexte passé à la place d'un passé simple. Il rend vivant le récit passé. Ex. : « Napoléon vécut longtemps en exil. Il meurt à Sainte-Hélène en 1821. » ;
– le présent de description, qui est utilisé pour dépeindre quelque chose ou quelqu'un. Ex. : Il porte un manteau rouge » ;
– le présent de vérité générale, qui sert à énoncer un fait universel. Ex. : « Rien ne sert de courir, il faut partir à point ».

2. Pour définir les sentiments que les narratrices éprouvent pour leur mère, il faut s'intéresser au vocabulaire évaluatif et aux verbes de jugement. Faites attention de ne pas simplifier les textes : les images de la mère sont complexes, des sentiments contradictoires se mêlent en effet dans l'esprit des narratrices (admiration, réprobation).

Mémo *Les marques du jugement*

Il existe différentes manières d'exprimer son opinion sur quelqu'un ou quelque chose :
– les marques de la première personne (je, nous), qui montrent que le locuteur s'implique ;
– les verbes de jugement (aimer, détester…), qui traduisent explicitement le jugement du locuteur ;
– le vocabulaire évaluatif (belle, laide, méchante…), qui suggère les sentiments ressentis par le locuteur.

TRAVAIL D'ÉCRITURE

■ Commentaire

Vous avez trois axes de commentaire à développer. Le premier axe vous invite à décrire la vitalité du monde des enfants. Regardez les verbes d'action, les énumérations, le vocabulaire de la nature, qui décrit le cadre sauvage dans lequel s'égaient les enfants. Le deuxième axe demande de définir la relation de la mère à sa progéniture. Vous êtes ainsi amené à dresser un portrait de la mère : le discours direct, la métaphore animale ainsi que la ponctuation expressive doivent vous conduire à parler d'une mère inquiète, protectrice, qui couve (excessivement ?) ses enfants. Pour le dernier axe, vous devez vous concentrer sur la fin du texte (à partir de la ligne 30) et voir que le ton devient plus grave (champ lexical de la mort et de la souffrance, qui exprime un tourment perpétuel, interjections déploratives, points de suspension, qui font entendre une plainte).

LE BIOGRAPHIQUE

Plan du commentaire
I – L'univers plein de vie des enfants
II – La relation de la mère aux enfants
III – Le resserrement progressif du texte vers la mort

■ Dissertation

– Mots clés : intérêt (à la fois intérêt intellectuel et plaisir), romans de type autobiographique (il ne s'agit pas d'autobiographie à proprement parler, l'auteur ne respecte pas le pacte autobiographique ou le pacte de sincérité), proches de l'auteur.
– Type de sujet : question ouverte (type 4).
– Reformulation de la problématique : pourquoi lit-on des romans autobiographiques ?

Plan de la dissertation
I – La lecture de romans de type autobiographique informe sur une époque, un lieu, un milieu social
II – La lecture de romans de type autobiographique permet au lecteur de comparer son existence et son expérience avec celle des narrateurs
III – La lecture de romans de type autobiographique permet de goûter une mise en forme esthétique du souvenir

■ Écrit d'invention

Le sujet est clair ; il n'y a qu'à dresser la « feuille de route ».
– Forme : monologue intérieur (guillemets au début et à la fin du monologue).
– Situation d'énonciation : qui parle ? la mère (« je ») ; de quoi ? de ses « ennui[s] » ; quand ? au moment de la photographie.
– Registre : le registre pathétique s'impose puisque les pensées de la mère sont sombres (« découragement », « désespoir »).
– Pensées de la mère : 1) remords pour la maison qu'elle vient d'acheter ; 2) douleur de perdre son mari ; 3) prémices de sa propre maladie ; 4) incapacité à s'occuper correctement de ses enfants.

Séries STT-STI-STL-SMS, Antilles-Guyane, septembre 2002

20 SOUVENIRS D'ÉCOLE

| Objet d'étude : le biographique

> CORPUS

1. A. CAMUS (1913-1960), *Le Premier Homme*, (posthume).
2. N. SARRAUTE (1902-2001), *Enfance*, 1985.
3. A. GIDE (1869-1951), *Si le grain ne meurt*, 1920.
4. Document : photographie de DOISNEAU dans *Un certain Robert Doisneau, la très véridique histoire d'un photographe racontée par lui-même*.

Annexe : Ch. SIGNOL, *Bonheur d'enfance*, 2000.

▓ Texte 1 : Albert CAMUS (1913-1960), *Le Premier Homme* (posthume)

Celui-là[1] n'avait pas connu son père, mais il lui en parlait souvent sous une forme un peu mythologique, et dans tous les cas, à un moment précis, il avait su remplacer ce père. C'est pourquoi Jacques ne l'avait jamais oublié, comme si, n'ayant jamais éprouvé réellement l'absence
5 d'un père qu'il n'avait jamais connu, il avait reconnu cependant inconsciemment, étant enfant d'abord, puis tout au long de sa vie, le seul geste paternel, à la fois réfléchi et décisif, qui fût intervenu dans sa vie d'enfance. Car Monsieur Bernard, son instituteur de la classe du certificat d'études, avait pesé de tout son poids d'homme, à un moment
10 donné, pour modifier le destin de cet enfant dont il avait la charge, et il l'avait modifié en effet.

Pour le moment, Monsieur Bernard était là devant Jacques dans son petit appartement des tournants Rovigo, presque au pied de la casbah, un quartier qui dominait la ville et la mer, occupé par des petits commerçants
15 de toutes races et toutes religions, où les maisons sentaient à la fois les épices et la pauvreté. Il était là, vieilli, le cheveu plus rare, des taches de vieillesse derrière le tissu maintenant vitrifié des joues et des mains, se déplaçant plus lentement, que jadis, et visiblement content dès qu'il pouvait se rasseoir

dans son fauteuil de rotin près de la fenêtre qui donnait sur la rue commer-
20 çante et où pépiait un canari, attendri aussi par l'âge et laissant paraître son
émotion, ce qu'il n'eût pas fait auparavant, mais droit encore, et la voix
forte et faible, comme au temps où, planté devant sa classe, il disait : « En
rangs par deux. Par deux ! Je n'ai pas dit par cinq ! » Et la bousculade
cessait, les élèves, Monsieur Bernard était craint et adoré en même temps,
25 se rangeaient le long du mur extérieur dans la galerie du premier étage,
jusqu'à ce que, les rangs enfin réguliers et immobiles, les enfants silencieux,
un « Entrez maintenant, bandes de tramousses[2] » les libérait, leur donnant
le signal du mouvement et d'une animation plus discrète que Monsieur
Bernard, solide, élégamment habillé, son fort visage régulier couronné de
30 cheveux un peu clairsemés mais bien lisses, fleurant l'eau de Cologne,
surveillait avec bonne humeur et sévérité.

© Éditions Gallimard

1. « Celui-là » désigne Monsieur Bernard.
2. Terme affectueux pour désigner les enfants.

Texte 2 : Nathalie SARRAUTE (1902-2001), *Enfance*, 1985

Je n'ai gardé de mon passage assez bref au cours[1] Bréhant que le
souvenir de mon écriture, jusque-là tout à fait claire, et devenue subitement
méconnaissable… je ne comprenais pas ce qu'il lui arrivait… les caractères
étaient déformés, contrefaits, les lignes partaient dans tous les sens, je ne
5 parvenais plus à diriger ma main…
Au cours Bréhant on montre à mon égard beaucoup de patience, de la
sollicitude. Quand on parvient à déchiffrer mon gribouillis, on s'aperçoit
que je fais moins de fautes d'orthographe que les autres, j'ai sans doute
beaucoup lu pour mon âge. Mais il faut que je recommence à apprendre à
10 écrire. Comme autrefois, quand j'allais à l'école de la rue des Feuillantines,
je recouvre à l'encre noire des bâtonnets d'un bleu-gris très pâle, tous
alignés sous un même angle. Je rapporte à la maison des cahiers pleins de
bâtonnets et aussi de lettres que je dois retracer de la même façon… petit
à petit, à force d'application, mon écriture s'assagit, se calme…
15 C'est apaisant, c'est rassurant d'être là toute seule enfermée dans ma
chambre… personne ne viendra me déranger, je fais « mes devoirs »,
j'accomplis un devoir que tout le monde respecte… Lili crie, Véra se fâche
je ne sais contre quoi ni qui, des gens vont et viennent derrière ma porte,
rien de tout cela ne me concerne… J'essuie ma plume sur un petit carré de
20 feutre, je la trempe dans le flacon d'encre noire, je recouvre en faisant très
attention… il faut qu'il n'y ait aucune bavure… les pâles fantômes de

bâtonnets, de lettres, je les rends le plus visibles, le plus nets possible… je contrains ma main et elle m'obéit de mieux en mieux…

1. École

■ Texte 3 : André GIDE (1869-1951), *Si le grain ne meurt*, 1920

Mes parents m'avaient donc fait entrer à l'École alsacienne. J'avais huit ans. Je n'étais pas entré dans la dixième classe, celle des plus petits bambins, à qui M. Grisier inculquait les rudiments ; mais aussitôt dans la suivante, celle de M. Vedel, un brave Méridional tout rond, avec une mèche de
5 cheveux noirs qui se cabrait en avant du front et dont le subit romantisme jurait étrangement avec l'anodine placidité du reste de sa personne. Quelques semaines ou quelques jours avant ce que je vais raconter, mon père m'avait accompagné pour me présenter au directeur. Comme les classes avaient déjà repris et que j'étais retardataire, les élèves, dans la cour, rangés
10 pour nous laisser passer, chuchotaient : « Oh ! un nouveau ! un nouveau ! » et, très ému, je me pressais contre mon père. Puis j'avais pris place auprès des autres, de ces autres que je devais bientôt perdre de vue pour les raisons que j'aurai à dire ensuite. – Or ce jour-là, M. Vedel enseignait aux élèves qu'il y avait parfois dans les langues plusieurs mots qui, indifféremment,
15 peuvent désigner un même objet, et qu'on les nomme alors des synonymes. C'est ainsi, donnait-il un exemple, que le mot « coudrier » et le mot « noisetier » désignent à la fois le même arbuste. Et faisant alterner suivant l'usage, et pour animer la leçon, l'interrogation et l'enseignement, M. Vedel pria l'élève Gide de répéter ce qu'il venait de dire…
20 Je ne répondis pas. Je ne savais pas répondre. Mais M. Vedel était bon : il répéta sa définition avec la patience des vrais maîtres, proposa de nouveau le même exemple ; mais quand il me demanda de nouveau de redire après lui le mot synonyme de « coudrier », de nouveau je demeurai coi. Alors il se fâcha quelque peu, pour la forme, et me pria d'aller dans la cour répéter
25 vingt fois de suite que « coudrier » est synonyme de « noisetier », puis de revenir le lui dire.

Ma stupidité avait mis en joie toute la classe. Si j'avais voulu me tailler un succès, il m'eût été facile, au retour de ma pénitence, lorsque M. Vedel, m'ayant rappelé, me demanda pour la troisième fois le synonyme de
30 « coudrier », de répondre « chou-fleur » ou « citrouille ». Mais non, je ne cherchais pas le succès et il me déplaisait de prêter à rire ; simplement j'étais stupide. Peut-être bien aussi que je m'étais mis dans la tête de ne pas céder , – Non, pas même cela : en vérité, je crois que je ne comprenais pas ce que l'on me voulait, ce que l'on attendait de moi.

■ **Document 4 :** photographie de Robert DOISNEAU (1912-1994)

© Robert Doisneau/RAPHO

■ **Annexe :** Christian SIGNOL, *Bonheur d'enfance*, 2000

Je me souviens du moindre détail de ma classe et de ce qui s'y passait. D'abord de l'encrier de porcelaine que nous remplissions chaque lundi avec un broc affecté à cet usage : encre violette bien sûr, qui laissait sur le bord blanc une auréole évoquant pour moi le feuillage d'un arbre. De mon
5 plumier ensuite qui était en bois verni, avec un paysage peint sur le couvercle. Il contenait de nombreux trésors, des gommes, toutes aussi délicieuses les unes que les autres – qui n'en a pas mangé ? – des porte-plume en bois ou en plastique avec parfois, au milieu, une lentille lumineuse au fond de laquelle apparaissait un personnage de légende ou le mont Saint-
10 Michel, un crayon à ardoise noire, avec sa bague dorée, qui maintenait le

fin bâton de pierre servant à écrire et dont j'entends encore le grincement, des crayons de couleurs à l'odeur délicate, que sais-je encore ?

Le tableau était noir, bien sûr, et nous l'effacions à tour de rôle, non pas avec ces brosses de feutres qui furent si efficaces plus tard, mais avec un
15 chiffon dont la poussière de craie faisait naître de petits nuages délicieusement âcres. Aux murs étaient accrochées de belles cartes de France, quelques-unes en relief, pour la géographie ; d'autres plus simples étaient destinées aux leçons de choses aujourd'hui, comme si les choses ne donnaient pas de meilleurs leçons que les hommes.

© Éditions Albin Michel

> QUESTIONS [6 pts]

1. Quelle image de l'école ce corpus donne-t-il ?   [3 pts]
2. Quels indices montrent dans chacun des trois textes (1, 2, 3) que nous avons affaire à des souvenirs ?   [3 pts]

> TRAVAIL D'ÉCRITURE [14 pts]

I – Commentaire

Vous commenterez le texte de Nathalie Sarraute en vous aidant du parcours de lecture suivant :
– en étudiant de près le jeu des temps, notamment les emplois du présent, vous montrerez comment l'auteur tout à la fois raconte et revit son nouvel apprentissage de l'écriture ;
– à partir d'une étude détaillée du lexique et du rythme des phrases, vous montrerez en quoi cet épisode revêt pour l'auteur une grande importance.

II – Dissertation

En vous appuyant sur les textes du corpus, vos lectures et votre expérience personnelle, vous vous demanderez si raconter ses expériences permet de mieux se connaître.

III – Écrit d'invention

Dans un dialogue argumenté, deux amis confrontent leur expérience (heureuse pour l'un, moins heureuse pour l'autre) de l'école et de l'enseignement qu'ils y ont reçu.

LE BIOGRAPHIQUE

COUP de POUCE

ANALYSE DU CORPUS

Le corpus est composé de trois extraits de textes du XXe siècle (Camus, *le Premier Homme* ; Sarraute, *Enfance* ; Gide, *Si le grain ne meurt*) ; d'un document annexe (Ch. Signol, B*onheur d'enfance*) ; et d'une photographie de Doisneau. L'unité du corpus est donc chronologique. De plus, elle est thématique et formelle : tous les documents relatent des souvenirs d'école ; tous les textes sont autobiographiques.

QUESTIONS

1. Il faut rendre compte de la diversité et de la complexité des jugements sur l'école et les professeurs. Opérez un classement en bons et mauvais souvenirs ou un classement en 1) jugement sur le professeur ; 2) jugement sur le contenu de l'enseignement ; 3) jugement sur le rapport aux camarades. Un de ces plans synthétiques est plus efficace que d'étudier les textes les uns après les autres. Pour cerner l'image de l'école à l'œuvre dans le corpus, pensez à regarder les marques du jugement.

2. La question est vaste et peu précise. Par conséquent, il est important d'élaborer un plan synthétique pour ne pas trop se disperser dans la réponse. Pour montrer que les textes relatent des souvenirs, pensez à regarder 1) le champ lexical de l'école et de l'enfance ; 2) le jeu des temps (opposition passé/présent) ; qui souligne le regard rétrospectif porté sur l'enfance.

TRAVAIL D'ÉCRITURE

■ Commentaire

Vous avez deux axes de commentaire à développer. Le premier axe vous demande de distinguer deux voix narratives : celle de la narratrice-adulte et celle de la narratrice-enfant. Il faut donc clairement identifier le présent de narration (« on montre »), qui renvoie à l'enfance, et les temps du passé (« Je n'ai gardé »), qui renvoient au temps de l'écriture. Le présent domine dans l'extrait et crée un effet de superposition : l'écriture du roman se superpose à l'apprentissage de l'écriture. Le deuxième axe invite à dégager le caractère fondateur de cette expérience de l'écriture. Pensez bien que la petite Nathalie Sarraute est finalement devenue écrivain. Le rythme binaire des phrases (« s'assagit, se calme » ; « le plus visibles, le plus nets ») ainsi que les points de suspension soulignent le caractère laborieux et progressif de l'écriture. Les mots employés pour désigner sa graphie montrent les étapes de l'apprentissage : des « gribouillis », on passe à des « lettres ». On note ensuite que l'écriture est le centre de l'existence de l'enfant, comme elle sera le centre de l'existence de l'adulte. La petite Nathalie préfère ses « devoirs » aux jeux.

Plan de commentaire
I – L'apprentissage de l'écriture : un souvenir toujours présent
II – Un épisode fondateur dans la vie de l'écrivain

■ Dissertation

– Mots clés : raconter ses expériences (écrire un texte autobiographique : autobiographie, autoportrait, roman autobiographique, autofiction, journal intime), mieux se connaître (faire un bilan de son existence, s'analyser, comprendre les causes et les conséquences de certains actes).
– Type de sujet : le sujet invite à apprécier la pertinence d'une thèse (type 3).
– Formulation de la thèse : écrire une œuvre autobiographique, c'est faire un travail d'introspection éclairant.
– Reformulation de la problématique : écrire une œuvre autobiographique, est-ce seulement un travail d'introspection éclairant, ou est-ce une entreprise d'un intérêt plus général (exprimer un jugement et le faire partager (Camus, texte 1) ; exorciser ses souvenirs (Gide, texte 3 ; mais aussi *Si c'est un homme* de Primo Levi, qui raconte sa déportation à Auschwitz) ; se justifier, c'est-à-dire d'établir une vérité sur soi (*Confessions* de Rousseau) ?

Plan de la dissertation
I – Certes, raconter ses expériences permet d'apprendre à se connaître
II – Mais raconter ses expériences permet aussi de juger ou d'exorciser son passé ou encore d'établir une vérité sur soi

■ Écrit d'invention

Le travail est facilité par les textes du corpus qui fournissent de nombreux arguments. N'hésitez pas cependant à les compléter par votre propre expérience. Dressons la « feuille de route ».
– Forme : dialogue. On ne vous précise pas s'il est romanesque ou théâtral. Vous avez donc le choix.
– Situation d'énonciation : qui parle ? à qui ? deux amis dialoguent ; de quoi ? de leur expérience antithétique de l'école.
– Registre : vous devez utiliser trois registres. Le personnage qui évoque une expérience heureuse, qui fait un éloge de l'école, use du registre lyrique ; à l'inverse, celui qui évoque une expérience « moins heureuse », qui fait un réquisitoire contre l'école, use d'un registre polémique (pour exprimer sa colère à l'égard d'une institution qui l'a traumatisé) ou d'un registre pathétique (pour traduire sa douleur).

– Arguments de celui qui a aimé l'école : 1) bonne entente avec les camarades (texte 1) ; 2) enrichissement au niveau intellectuel (texte 2).

Arguments de celui qui n'a pas aimé l'école : 1) humiliations infligées par les professeurs (texte 3) ; 2) humiliations infligées par les camarades (texte 3) ; 3) efforts laborieux (texte 2).

Mémento

FICHES D'HISTOIRE LITTÉRAIRE

LA PLÉIADE / POÉSIE

C'est un mouvement qui se développe au XVIe siècle. Son acte de naissance est un manifeste : *Défense et illustration de la langue française*. Les principaux poètes de la Pléiade sont : Du Bellay (*Les Regrets*) et Ronsard (*Les Amours*).

Les grands principes de la poésie de la Pléiade sont :

– une *remise en cause de la poésie du Moyen Âge*, conçue comme une forme vaine, vide de sens. Les poètes prennent pour modèles les poètes lyriques antiques (Ovide, Horace) et les poètes italiens (Dante, Pétrarque) ;

– une *théorie de l'inspiration* : le poète est inspiré par les dieux et les muses ;

– une *poésie lyrique* : les poèmes, souvent à la première personne, dévoilent les sentiments intimes du poète ;

– une défense de la langue française, jusque-là considérée comme une langue vulgaire. Les poètes travaillent à l'ennoblissement et à l'enrichissement de la langue française.

LE CLASSICISME / THÉÂTRE

C'est un mouvement littéraire qui se développe sous le règne de Louis XIV (1648-1715).

Les grands dramaturges sont : Corneille (*Cinna*) et Racine (*Phèdre*) pour la tragédie ; Molière (*Les Fourberies de Scapin*) pour la comédie.

Les pièces classiques respectent des règles :

– *règle des trois unités* : unité de lieu, unité de temps, unité d'action ;

– *règle de la vraisemblance* : ce qui se passe sur scène doit être crédible ;

– *règle des bienséances* : nulle violence ne doit être représentée sur scène.

Deux grands genres se développent :

– *la comédie* : elle se caractérise par l'importance du couple maître/valet et par un dénouement heureux (mariage). Elle doit faire rire (cinq formes de comiques : de gestes, de situation, de caractère, de mots, de répétition) et dénonce les vices de la société (avare, médecin charlatan, faux dévot…) ;

– *la tragédie* : elle se caractérise par des personnages puissants (roi, reine, prince), par une intrigue politique et amoureuse, inspirée de l'histoire antique ou de la mythologie, par un dénouement malheureux (mort). Elle doit émouvoir (registre pathétique) et délivrer un message moral (distinguer les vertus et les vices).

LES LUMIÈRES / LITTÉRATURE ARGUMENTATIVE

C'est un mouvement littéraire qui se développe au xviiie siècle.
Les principaux auteurs des Lumières sont : Voltaire (*Candide*), Montesquieu (*Les Lettres persanes*) et Diderot (*Le Supplément au Voyage de Bougainville*).
Ils se battent pour :
– la liberté d'expression et de conscience ;
– l'égalité ;
– le progrès.
Ils ont recours à des formes argumentatives diverses :
– les apologues (contes philosophiques, récits épistolaires) ;
– les traités ;
– les dialogues argumentatifs.
C'est une littérature de combat, qui critique violemment l'ordre social en place.

LE ROMANTISME / THÉÂTRE

C'est un mouvement littéraire qui se développe dans la première moitié du xixe siècle.
Les grands auteurs de drames romantiques sont : Victor Hugo (*Hernani*), Alfred de Musset (*Lorenzaccio*) et Alexandre Dumas (*Antony*).
Le drame romantique, s'il n'en renie pas tous les acquis, s'attaque néanmoins à la tragédie classique en réclamant « la liberté dans l'art ». Ses caractéristiques sont :
– *un bouleversement thématique* : intrigues ancrées dans l'Histoire, passion revendiquée comme valeur (amour et mort vont de pair), héros en lutte contre la société ;
– *une révolution dramaturgique* : dynamisme scénique, rejet des règles d'unité de temps et de lieu, mélange des genres (comique, tragique) ;
– *une écriture audacieuse* : un lexique en quête de naturel, alexandrin assoupli.

LE RÉALISME ET LE NATURALISME / LE RÉCIT

C'est un mouvement littéraire qui se développe dans la seconde moitié du xixe siècle.
Les grands auteurs réalistes sont : Balzac (*Le Père Goriot*) et Flaubert (*Madame Bovary*). Les grands auteurs naturalistes sont : Zola (*Germinal*) et Maupassant (*Bel-Ami*).
Les réalistes et les naturalistes veulent :
– représenter le réel le plus fidèlement possible ;
– adopter une démarche scientifique (recherche documentaire, enquête).
Les principaux thèmes des romans réalistes et naturalistes sont :
– la peinture de la société contemporaine : toutes les classes sociales sont représentées ;
– l'évocation du monde du travail : travail de la terre, mines, banques, etc ;
– la mise en scène du désir : étude de la sexualité et de la perversité.

MÉMENTO

L'ABSURDE / LE THÉÂTRE

C'est un mouvement littéraire qui se développe au lendemain de la Seconde Guerre mondiale.

Les principaux dramaturges du théâtre de l'absurde sont : Ionesco (*Les Chaises, Rhinocéros*) et Beckett (*En attendant Godot*).

Les principaux thèmes mis en scène dans les pièces absurdes sont :

– l'angoisse existentielle : l'homme, privé de tout repère, est seul dans un monde déshumanisé, envahi par les objets ;

– l'ennui : existence marquée par l'insignifiance et l'absence d'événements ;

– l'incapacité à communiquer.

Le théâtre de l'absurde innove par :

– des dialogues vides de sens, troués par de longs silences ;

– la mise en scène d'antihéros, incapables de se révolter pour échapper à la vacuité de leur existence ;

– le mélange des registres comique et tragique.

INDEX
DES MÉMOS

Les chiffres renvoient aux numéros des pages.

MEMENTO

INDEX
DES AUTEURS

Les chiffres renvoient aux numéros des sujets.

MÉMENTO

L E X I Q U E

A

Acte : section d'une pièce de théâtre qui comprend plusieurs scènes. Les pièces classiques comprennent cinq actes, le premier est l'acte d'exposition, le dernier, l'acte de dénouement.

Acrostiche : poème dont on peut lire le sujet, le nom de l'auteur ou celui du dédicataire dans un mot formé des initiales de chaque vers (Ex. poème à Lou d'Apollinaire, composé de tercets, dont le premier vers commence par un L, le second un O, le troisième un U).

Alexandrin : vers de 12 syllabes. Alexandrin brisé : un seul alexandrin forme plusieurs répliques dans un texte de théâtre.

Alinéa : blanc laissé en début de ligne pour indiquer le début d'un paragraphe.

Allégorie : termes désignant des réalités concrètes (une colombe) pour suggérer un thème abstrait (la paix).

Allitération : répétition d'un même son consonantique (ex. : « Pour qui sont ces serpents qui sifflent sur nos têtes », Racine).

Anaphore : répétition d'un même mot ou groupe de mots en début de phrases ou de vers (ex. : « Rome unique objet de mon ressentiment / Rome à qui ton bras vient d'immoler mon amant », Corneille).

Antithèse : opposition au niveau du sens (ex. : « Il se veut grand, il se voit petit », Pascal).

Antonyme : le contraire d'un mot (ex. : « beau » et « laid »).

Aparté : brève réplique qu'un personnage s'adresse à lui-même.

Apologue : court récit allégorique à visée morale. Il a une double fonction : plaire et instruire.

Argument : une bonne raison de croire à une thèse (on peut dire « la thèse *parce que* un argument »).

Argument d'autorité : argument dont la valeur tient à la source.

Assonance : répétition d'un même son vocalique.

Autobiographique : récit en prose qu'un auteur fait lui-même de sa vie passée, en mettant l'accent sur l'analyse de sa personnalité.

Autofiction : autobiographie dans laquelle le pacte autobiographique n'est pas respecté : le nom du personnage n'est pas celui de l'auteur (ex. : Jules Vallès raconte son enfance sous le nom de Jacques Vintras dans *l'Enfant*).

B

Bienséance : règle du théâtre classique qui interdit de représenter tout ce qui pourrait choquer le public (duels, violence, sexe, réalité quotidienne).

MÉMENTO

Biographie : récit de vie (ex. : Plutarque raconte la vie d'Alexandre le Grand).

Blâme : portrait dépréciatif.

Burlesque : il s'agit de traiter sur un ton léger de sujets graves.

C

Caricature : portrait qui grossit les défauts de manière à susciter un rire moqueur (ex. : « Napoléon le Petit », caricature de Napoléon III, par V. Hugo).

Césure : pause au milieu du vers. Les mots placés avant la césure sont mis en valeur.

Chiasme : figure de style qui consiste à placer en ordre inverse les segments de deux groupes de mots syntaxiquement identiques (nom verbe complément, complément verbe nom ou adjectif nom, nom adjectif…)

Comparaison : mise en relation d'un comparé et d'un comparant par un outil de comparaison (ex. : « La terre est bleue, comme une orange », P. Éluard).

Connecteurs logiques : pour relier des arguments à la thèse ou des arguments entre eux, le texte argumentatif utilise des connecteurs logiques, c'est-à-dire des mots de liaison qui marquent la structuration du raisonnement. Différentes relations logiques peuvent être exprimées par ces connecteurs : l'addition (et, de plus, en outre, ensuite, par ailleurs), la comparaison (de même, de la même manière…), la concession (malgré, sans doute, certes, bien que…), l'opposition (mais, au contraire, cependant, en revanche, tandis que…), la cause (car, en effet…), la conséquence (donc, c'est pourquoi, par conséquent, de sorte que…), le but (pour, pour que, afin de, dans le but de…).

Connotation : sens qui s'ajoute par association d'idées, en fonction du contexte, au sens du dictionnaire (ex. : le rouge peut avoir pour connotation la mort ou l'amour, en fonction du contexte).

Conte : apologue qui met en scène des personnages merveilleux dans un cadre imaginaire ; le conte doit distraire et instruire à la fois.

Contre-rejet : premier mot d'une phrase, rejeté au début du vers précédent ; il a pour effet de mettre le mot en valeur.

Convaincre : montrer le bien-fondé d'une idée par un ensemble d'arguments.

D

Décasyllabe : vers de dix syllabes.

Délibérer : envisager l'avenir pour prendre une décision (questions, structure binaire, emploi du futur).

Dénotation : sens d'un mot donné dans le dictionnaire. La dénotation ne dépend pas du contexte.

Dénouement : scène finale qui vient clore l'intrigue théâtrale. Le dénouement doit régler le sort des personnages principaux et impressionner le spectateur.

Destinataire : personne à qui une lettre ou un discours est adressé.

Didascalie : dans un texte théâtral, passage qui n'est pas prononcé par un personnage (liste des personnage, mouvement, décors).

Discours rapporté : il y a plusieurs façons de rapporter les paroles d'une tierce personne : le style direct (les propos sont reproduits exactement et placés entre guillemets), le style indirect (les propos deviennent complément d'un verbe de parole comme « affirmer que », « prétendre que », « demander si », ce qui suppose un certain nombre de modifications), le style indirect libre (les paroles rapportées subissent les mêmes modifications que dans le discours indirect, mais elles ne sont pas subordonnées à un verbe de parole).

Dramaturge : celui qui écrit des pièces de théâtre.

E

Élégie : poème lyrique et triste, qui traite le plus souvent des tourments de l'amour.

Éloge : portrait mélioratif.

Enjambement : la phrase déborde la mesure du vers (ex. : « Ma seule étoile est morte et mon luth constellé / Porte le soleil noir de la Mélancolie », Nerval).

Énonciation : action d'utiliser la parole. Définir la situation d'énonciation, c'est dire qui parle, à qui, de quoi.

Épiphore : inverse de l'anaphore : le groupe de mot répété est placé en fin de phrase ou de vers.

Épistolier : scripteur d'une lettre.

Espace scénique : espace défini par le jeu des comédiens, les décors et les accessoires.

Espace scénographique : ensemble formé par la scène et la salle. Cet espace ne dépend pas du metteur en scène.

Essai : texte théorique dans lequel un auteur défend une idée.

F

Fable : apologue en vers. Dans un commentaire, il faut consacrer un axe à montrer comment le récit est rendu vivant (l'art du récit) et un, à étudier la portée morale de la fable (la leçon).

G

Genre : grandes catégories qui permettent de classer les œuvres littéraires (on distingue : la poésie, le théâtre, le roman, l'essai, le biographique).

Gradation : énumération de termes au sémantisme croissant (ex. : « C'est un roc, c'est un pic, c'est un cap », Rostand).

H

Hémistiche : moitié d'alexandrin.

Héroï-comique : c'est l'inverse du burlesque : il s'agit de traiter sur un ton noble et grave de sujets insignifiants (ex. : La Fontaine, dans « Les deux coqs », parle d'une basse-cour comme des plus grandes armées de l'Antiquité).

Hyperbate : ajout d'un mot ou d'un groupe de mots à la fin d'une phrase, alors qu'on ne l'attendait plus ; c'est un procédé de mise en valeur (ex. : « Albe le veut, et Rome », Corneille).

Hyperbole : emploi de termes exagérés (ex. : « les plus belles et les plus magnifiques qu'on eût jamais vues », Perrault).

MÉMENTO

I

Implicite : le sens est implicite quand il n'est que suggéré sans être développé clairement.

Incipit : début d'un ouvrage.

Intertextualité : référence dans un ouvrage à un ouvrage antérieur.

Ironie : procédé satirique qui consiste à dire le contraire de ce que l'on pense. Le lecteur doit être à même de comprendre le sens véritable du propos ce qui suppose une connivence entre le locuteur et le destinataire (ex. : « Rien n'était si beau, si leste, si bien ordonné que les deux armées », Voltaire).

J

Journal intime : récit de vie, rédigé au jour le jour (ex. : Le *Journal* d'Anne Frank).

L

Lettre fictive : lettre attribuée à un scripteur fictif (ex. : Montesquieu attribue les lettres qui composent *Les Lettres persanes* à deux Persans).

Lettre ouverte : lettre qui s'adresse à un large public, elle est souvent diffusée dans un journal (ex. : « J'accuse » d'Émile Zola).

Lettre privée : lettre qui ne devrait être lue que par un seul destinataire et qui n'a pas été conçue pour être publiée.

M

Mélinatif : terme qui exprime les qualités de quelqu'un, les bons côtés d'une situation.

Mémoires : autobiographie qui met l'accent sur l'analyse du contexte historique plus que sur l'analyse de la personnalité.

Métaphore : comparaison sans outil de comparaison (ex. : « les herbes de ton rire », Paul Éluard).

Modalisateur : terme qui permet au locuteur d'exprimer son opinion sur un fait (ex. : *Heureusement* aujourd'hui, il fait beau !)

Monologue : longue réplique prononcée par un personnage seul sur la scène.

O

Octosyllabe : vers de huit syllabes.

Oxymore : termes de sens contraire directement accolés (ex. : « Cette obscure clarté », Corneille).

P

Pamphlet : ouvrage qui critique violemment une personne, un groupe, ou une idée.

Parataxe : union de deux propositions sans termes de liaison (ex. : « Elle chante. Quelques fois, elle joue, elle rit. » Duras).

Paratexte : information qui se trouve autour du texte (titre, auteur, date).

Péjoratif : terme qui exprime les défauts de quelqu'un, les mauvais côtés d'une situation.

Personnification : figure de style qui attribue des qualités humaines à des choses (ex. : « L'Habitude venait me prendre dans ses bras », Proust).

Persuader : utiliser des procédés rhétoriques pour qu'un texte argumentatif séduise le lecteur (implication du locuteur : P1, exclamatives, vocabulaire évaluatif ; implication du destinataire : P2, interrogatives, apostrophes).

Portrait : description d'un personnage. Po ur un commentaire, pensez à séparer ce qui relève du physique et du moral, de l'éloge et du blâme.

Q
Quatrain : strophe de quatre vers.

R
Rejet : le dernier mot de la phrase est rejeté sur le vers suivant (ex. : « la main sur sa poitrine / Tranquille », Rimbaud).

Registre (effet produit par un texte sur le lecteur)

– **comique** : faire rire le destinataire (comique de mots, de gestes, de caractère, de répétition, de situation) ;

– **didactique** : expliquer quelque chose au lecteur (phrases courtes, lexique simple et clair, objectivité, présent de vérité générale, questions rhétoriques qui vérifient que le destinataire a compris le propos) ;

– **épique** : susciter l'admiration pour un héros qui se dépasse (champ lexical de la guerre ou du combat, personnages présentés comme des héros, comparaison avec des dieux, force spectaculaire, hyperboles, pluriels) ;

– **fantastique** : susciter la peur (personnages inquiétants, décor inquiétant, événements inquiétants, intrusion inattendue d'un phénomène bizarre dans le monde quotidien), champ lexical de la peur) ;

– **lyrique** : faire partager un sentiment intime au lecteur (« je », vocabulaire des sentiments (il faut préciser le sentiment en fonction du texte) : phrases exclamatives qui traduisent un sentiment fort) ;

– **pathétique** : susciter la pitié pour un personnage dans une situation douloureuse (situation douloureuse, champ de lexical de la souffrance, « je » : phrases interrogatives qui traduisent le désarroi et phrases exclamatives qui soulignent la souffrance) ;

– **polémique** : susciter la colère ou la révolte contre une personne ou une idée (vocabulaire dépréciatif, « je », « tu », « vous », apostrophes, hyperboles : phrases interrogatives qui interpellent la cible, phrases exclamatives qui traduisent la colère du locuteur) ;

– **réaliste** : donner une impression de réalité (abondance d'adjectifs qualificatifs pour une description minutieuse, énumération, vocabulaire spécifique au milieu décrit, discours direct) ;

– **satirique** : susciter le mépris contre une personne ou une idée, il s'agit de critiquer par le rire (ironie, humour noir) ;

– **tragique** : susciter la pitié pour un héros écrasé par son destin (champ lexical de la mort, champ lexical de la fatalité, intervention des dieux, niveau de langue soutenu : phrases interrogatives qui traduisent le désarroi et phrases exclamatives qui soulignent la souffrance).

MEMENTO

Réplique : au théâtre, parole prononcée par un personnage.

S

Satire : portrait moqueur et méprisant d'un groupe d'individus.

Scène d'exposition : première scène d'une pièce de théâtre. Pour un commentaire, consacrez un axe à la valeur informative de la scène et l'autre, à réfléchir sur les procédés d'animation. Pour la scène de dénouement, consacrez un axe au bilan (sort réservé à chaque personnage, clôture de l'intrigue) et l'autre, à réfléchir aux moyens d'impressionner le spectateur.

Sonnet : forme poétique fixe composée de deux quatrains et de deux tercets.

Stichomythies : rapide échange verbal, dans lequel les personnages se répondent vers à vers.

T

Tercet : strophe de trois vers.

Thèse : opinion défendue par un locuteur (elle peut toujours se reformuler sous la forme d'une phrase assertive type « le locuteur pense que… »).

Tirade : au théâtre, longue réplique prononcée par un personnage qui n'est pas seul sur scène.

U

Unités (règle des trois) : règle respectée à l'époque classique qui veut que l'intrigue d'une pièce de théâtre soit simple (unité d'action), se déroule en un seul lieu (unité de lieu), en moins de vingt-quatre heures (unité de temps).

V

Vraisemblance : règle du théâtre classique qui veut que tout ce qui se joue sur scène ait l'air vrai.

Achevé d'imprimer
N° de projet : 10113144 – Août 2004
Imprimé en France par Maury-Eurolivres
45000 Mandrecourt

EF Education
4 rue Duphot
75001 Paris

Education
Vivez les langues à l'étranger !

EF Vacances Linguistiques
- De 14 à 19 ans, séjours linguistiques pendant les vacances scolaires
- Cours « Special Bac »
- Cours Juniors pour les 7 à 14 ans
- Séjours en groupe et voyages encadrés
- Grand choix de destinations, cours, activités et sports
- Choix d'hébergement : Famille d'accueil, résidence ou campus

EF Une Année Scolaire à l'Etrang
- Lycéens de 15 à 18 ans
- Immersion de 6 ou 9 mois dans un lycée étranger
- Hébergement en famille d'accueil
- Camp de préparation et excursions
- Correspondants locaux
- 7 pays destinations dont les USA
- Départ en août et janvier

EF Centres Internationaux
de Langues
- Séjours individuels pour étudiants et adultes dès 16 ans
- 28 centres, 7 langues, 14 pays
- Des départs toute l'année, toutes durées, pour tous niveaux
- Examens Internationaux de Langues (TOEFL, TOEIC, Cambridge, DELE, TestDaF,…)
- Progrès garanti
- Option Anglais des Affaires
- Programme « Spécial Prépa »

EF Un An d'Etudes à l'Etranger
- Étudiants de 16 à 28 ans
- 6 ou 9 mois cours de langue et de matières appliquées
- Examens Internationaux de Langues (TOEFL, TOEIC, Cambridge, DELE, TestDaF,…)
- Préparation Universitaire
- Master Business English (MBE)
- Option de stage professionnel
- Centres jumelés ou Une Année Multi-Langues également disponible

Offres spéciales
lecteurs Nathan
sur la page
précédente !

Oui, je souhaite recevoir votre documentation gratuite :
- ❏ EF Vacances Linguistiques
- ❏ EF Une Année Scolaire à l'Etranger
- ❏ EF Centres Internationaux de Langues
- ❏ EF Un An d'Etudes à l'Etranger
- ❏ EF Une Année Multi-Langues

Nom   Prénom :

Date de Naissance (jj/mm/aa) :

Adresse :

Code Postal :   Ville :

Tél :   Portable :

❏ Accepte les SMS EF

Email :   Ecole :

Coupon à retourner sous enveloppe affranchie au tarif en vigueur à : EF Education - 4 rue Duphot - 75001 PARIS

NATHAN 05

Conformément à la loi n°78-17 du 6 janvier 1978 relativ à l'informatique, aux fichiers et aux libertés, vous disposez d'un droit d'accès et de rectification des donnée personnelles vous concernant. Notre société est destinataire des informations que vous communiquez.